ETUDE ECONOMIQUE ET

DEVELOPPEMENT DE LA REGION

NE KONGO EN RDC

ETUDE ECONOMIQUE ET DEVELOPPEMENT DE LA REGION NE KONGO EN RDC

GUTU KIA ZIMI, PhD

authorHOUSE®

AuthorHouse™ LLC
1663 Liberty Drive
Bloomington, IN 47403
www.authorhouse.com
Phone: 1-800-839-8640

Published by AuthorHouse 05/09/2014

ISBN: 978-1-4969-1078-3 (sc)
ISBN: 978-1-4969-1072-1 (e)

La vérité qui rcnd les personnes libres est celle le plus
souvent que les personnes n'aiment pas entendre

Herbert Agar

DEDICACE

En signe de reconnaissance à mes éducateurs
de la Congrégation des Frères des Ecoles Chrétiennes

Frère Bernard Emiel Kips
Frère Martial Voets Willy
Frère Ntombo Basaula

Soyez tous fiers et heureux de votre œuvre éducatrice
dont je suis l'un des nombreux bénéficiaires

Toute ma profonde gratitude et sincères
remerciements au frère Martial Voets Willy
pour tout le soutien qu'il nous a apporté tout au long de notre vie

PREFACE

Le développement de la Province du Bas-Congo requiert la mise en valeur de ses ressources naturelles. Mais, cette mise en valeur est avant tout l'œuvre de sa population, qui constitue la principale ressource de la Province.

Le développement de la Province a été enrichi par plusieurs décennies d'expériences concrètes qui ont permis de mettre à l'épreuve différents programmes de développement. En tout cas, ce qu'il faut pour nous, c'est d'arriver à nous développer, mais comment ?

Quelle voie prendre et quel schéma suivre ? D'où l'intérêt de cette étude, qui propose une politique, des stratégies et programmes de développement de la zone rurale de Mbanza-Ngungu en particulier et de la Province du Bas-Congo en général.

Le moment est donc arrivé de refuser de marcher aveuglément sur les traces des autres et de réfléchir à d'autres voies possibles pour le développement de la Province car, nous considérons que les problèmes de développement de la Province se posent avant tout localement avant qu'elles aient une dimension régionale ou nationale.

Nous avons compris dans cette étude que le développement de la Province ne peut pas être inscrit dans un schéma unique de développement mais, que ce dernier doit tenir compte des spécificités naturelles, physiques et humaines de chaque zone ou région de développement de la Province. Ceci confirme qu'il n'y a pas un modèle unique de développement et que ce dernier se crée au fur et à mesure grâce à l'effort continu des populations de la Province. L'auteur insiste sur les capacités collectives des communautés de la Province à s'assumer en favorisant la prise en charge du milieu par les communautés elles-mêmes.

Cela rejoint les efforts de l'exécutif de la Province.

Atou MATUBUANA NKULUKI
Vice-Gouverneur de la Province du Bas-Congo

INTRODUCTION GENERALE

I. PROBLEMATIQUE

La zone rurale de Mbanza-Ngungu, une entité qui tire l'essentiel de ses revenus de l'agriculture et, plus précisément, de l'agriculture vivrière. Les problèmes de développement de la zone rurale de Mbanza-Ngungu peuvent être catégorisés de la manière suivante: problèmes d'environnement, problèmes de population et problèmes de développement.

1. PROBLEMES D'ENVIRONNEMENT

Le constat fait dans cette zone de Mbanza-Ngungu est que la population continue l'abattage systématique et incontrôlé de toutes les espèces d'arbres comme les arbres fruitiers et les essences forestières soit pour fabriquer du charbon de bois, soit pour exploiter des boulangeries artisanales. S'y ajoutent encore le non respect du calendrier réglementant la chasse ainsi que les feux de brousses incontrôlés, qui deviennent une habitude chez les paysans. Cette pratique provoque souvent la déforestation, des érosions et la dégradation des sols. Si nous n'y prenons garde, nous risquons de connaître de conséquences néfastes dues à la désertification.[1] Un problème qui est souvent ignoré, mais qui a fait l'objet d'études antérieures[2], c'est la fragilité des sols de la zone, reconnus par

---

[1] Territoire de Mbanza-Ngungu, Rapport Annuel 2006, document inédit, p.157.
[2] Les études de DRACHOUSSOFF, SYS, CODENCO-SOCINCO, DUVIGNEAU, BEAU, etc. restent toujours d'actualité et se confirment sur le terrain.

ailleurs, de faible valeur agricole. A cette fragilité des sols s'ajoutent la pratique de feux de brousse et un système d'exploitation agricole encore primitif basé sur l'agriculture sur brûlis, qui ne répond plus aux conditions écologiques et économiques. L'agriculture sur brûlis a pour conséquence une baisse de rendement de la production et de la productivité des sols, une recrudescence des érosions, et une latérisation accentuée des sols. On voudra bien noter que chronologiquement, la pratique des feux de brousse et l'agriculture sur brûlis sont des pratiques antérieures à la fabrication du charbon de bois en milieu rural de la RDC. L'usage du charbon de bois dans les ménages est une pratique urbaine ; les paysans, eux, utilisent plutôt le bois de chauffe à l'état naturel. La dégradation des sols de la zone est la conséquence de plusieurs phénomènes tantôt isolés ou simultanés, tantôt naturels ou humains.

Les facteurs naturels qui favorisent la dégradation des sols dans la zone sont : la latérisation des sols, le concrétionnement superficiel de matières ferrugineuses, l'érosion, l'exportation de sels minéraux et la destruction de l'humus. A leur action s'ajoute celle de deux facteurs humains, à savoir les défrichements des terres, les cultures intensives et les feux de brousse. Lorsque les défrichements des terres et les cultures dépassent le pouvoir récupérateur du sol, ils l'appauvrissent chimiquement et le dégradent physiquement, favorisant ainsi la latérisation et l'érosion. Les feux de brousse compromettent les constances physiques et entraînent, surtout dans la partie sud de la zone, des variations plus accentuées de la nappe phréatique, ce qui entraîne la formation plus ou moins superficielle d'une carapace ferrugineuse, rendant toute culture impossible ; une érosion latérale plus ou moins rapide mais toujours plus forte que dans des sols forestiers ; et une érosion verticale avec entraînement de l'argile colloïdale et des matières fertilisantes dans le sous-sol. Jadis, le système agricole coutumier était fort bien adapté à la situation. Un équilibre s'était peu à peu formé entre la vocation forestière de la zone et les défrichements des terres faits par les hommes. En effet, dès que les cultivateurs remarquaient qu'ils avaient abusé des réserves d'un sol, dès que les récoltes s'avéraient systématiquement médiocres et que la jachère s'établissait lentement et irrégulièrement avec apparition de graminées, la terre était abandonnée pour quelques dizaines d'années pour se reconstituer. Le retour trop fréquent des cultures sur un même emplacement, comme cela se fait de plus en plus par suite de la pression démographique et d'autres facteurs connexes, ne peut pas, dans le système actuel d'exploitation agricole des sols dans la zone par les paysans, entraîner à lui seul la dégradation irrémédiable des terres. En effet, il est fondamental de savoir, qu'il existe un stade intermédiaire prolongé et réversible où les récoltes deviennent d'abord médiocres et où, ensuite, les formations herbeuses éparses apparaissent C'est alors qu'interviendrait la longue jachère qui pourrait évoluer vers l'extension naturelle des formations arbustives, car, il faut le préciser, la vocation des sols de la zone est forestière. D'ailleurs, la pratique des « *Nkunku* » (une réserve clanique mise en défens) a démontré cette évolution. Il en est de même des feux de brousse que même annuellement répétés, ne peuvent causer la stérilisation des terres cultivées et la disparition des forêts, car il est démontré que la forêt repousserait sur ses cendres. Il faudrait alors plusieurs incendies successifs pendant une période de plusieurs années pour amener la disparition définitive des formations arborées.

C'est ce qui semble être le cas pour le moment. Le Bas-Congo, province à vocation forestière, est devenue savanicole à cause des feux de brousse. Rien n'est impossible. Les populations ignorent souvent que la savane (*nzanza*) est à la croisée des chemins entre son évolution positive vers la forêt (*mfinda*), à condition de mettre fin aux feux de brousse, et son évolution négative vers la désertification avec la persistance des feux de brousse. Si la trop grande fréquence des cultures sur le même emplacement et les feux de brousse, pris isolément, ne peuvent avoir des effets irréparables, c'est surtout leur combinaison qui est beaucoup plus dangereuse. C'est ce qui arrive dans notre zone d'étude. En effet, dans les terres de savane de la zone, l'action combinée des cultures trop fréquentes par suite du raccourcissement de la jachère, d'une part, et des feux de brousse annuels, d'autre part, se montre actuellement de plus en plus pernicieuse, car la terre dénudée résiste de moins en moins aux forces érosives et favorise dangereusement ce qui est à craindre dans l'avenir des terres de la zone, à savoir la latérisation. Dans l'ensemble, le processus de dégradation des terres dans la zone se présente de la manière suivante dans le cas de la forêt ou celui de la savane, « *Supposons une terre moyenne de forêt défrichée (« sole » ou « masole » au pluriel), elle se couvrira, après culture, d'une repousse forestière devenant rapidement imperméable au feu de brousse après quelques années de jachère. Cependant, dans une terre fatiguée ou pauvre, la repousse sera lente et irrégulière. Des formations herbeuses éparses apparaîtront et la vocation forestière sera hésitante. La jachère pourra être brûlée, une nouvelle repousse encore plus médiocre suivrait le feu et serait brûlée à son tour. Au bout de quelques années, le mal est accompli et un bloc de forêt aura été conquis par la savane d'abord, par la steppe ensuite, et enfin, par la latérite au stade final* ». C'est ce qui s'observe de plus en plus à plusieurs endroits de la zone. Et pourtant, plus le taux de boisement est élevé, moins pernicieux sont les effets des feux de brousse et des cultures trop fréquentes ; ou encore, un repos (jachère) d'une dizaine ou vingtaine d'années, ou un ralentissement des défrichements, ce qui n'est plus possible dans les conditions actuelles avec la croissance démographique, permettrait de restaurer, tant soit peu, là où c'est encore possible, la fertilité des terres de la zone. Il est démontré qu'aucune savane n'est définitivement stérile, à condition qu'elle ne soit pas carapacée de limonite. Les savanes les plus pauvres pourront toujours se reboiser à longue échéance si, bien entendu, on les protège contre la pratique des feux de brousse.

Par contre, les forêts dans la zone résistent bien aux cultures et aux feux, tant que les facteurs appauvrissants n'atteignent pas une certaine intensité. « *Le danger dans la région du Bangu est faible, lent, à peine perceptible. Mais tout progrès strictement économique ne fera que l'accroître...* ». Or, il est démontré qu'il y a eu dans le passé une augmentation très poussée de la production agricole dans la zone. Cette augmentation quantitative (croissance) de la production agricole s'était faite surtout sans tenir compte de la capacité des ressources, dont les terres. Au rythme actuel du développement du Bas-Congo, « *le pronostic doit être assez sombre. Il arrivera un jour où les couches superficielles seront irrémédiablement lessivées, où la forêt ne repoussera plus, où la couche arable disparaîtra. Cette évolution est pour le moment très lente, pour ainsi dire, imperceptible. Mais elle est logique et inévitable, à moins de changements sérieux dans notre politique agricole* ». L'influence conjointe des cultures et des feux de brousse empêche le boisement des savanes et favorise leur dégradation... Les « *nkunku* » compensent plus ou moins, quand on n'exagère pas les emblavures, les dégâts inévitables causés par la dénudation des terres et l'exportation des sels minéraux. Actuellement, nous sommes à la limite du pouvoir récupérateur des terres. Dans bien des villages, comme le village de Nzundu dans le secteur de Boko, cette limite est dépassée. Les progrès économiques, s'ils ne s'accompagnent pas de perfectionnements techniques, auront une influence plus marquée et plus décisive dans la région de Bangu, du fait de la faible étendue des forêts et de la pauvreté de celles-ci. Tôt ou tard, l'agriculture paysanne suivra le rythme de l'évolution générale du pays. Ce jour-là, il faudra prendre bien garde aux catastrophes. On peut se demander ce qui arrivera. Inévitablement, et c'est ce qui s'observe d'ailleurs dans la zone, les superficies annuellement défrichées vont s'étendre, la durée de la jachère se raccourcit, la détribalisation des jeunes générations amènera l'abandon de l'agriculture au profit d'une économie purement spéculative, des pratiques coutumières prudentes et conservatrices,... un système du type « soudanais » sera instauré et stérilisera la région, bloc par bloc. Finalement, « *nous aboutirons à ce que nous voyons le long du rail, entre Lukala et Songololo, c'est-à-dire des grandes plaines marécageuses carapacées de bancs ferrugineux, couvertes de quelques touffes d'Andropogonées accrochées à ce qui reste de terres meubles* ».

Malheureusement, cette alerte se confirme de plus en plus dans la zone, ce qui nécessite d'envisager une nouvelle orientation du développement avec un nouveau style d'aborder les problèmes de développement dans la zone. Nous pensons que le vrai problème réside dans le choix des nouvelles techniques culturales à vulgariser auprès de la population et dans le changement des mentalités.

2. PROBLEMES DE POPULATION

La pression démographique qui s'exerce actuellement sur les terres de la zone rurale de Mbanza-Ngungu est la conséquence des problèmes écologiques et environnementaux que nous venons de décrire. En effet, il est indéniable que la population de cette zone, comme celle de la province du Bas-Congo en général, a connu une augmentation. Selon les statistiques,[1] de 2.362.000 habitants en 1990, la population du Bas-Congo était estimée à 2.701.000 habitants en 1994. La densité des populations rurales entre 1990 et 1994 a évolué progressivement de la manière suivante pour le district des Cataractes dont fait partie la zone rurale de Mbanza-Ngungu : 38 hab./km² (1990); 40 hab./km² (1991); 41 hab. /km² (1992); 42 hab. /km² (1993); 43 hab. /km² (1994). Pour la même période, la densité de la population au niveau de la province a évolué aussi progressivement de la manière suivante : 44 hab./km² (1990); 45 hab./km² (1991); 47 hab. /km² (1992); 48 hab. /km² (1993); 50 hab./km² (1994)[2], soit un accroissement de la densité démographique au rythme de 1 habitant/an que nous n'avons pas pu vérifier auprès de sources indépendantes pour nous assurer de la fiabilité des statistiques. Cette croissance a eu des conséquences sur la situation socio-économique interne et externe de la zone et de la région. Du point de vue endogène, cette croissance démographique a aussi entraîné une augmentation de besoins alimentaires et vivriers dans la zone. Mais la pression a été plus marquée par la croissance démographique du marché que constitue la ville de Kinshasa. Des palliatifs comme l'exode rural n'ont pas résolu et ne résoudront pas le problème de densité de la population dans la zone. Il est un fait que la production agricole de la zone a connu une grande progression dictée par les besoins vivriers de la ville de Kinshasa.

Or les moyens de production agricole ainsi que les méthodes culturales appauvrissantes n'ont pas changé, alors que la production agricole, elle, a connu une très forte expansion dans le passé avant qu'elle ne baisse en ce moment. La conjugaison de la croissance de la population avec celle de la production agricole obtenue avec les

---

[1]   A titre illustratif, par manque des données statistiques récentes fiables.

[2]   Division Provinciale de l'Urbanisme et Habitat (1995) cité par Ministère de l'Agriculture, Monographie de la Province du Bas-Congo, Octobre 1998, p.25.

méthodes culturales appauvrissantes des sols a eu un impact sur la dégradation des terres dans la zone dont la conséquence est la baisse des rendements agricoles dans la zone en général. Des auteurs comme Eric Tollens nous disent que comparativement au Bandundu où la terre est relativement abondante, au Bas-Congo, des pénuries locales de terre se manifestent, ce qui mène à un changement de systèmes de production agricole. La recherche de nouvelles terres agricoles est devenue une préoccupation majeure dans les villages. La durée de la jachère est de plus en plus réduite et les rendements agricoles sont de plus en plus faibles. On observe dans la zone une recrudescence de conflits de terres même chez les habitants d'un même village supposés tous être du même clan. Outre les problèmes fonciers, juridiques et sociologiques constatés dans la zone, il y a l'interdépendance des problèmes de la population, du développement et de l'environnement. Au fur et à mesure que la population de la zone augmente, la pression sur les terres devient insupportable jusqu'à faire craindre de graves conflits sanglants. La situation actuelle de ces conflits est déjà critique vu le nombre de procès en cours dans les différents tribunaux de la zone et dans les villages. Entre-temps, dans les conditions actuelles, la combinaison de trois principaux facteurs agricoles, à savoir la densité de la population avec ses méthodes agricoles coutumières et archaïques, le sol et le climat, limite les progrès de l'agriculture, la prospérité, le revenu ainsi que le bien-être du paysan. En outre, cette combinaison continue d'appauvrir le sol. La baisse des revenus de la population entraîne une cohorte des problèmes socio-économiques indescriptibles. Il s'agit des problèmes de santé, d'hygiène, d'éducation, de moralité, de pauvreté, etc. L'évolution actuelle de la densité de la population tend et tendra à l'augmentation, ce qui est évident avec la croissance de la population dans la zone. Cette augmentation de la densité de la population ne pourra se concilier avec l'amélioration des revenus de la population paysanne que si les méthodes culturales des paysans s'améliorent. Ce qui peut amener l'amélioration des conditions économiques et sociales des paysans.

3. <u>PROBLEMES DE DEVELOPPEMENT</u>

Un autre problème qui risquerait d'entraver le développement de la zone, c'est la répartition clanique et traditionnelle des terres. En effet, suivant le système foncier, les terres appartiennent aux différents clans ou familles et « *ngudi* », qui se regroupent dans divers villages ou localités. Le mode de gestion traditionnel des terres établit qu'un membre d'un clan ne peut aller travailler ni s'approprier les terres d'un autre clan (ou famille), même lorsqu'il habite dans le village de ce dernier. Il en est de même des membres d'autres villages. Cette situation entraîne des conséquences sur le plan sociologique, juridique, économique, écologique, en l'occurrence d'innombrables et interminables dramatiques conflits de terres interclaniques et familiales dans la zone. Comme nous l'avons expliqué ci-haut, la zone de Mbanza-Ngungu est une zone rurale, qui tire l'essentiel de son revenu de l'agriculture vivrière. Mais il devient impérieux d'adapter l'agriculture de cette zone de manière à corriger sa tendance générale vers l'appauvrissement des sols. Il s'avère urgent d'étudier et d'appliquer d'autres méthodes d'exploitation agricole en fonction des contraintes de la population, des sols et du climat. Les méthodes actuelles de production agricole ne conviennent plus aux conditions existantes et aux perspectives d'avenir. Ces méthodes contribuent à une dégradation accélérée des terres de cette zone. Déjà, les rendements par hectare ont atteint dans la zone une limite difficilement dépassable : ils sont en baisse constante. De plus en plus, on s'appuie sur les cultures maraîchères. La dépopulation des campagnes fait suite à l'exode rural, l'insécurité croissante due aux situations de guerre qu'ont connues la zone et la province du Bas-Congo (invasion des troupes rwando-ougando-burundaises en 1998-1999) ainsi qu'aux tensions et conflits divers dans les pays voisins (Angola, République du Congo). Plus récemment encore, le massacre des adeptes du mouvement politico-religieux Bundu Dia Kongo devenu Bundu dia Mayala[1] a aggravé cet état de choses, puisque le nombre de consommateurs augmente aux dépens du nombre de producteurs. Les campagnes se vident de leurs meilleurs éléments et le mouvement ne cesse de s'accentuer. Il ne reste souvent dans les villages que des vieillards, socialement et économiquement incapables de produire. Pendant que la production diminue, les besoins de consommation augmentent.

Les gens qui ont choisi de quitter le village pour s'installer dans un centre extra-coutumier ou urbain vivent dans des conditions économiques, éducatives et sanitaires généralement bonnes par rapport à celles existant en milieu rural (village), même si la misère est aussi présente dans ces centres urbains. Dans l'ensemble, la situation socio-économique de la zone est peu satisfaisante et caractérisée par un fond de crise. Devant cet assortiment des problèmes socio-économiques, il faut envisager une amélioration des conditions de vie de populations et encourager les jeunes ruraux à rester dans leurs villages et les élites à investir dans la zone. Il est malheureux de constater que l'élite de la région ne songe pas d'investir dans la région. A titre d'exemple, il se résigne de construire une habitation

---

[1]   Suivant le rapport « Enquête spéciale sur les événements de Février et Mars 2008 dans le Bas-Congo », document inédit, p.29, de la commission des droits de l'homme des Nations Unies, plus de 150 adeptes avaient été massacrés et 200 maisons incendiées par la force gouvernementale.

dans leur village d'origine de peur d'être victime de la sorcellerie. Et pourtant, il ne refuse pas d'aller enterrer les parents et d'autres proches au village dont il ne dispose d'aucune habitation. En d'autres termes, il faut promouvoir globalement le développement de la zone par l'amélioration des conditions de vie de la population. Une telle amélioration pose le problème des infrastructures de base en milieu rural, de la santé et de l'éducation. Il s'agit là du fondement même de tout développement comme le propose le développement conscient et le modèle monade de développement[1]. Si la population n'est pas en bonne santé, si elle n'est pas éduquée et si elle ne bénéficie pas de bonnes conditions matérielles, on ne peut raisonnablement rien lui exiger, surtout pas sa participation au développement parce qu'elle ne comprendra pas l'intérêt et l'importance de ce qu'on lui demande de faire. Quand bien même elle comprendrait ce qu'on lui demande de faire, parce qu'elle est éduquée, elle n'aura pas la force physique ni mentale de le faire si elle est en mauvaise santé. Et quand bien même elle serait bien éduquée et comprendrait ce qu'on lui demande de faire parce qu'elle est en bonne santé, tout le savoir dont elle dispose ne pourra jamais se traduire en actes si elle ne dispose pas de moyens matériels nécessaires, ni d'infrastructures adéquates. Des actions s'imposent donc si l'on ne veut pas compromettre les chances de développement de la zone et la sauvegarde de son environnement. A ce sujet, le modèle monade de développement propose une politique (plan), des stratégies (programmes) et des actions (projets) de développement de la zone.

---

[1] GUTU KIA ZIMI, Le développement conscient. Un autre regard de développement, Ed.Authorhouse, USA, 2012.
GUTU KIA ZIMI, Le modèle monade de développement. Le développement des communautés, Ed.Authorhouse, USA, 2012

Ainsi, d'autres méthodes de production agricole, telle que l'agroforesterie, la pratique des « *Nkunku* », la lutte contre le feu de brousse... doivent être introduites, démontrées, diffusées et vulgarisées auprès de la population dans le double but de préserver le capital-sol et d'accroître le rendement agricole, conditions préalables pour une amélioration des revenus et, en conséquence, du bien-être matériel et social de la population, étant donné que l'économie de la zone repose sur l'agriculture. Comme le souligne Kevin, « *I really believe in the idea that people can change their community's circumstances* »[1], mais cela implique la participation de toute la communauté. En effet, « *...le système agricole actuel dans la zone a le défaut de ses qualités. Lorsque son application n'entraîne plus la conservation des sols par une longue jachère, mais un lent appauvrissement, il est extrêmement difficile de le modifier car il forme un tout agricole, foncier, économique, juridique et social* ». La pression démographique qui s'exerce sur les terres et qui est consécutive à la croissance démographique, justifie une maîtrise des problèmes de population dans la zone. Il y a donc nécessité d'intégrer une politique de la population et de l'environnement dans le programme de développement de la zone étant donné l'interdépendance des problèmes de population, du développement et d'environnement dans la zone. L'ensemble des problèmes évoqués dans notre problématique ainsi que leurs solutions tant au niveau global de la planète et du continent qu'au niveau spécifique de la zone rurale de Mbanza-Ngungu nous amène à envisager, d'une part, un nouveau type de développement conscient de l'avenir de l'homme, de sa survie et de

---

[1]   K. DANACHER, S. BIGGS and J. MARK, Building The Green Economy, Ed. Polipoint press, USA, 2007, p.61.

ses ressources que nous avons appelé le développement conscient[1] et, d'autre part, un modèle de développement qui se réfère aux spécificités socio-culturelles des communautés, en l'occurence à la monade (*ngudi*) comme unité communautaire de base, et que nous avons dénommé le modèle monade de développement[2]. L'ensemble de ces problèmes évoqués sont interdépendants, c'est pourquoi, la recherche de leurs solutions exigent aussi une approche globale et interdisciplinaire. Pour répondre à cette condition, nous avons pensé que le développement de la zone passerait par une série d'actions sous forme de politique, stratégies et programmes à définir ainsi que des initiatives des communautés de base à mettre en œuvre de la part de la population elle-même. C'est pourquoi, nous proposons :

- D'une part, une politique de développement basée sur l'éducation, en recourrant notamment à l'éducation traditionnelle et mésologique de la population ; l'éducation professionnelle et sociale des paysans, par des démonstrations, la vulgarisation, la conscientisation ; la formation d'une élite rurale par des animateurs, des vulgarisateurs, agriculteurs de contact, etc.
- D'autre part, des stratégies de développement basées sur l'aménagement géographique ; les initiatives des communautés de base ; l'approche-programme ;
- Enfin, un programme de développement de la zone basée sur le développement des secteurs prioritaires de base à savoir : les infrastructures, la santé et l'éducation.

Notre conviction est telle que le développement de la zone ne viendra pas d'ailleurs mais des paysans eux-mêmes. Ceci est d'autant plus vrai selon le proverbe africain qui dit « on ne coiffe

---

[1]   Voir GUTU KIA ZIMI, Comment sortir de l'impasse du sous-développement en Afrique, Ed.Universitaires Européennes, Sarrebruck, Allemagne, 2012.

[2]   Voir GUTU KIA ZIMI, ibid.

pas quelqu'un à son absence ». Comme le souligne le pape Jean Paul II : *On ne valorise pas un homme à sa place, c'est l'homme lui-même qui se développe, se réalise et devient plus homme par son travail, son initiative, sa participation, et son engagement.* Tout comme aussi *chaque homme, chaque peuple est responsable de son progrès. Chacun demeure, quelles que soient les influences qui s'exercent sur lui, l'artisan principal de sa réussite ou de son échec.* A ce sujet beaucoup d'exemples abondent. Jadis, les paysans s'organisaient eux-mêmes sous l'impulsion du chef du village ou d'un agent de l'administration à construire des routes, des dispensaires, des écoles et à les entretenir. De ces initiatives des communautés de base beaucoup ont disparus et tant d'autres subsistent encore, mais d'autres aussi sont à promouvoir. Jadis, les populations de la zone sous l'impulsion des missionnaires, des autorités territoriales et politico-administratives, construisaient des écoles avec des briques en terres cuites. Actuellement, l'ensemble des écoles de la zone sont détruites par manque d'initiatives de la part de la population et d'un leadership. Ces initiatives seront beaucoup plus comprises grâce à la formation reçue que les paysans seront capables d'une part de se prendre en charge, et d'autre part de redynamiser leur production vivrière et de réaliser des initiatives dans la production, la transformation, la collecte, le stockage, l'entreposage, l'emballage, la commercialisation et la distribution des produits locaux. L'objectif est de proposer un plan d'action de développement qui devra agir sur le facteur humain d'abord par l'éducation et l'animation ; les facteurs naturels par la mise en valeur des ressources ; les facteurs économiques par la promotion du bien-être global de la population.

4. <u>APPROCHE METHODOLOGIQUE</u>

Suivant la méthode fondamentale, l'étude de tout problème doit se faire suivant un ordre d'analyse bien défini. Cet ordre peut être résumé comme suit : définir le problème, rassembler toutes les données pertinentes, examiner les données avec un esprit critique, mais impartial, considérer les différentes solutions possibles et choisir celle qui sera suivie, agir selon la décision prise, suivre l'application de la décision. Pour guider cette étude, nous avons fait appel d'une part, à la « Méthode de diagnostic et de conception » (MDC), mise au point par l'ICRAF, d'autre part, à la « Méthode de résolution d'un problème » (MRP), préparée par les officiers de l'aviation américaine. Ces deux méthodes sont basées sur le principe bien connu en médecine selon lequel un traitement doit toujours être précédé d'un diagnostic.

1. Etapes de la MDC[1]

    Pré-diagnostic; Diagnostic ; Conception de la technologie ; Evaluation et révision de la conception ; planification ; Mise en œuvre.

2. Etapes de la MRP[2]

    Identifier le problème; Recueillir les données; Enumérer les solutions possibles; Vérifier les solutions possibles; Choisir la meilleure solution; Appliquer la solution

L'idée dominante de ces deux méthodes est l'affirmation de bon sens selon laquelle l'aptitude à résoudre un problème commence par

---

[1]   J.B. RAINTREE, op.cit., p.125.

[2]   A. BOUCHARD, Comment résoudre un problème in G-3, Dept. Economie Rurale, Faculté d'Agriculture, Université Laval, Canada, p.4.

l'aptitude à définir ce problème[1]. Très souvent, *les problèmes sont mal résolus parce que au départ ils sont mal compris.* Une bonne définition du problème constitue souvent l'ébauche d'une solution[2], c'est pourquoi, il est important de bien définir les problèmes de développement, qui se posent dans la zone ou région avant d'envisager leurs solutions éventuelles. Sur base de ces deux méthodes, nous avons élaboré notre propre approche méthodologique, à savoir :

1. Identification des problèmes de population, environnement et développement ;
2. Collecte des données biophysiques et socio-économiques ;
3. Analyse des données et diagnostic des problèmes ;
4. Identification des solutions possibles ;
5. Choix de la (des) solution(s) la (les) plus appropriée(s) ;
6. Evaluation de la (des) solution(s) la (les) plus appropriée(s) ;
7. Modalités d'application de la (des) solution(s).

1. IDENTIFICATION DES PROBLEMES

L'identification des problèmes de développement, environnement et population dans la zone a été facilitée, en partie par la connaissance que nous avons de la zone. Il s'agit des problèmes de la fragilité des sols, de la pression démographique sur les terres agricoles, de feux de brousse, de la latérisation, des méthodes culturales archaïques, la baisse des rendements agricoles, de la dégradation des terres, l'insatisfaction des besoins fondamentaux, la dégradation des infrastructures sanitaires, scolaires, routières, etc.

---

[1] D.DEPOMIER, Agroforesterie et systèmes agroforestièrs. Note de synthèse en agroforesterie en zones forestières humides d'Afrique. Rapport de séminaire sous régional organisée par IRET, MAB/Gabon, UNESCO, PNUE, UNESCO, p.73.

[2] J.B. RAINTREE, op.cit., p.125.

2. COLLECTE DES DONNEES BIOPHYSIQUES ET SOCIO-ECONOMIQUES

Les données biophysiques et socio-économiques, qui ont servi au diagnostic des problèmes ont été receuillies par des enquêtes, sondages et interview. Mais aussi au recours à une importante documentation et en grande partie par des nombreuses études, qui ont été réalisées dans la zone, et toujours d'actualité. Il s'agit en l'occurrence à titre indicatif :

- L'étude sur le schéma régional d'aménagement du Bas-Congo par le BEAU/DTPAT ;
- L'étude sur la prospection systématique des sols à l'Ouest de la rivière Kwango (SOCINCO-CODENCO) ;
- L'essai sur l'agriculture indigène du Bas-Congo (DRACHOUSSOFF) ;
- Note sur la dégradation des sols dans la région du rail (DRACHOUSSOFF) ;
- Projet d'aménagement des lambeaux forestiers des environs de Kinshasa (SPIAF/Ministère de l'environnement) ;
- Plan de développement de la partie montagneuse du Territoire de Mbanza-Ngungu (GELDHOF) ;
- Etude des plateaux et vallées dans le Territoire de Mbanza-Ngungu (SOCINCO) ;
- Atlas du Bas-Congo (BEAU) ;
- Contribution à l'étude des problèmes du reboisement et la conservation des sols, région de Mbanza-Ngungu (BERCE J.M,) ;
- La mission de relance agricole au Kongo Central (AGRER) ;
- Etude régionale pour la planification agricole, région du Bas-Congo (Ministère de l'agriculture et développement rural) ;

- Projet de développement rural en Territoire de Mbanza-Ngungu (AIDR) ;
- L'enquête ENSEF-Congo 95 (UNICEF) ;
- Etc.

3. ANALYSE DES DONNEES ET DIAGNOSTIC DES PROBLEMES

A la lumière des données biophysiques et socio-économiques, nous avons pu cerner les problèmes, qui s'y posent et mieux comprendre leurs causes. Ces informations nous ont permis d'identifier les faiblesses des systèmes actuels de production agricole ainsi que les problèmes de développement communs à l'ensemble de la zone d'une part, et d'autre part, de retracer les contraintes majeures et les interventions possibles en vue de proposer une politique, des stratégies et programmes de développement appropriés. C'est à cette préoccupation que nous avons répondu dans notre étude en ce, qui concerne l'analyse des possiblités et potentialités de la zone, par l'analyse des facteurs et contraintes de développement.

4. IDENTIFICATION DES SOLUTIONS POSSIBLES

Les solutions aux problèmes de développement, d'environnement et de population identifiés dans la zone sont diverses, et les solutions à envisager sont aussi multiples et variées. Mais pour une meilleure efficacité, ces solutions doivent être concertées, coordonnées et intégrées. Elles doivent être envisagées tant en amont comme en aval, au niveau des autorités politico-administratives, de la population concernée et exigent une coordination des actions et l'implication de tous les acteurs : paysans, chercheurs, ONG, organismes internationaux, animateurs, vulgarisateurs, agronomes, sociologues, economistes, etc.

Parmi les nombreuses solutions envisageables, nous pouvons citer un certain nombre d'entre elles, qui doivent s'inscrire dans une approche interdisciplinaire et globale de développement et d'aménagement de la zone. Il s'agit de la réalisation des secteurs prioritaires de développement proposé dans le programme de développement, à savoir le secteur des infrastructures, de la santé et de l'éducation suivant notre théorie de hiérarchisation des secteurs de développement, ainsi que la mise en route d'une politique de développement, environnement et population. Néanmoins, les solutions suivantes doivent aussi être envisagées. Il s'agit comme l'ont suggéré d'autres chercheurs[1] :

- Le reboisement par l'Etat ou en régie;
- Réboisement communautaire par les ONG, les confessions religieuses, les écoles, les privés et les paysans ;
- L'aménagement des lambeaux forestiers par l'Etat et les privés ;
- L'intégration des paysans au processus de conservation des forêts et des savanes ;
- La sylviculture et l'arboriculture paysanne ;
- L'amélioration des foyers à bois et à charbon de bois ;
- L'amélioration des techniques de carbonisation ;
- Protection des savanes contre les feux de brousse ;
- Protection des sites menacés par les érosions ;
- Récupération de bois dans les champs de cultures vivrières et les « masole » ;

---

[1] MALELE MBALA, Contribution à la remise en valeur des terres dégradées dans la zone péri-urbaine de Kinshasa par un système agroforestier. Mémoire de maîtrise, Faculté de foresterie et de géomatique, Université de Laval, Canada, Mars 1991, document inédit, p.67

- L'électrification rurale et la mise à profit des autres énergies de substitution;
- L'agroforesterie paysanne (culture en couloirs, amélioration des jachères);
- Stabilisation de l'agriculture itinérante sur brûlis ;
- Remise en valeurs des terres agricoles dégradées ;
- Développement des cultures vivrières en terres de savanes ;
- Recherche en reboisement, en sylviculture, en agriculture, en agroforesterie, en énergie-bois, en génétique forestière, en symbioses racinaires, en biodiversité, etc…;
- Vulgarisation des résultats de recherche et des techniques éprouvées ;
- Lutter contre les feux de brousse et contre l'érosion;
- Instaurer une agriculture rationnelle adaptée aux climats et aux possibilités de la zone;
- Eduquer la population (éducation mésologique) ;
- Vulgariser les nouvelles techniques agricoles (agroforesterie, culture en couloirs);
- Encourager la pratique des « *Nkunku* » ;
- Concertation régulière et permanente des intervenants et harmonisation des actions ;
- Soutien financier de la part de l'Etat et autres partenaires en faveur des actions retenues ;
- Législation forestière conséquente et appliquée ;
- Contrôle de l'exploitation des terres agricoles ;
- Permis obligatoire de coupe de bois de feu ou de carbonisation ;
- Contrôle de la coupe de bois de feu et de carbonisation ;
- Réhabilitation de toutes les infrastructures socio-économiques et collectives de base ;

- Le zonage et le bornage des terres coutumières suivant un plan cadastral;

.Information et sensibilisation des masses ;

- Etc.

5. CHOIX DES SOLUTIONS LES PLUS APPROPRIEES

Compte tenu de toutes les solutions possibles, de l'analyse des actions possibles dans la zone, de l'évaluation du succès et de la durabilité de ces solutions, des contraintes financières, et des objectifs de développement poursuivis, nous proposons :

- d'une part, l'agroforesterie comme solution la plus appropriée pour répondre à la sauvegarde des terres et l'amélioration des méthodes culturales, et
- d'autre part, la réalisation des secteurs prioritaires de base (infrastructures, santé et éducation) pour promouvoir le développement global.

Etant donné que l'agroforesterie est un ensemble de systèmes (agro-sylvo-pastorale), dans le cadre de la zone, nous mettons l'accent sur le système agro-sylvicole. Ce système reste, à notre connaissance, le seul compte tenu des études antérieures dans la zone, qui entrevoit une remise en valeur rapide des terres agricoles dégradées, principalement celles des savanes, qui gagnent de plus en plus de terrain. De plus, il existe dans la zone une pratique ancestrale de *nkunku,* qui consiste à mettre en jachère pour une durée illimitée, une partie de la savane pour son évolution vers la forêt anthropique. Cette pratique, pensons nous prédispose la population à adopter cette technique proposée : l'agroforesterie. En d'autres termes, nous avons retenu l'alternative, qui consiste à promouvoir les cultures vivrières en milieu savanicole et à sédentariser l'agriculture vivrière grâce à la mise en œuvre d'un système agrosylvicole. Cette méthode a le grand avantage de répondre à plusieurs objectifs en même temps comme cela a été décrit dans l'objectif de développement à atteindre dans la zone, à savoir :

- d'une part, intensification de l'agriculture dans le but double but de donner à manger à la population, et d'améliorer leur revenu, et
- d'autre part, de préserver les ressources et de sauvegarder l'environnement.

6. EVALUATION DES SOLUTIONS LES PLUS APPROPRIEES

Etant donné qu'il ya peu de cultures vivrières en savane, mis à part quelques rares projets agricoles des sociétés agro-industrielles de la région, qui utilisent des engrais chimiques coûteux, et qu'à notre connaissance aucune expérience de culture en couloirs n'a jusqu'ici été tentée dans la zone tant en savane qu'en milieu forestier, il serait prudent de réaliser d'abord une enquête avant d'envisager de tester en station et en milieu réel la solution retenue. Il ya lieu de se référer aussi aux résultats des expériences antérieures sur l'agroforesterie dans d'autres régions de la province et de par le monde[1].

7. MODALITES D'APPLICATION DE LA SOLUTION

Il est un fait que la population à qui est destinée la solution retenue en matière d'agriculture pratique depuis longtemps la méthode de culture itinérante sur brûlis. Il n'est pas conseillé d'imposer une

---

[1]   Malele Mbala avait réalisé des essais d'agroforesterie dans les sites des villages Mputu et Kifwa dans le Territoire de Kasangulu suivant son étude « Contribution à la remise en valeur des terres dégradées de la zone péri-urbaine de Kinshasa par un système agroforestier », op.cit.

nouvelle méthode, mais plutôt d'amener la population à l'adopter par le biais d'un processus de changement progressif, planifié et soutenu comme le recomande Arulpragasam et A.Bouchard[1]. Par processus de changement planifié, « nous entendons la mise en œuvre d'un ensemble de mécanismes capables de provoquer un changement désiré, estimant que tout changement est souvent perçu comme un risque à ne pas prendre ». Nous estimons nécessaire de sonder la population, afin d'évaluer de ses prédispositions à accepter un changement de ses méthodes culturales et de ses habitudes telle que la pratique des feux de brousse.

C'est pourquoi, la résolution des problèmes complexes tels que ceux que l'on rencontre dans la zone étudiée, nécessite au préalable un diagnostic par une analyse détaillée et profonde des facteurs et contraintes de développement de la zone, avant d'envisager leurs solutions. Ce qui constitue par ailleurs, l'objet spécifique de cette étude dans les chapitres ci-dessous.

---

[1] MALELE MBALA, ibid.

Chapitre I

DESCRIPTION DE LA ZONE RURALE DE MBANZA-NGUNGU

La description de la zone rurale de Mbanza-Ngungu concerne l'analyse des facteurs et contraintes de développement et les aspects favorables et défavorables au développement. Selon Larousse, un facteur est un élément, qui concourt à un résultat. Les facteurs de développement sont des éléments, qui concourent au succès ou favorisent la réussite du processus de développement. Les facteurs de développement peuvent se résumer en un ensemble des ressources potentielles, qui sont mises à contribution pour la longue marche vers le progrès ou développement. Il convient de noter, qu'il serait incomplet de ne faire allusion qu'aux seuls facteurs de développement, car il faudrait aussi tenir compte des contraintes de développement, qui sont des éléments qui peuvent bloquer, retarder ou entraver le processus de développement. Ainsi l'élément « population » peut constituer un facteur de développement pour la zone, mais aussi une contrainte ou un frein pour son développement. Il en est de même des autres éléments. Suivant l'espace et le temps, un facteur de développement peut s'avérer tour à tour favorable ou défavorable pour le développement de la région ou du pays. C'est le cas du facteur démographique. En effet, une population trop vieille ou trop jeune est un poids pour le pays et cela constitue une contrainte pour le développement. Dans le cas de la zone, une main-d'œuvre suffisante quantitativement et qualitativement est un facteur de progrès dans la mesure où elle va fournir de la main-d'œuvre nécessaire sur le

1

marché du travail ; elle constitue un marché des consommateurs nécessaires pour la consommation des biens et services produits dans la zone, la région ou le pays. Mais une population trop nombreuse par suite d'une croissance démographique désordonnée constituerait un frein au développement par suite du déséquilibre entre la quantité des ressources disponibles et le nombre de la population bénéficiaire de ces ressources (alimentaires, financières, matérielles, etc.). C'est la combinaison harmonieuse et équilibrée des différents facteurs et contraintes, que nous allons analyser ci-dessous, qui détermineront les chances de succès du processus de développement de la zone ou la région. Cette combinaison équilibrée devra permettre à la zone ou la région de tirer profit de son environnement physique, socio-économique, politico-administratif et culturel pour satisfaire les besoins essentiels matériels et immatériels de la population, mais cela revient du génie inventif de la population concernée. Mais, dans ce long processus du développement, il s'avère qu'il s'agit d'un perpétuel remise en cause de la manière dont les ressources sont mises à profit. C'est ainsi que certaines communautés ont su tirer un meilleur profit de leurs ressources à une époque donnée de leur marche vers le progrès ou développement, d'autres par contre n'ont pas su le faire, ou vice-verça. Un phénomène aussi paradoxal réside dans le fait que les communautés, qui ont su jadis tiré profit de leurs ressources ou facteurs de développement à une période bien donnée de leur histoire n'ont pas été à l'abri des difficultés qu'ils auraient vaincu auparavant (Seghers, 1996).

I.1 ANALYSE DES FACTEURS ET CONTRAINTES DE DEVELOPPEMENT

Cette partie de l'analyse des facteurs et contraintes de développement de la zone est un constat ou diagnostic pour expliquer les facteurs et contraintes, qui favorisent ou défavorisent le processus de développement de la zone ou région. L'analyse des facteurs et contraintes de développement porte sur les cinq types de facteurs et contraintes ci-après : les facteurs et contraintes environnementaux ; les facteurs et contraintes institutionnels ; les facteurs et contraintes sociaux ; les facteurs et contraintes économiques ; ainsi que les facteurs et contraintes socioculturels.

I.1.1. FACTEURS ET CONTRAINTES ENVIRONNEMENTAUX

Les facteurs et contraintes environnementaux s'articulent autour de dix points suivants : localisation géographique de la zone ; description géographique de la zone ; répartition et mise en valeur des sols dans la région ; les ressources énergétiques ; impact de l'utilisation du bois sur l'environnement ; interactions entre la population, l'agriculture et l'environnement ; exploitation des ressources forestières et savanicoles ; aspects de la dégradation des sols dans la zone ; lutte contre les feux de brousse et la latérisation ; et réchauffement climatique.

I.1.1.1. LOCALISATION GEOGRAPHIQUE DE LA ZONE

Le Territoire administratif de Mbanza-Ngungu fut créé par l'Arrêté n° 21/074 du 23 juillet 1934. Il fait partie du District des Cataractes

3

dans la Province du Bas-Congo. Il se situe approximativement entre les méridiens 14°14 et 15°14 de longitude Est de Greenwich et les parallèles 4°48 et 5°50 de latitude Sud et couvre environ 8.646 km².

Ce territoire est borné[1]:

- au Nord, par le Territoire de Luozi, la République du Congo et le Territoire de Kasangulu ;
- à l'Est, par le Territoire de Madimba ;
- au Sud, par l'Angola ;
- à l'Ouest, par le Territoire de Songololo.

---

[1]   Voir carte de la zone ci-dessous.

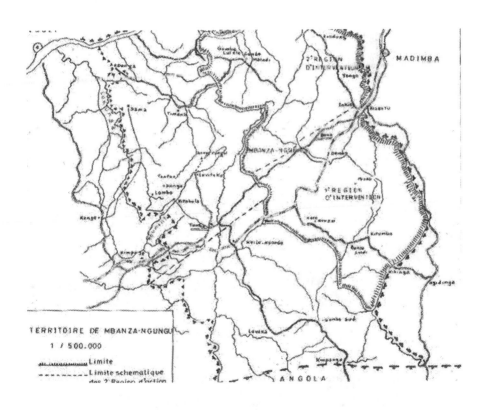

TERRITOIRE DE MBANZA-NGUNGU

1 / 500.000

Limite

Limite schématique

1.1.1.2. DESCRIPTION GEOPHYSIQUE DE LA ZONE

Les différents facteurs du complexe naturel de la zone étudiée, à savoir le relief, la végétation, le sol, le sous-sol, le climat et la biogéographie ont déjà fait l'objet des études d'où nous tirons des extraits ci-dessous (Codenco-Socinco).

1. TOPOGRAPHIE

Du point de vue géomorphologique, le paysage de la zone étudiée peut être réparti en trois niveaux:

a) Le niveau le plus haut, supérieur à 700 m, est reconnaissable sur le Plateau de Bangu et sur la Crête de Mbanza-Ngungu. Les aplanissements ultérieurs ont provoqué la formation de deux autres niveaux : celui du bassin de l'Inkisi et celui du bassin du Kwilu. La ligne de partage des eaux entre ces deux bassins est constituée par la crête de Mbanza-Ngungu.

b) Le niveau du bassin de l'Inkisi qui s'abaisse du Sud vers le Nord de 700 m à 550 m d'altitude.

c) Celui de la plaine du haut-Kwilu présente une altitude moyenne de 400 m.

La Crête de Mbanza-Ngungu, haut éperon orienté du Nord/Ouest-Sud/Est s'élargit vers le Sud pour former un paysage de montagne qui s'étend à travers le centre du secteur de Gombe-Sud. A l'Est de la crête, ce paysage de montagne présente successivement, du Sud au Nord, d'abord des hautes collines, puis, à hauteur de Mawunzi, des collines basses et des petits plateaux plats qui constituent la plaine dite de « Muala-Kinsendi/Inkisi », qui se trouve à l'Est de Mbanza-Ngungu au pied de la crête. Le relief de la zone est dominé par des collines basses, petits plateaux et vallées surmontées de forêts claires.

A l'Ouest, la crête de Mbanza-Ngungu s'abaisse vers la plaine du Haut-Kwilu, une bande de hautes collines formant la transition. Cette plaine se compose, comme la plaine de « Muala Kinsendi-Inkisi », de basses collines et de petits plateaux.

Dans la zone étudiée, le système schisto-grèseux se trouve au Nord et au Nord-Ouest du système schisto-calcaire qui occupe la plus grande partie du territoire de Mbanza-Ngungu au Nord de la route Inkisi - Mbanza-Ngungu - Kimpese. Le plateau du Bangu, à l'Ouest, domine avec un raide escarpement, le système schisto-calcaire. Vers le Nord et le Nord-Ouest, ce plateau passe graduellement au niveau du bassin de l'Inkisi dans le système schisto-calcaire. La limite entre les systèmes schisto-grèseux et schisto-calcaire offre également un fort escarpement à l'extrémité Sud-Est.

Le système schisto-grèseux a été découpé par l'érosion en petits plateaux et en collines arrondies. Le paysage de collines est moins régulier que celui du système schisto-calcaire (Socinco).

2. <u>HYDROGRAPHIE</u>

La région se divise en bassins versants qui, d'Est en Ouest, sont ceux des rivières Inkisi, Kwilu et Lukunga. Les bassins versants de l'Inkisi et du Kwilu occupent la plus grande partie de la superficie totale de la région. La zone est baignée par le fleuve Congo dans la partie Nord ; à l'Est, par la rivière Inkisi et, au centre, on trouve plusieurs rivières et ruisseaux dont les plus importants sont : Kwilu, Ngongo, Mpioka, Lukunga, Luasi, Lunzadi, Muelezi, Luidi, Luvaka, Luangu.

3. <u>CLIMAT</u>

L'étude du climat est basée sur les données fournies par les stations d'observations situées dans la région ou à proximité de celle-ci et qui sont, d'Est en Ouest : Kisantu, Mvuazi-poste, Mvuazi-vallée, Kwilu-Ngongo, Tumba et Luozi. Le climat de la région est tropical soudano-zambézien et se caractérise par les saisons, la pluviosité, la tempétature, l'humidité, l'insolation et l'évaporation. Il y a une saison sèche bien marquée qui dure cinq mois (Juin à Octobre) et une saison de pluies longue de sept mois (Novembre à Mai). La pluviométrie moyenne annuelle est de l'ordre de 1200 à 1500 mm. A l'Ouest, d'une ligne joignant à peu près Luozi, Tumba et Kwilu-Ngongo, elle est inférieure à 1300 mm. A l'Est, elle varie de 1300 à 1500 mm. Les précipitations relativement hautes se produisent à l'Ouest de la crête de Mbanza-Ngungu (1524 mm); à l'Est et sur le prolongement vers le Sud, les précipitations sont relativement basses, soit 1158 mm à Kimpangu. Le premier maximum de pluies se situe en novembre et le deuxième en avril. La grande saison sèche dure 4 mois, soit juin, juillet, août et septembre. En janvier et février, la fréquence des périodes sèches est nettement accrue, c'est la petite saison sèche. Dans une région de savane, telle que celle de Mbanza-Ngungu, cette variation de la pluviométrie n'est pas le seul facteur important; l'intensité des averses en est un autre aussi. Les averses courtes et violentes provoquent des forts ruissellements. Ainsi, beaucoup d'eau se perd pour le sol et les chiffres pluviométriques sont alors trompeurs. En ce qui concerne la température, la période la plus chaude se situe en mars-avril avec une moyenne de 26°C environ. Juillet et août sont les mois les plus froids avec une moyenne d'environ 21°C.

Sur la crête de Mbanza-Ngungu et son prolongement vers le Sud, de même que sur le plateau du Bangu, les températures sont évidemment les plus basses et proportionnelles à l'altitude. Dans les vallées, le minimum absolu peut parfois descendre très bas en saison sèche. L'humidité relative de l'air est en corrélation avec la période des pluies. Elle atteint son maximum pendant la saison des pluies et son minimum à la fin de la saison sèche. Une exception est constituée par la crête de Mbanza-Ngungu où, pendant la saison sèche, l'humidité de l'air peut être si élevée qu'il se forme du brouillard, phénomène bien connu par les habitants de Mbanza-Ngungu. Le nombre d'heures d'insolation dans la Région de Mbanza-Ngungu (Mvuazi) atteint 1.675 heures par an. Les chiffres correspondants sont : pour le Mayumbe (Luki), 1.288 heures ; pour la cuvette centrale (Yangambi), 2.070 heures ; et pour le Katanga (Lubumbashi), 2.692 heures. Avec les effets de réchauffement climatique au niveau de la planète, il faudra s'attendre à des perturbations et d'autres variations climatiques plus importantes dans l'avenir.

4. <u>SOLS</u>

Les sols de la région appartiennent à la famille des sols intertropicaux où les roches subissent l'influence d'un climat chaud et humide provoquant une décomposition chimique des roches particulièrement intense et dont l'aboutissement est un sol ferralitique ou kaolisol, riche en fer et en alumine, de valeur agricole médiocre. S'il existe quelques sols de bonne qualité, on rencontre dans la région quelques vallées fertiles argilo-sablonneuses. Dans leur grande majorité, les sols de la région demeurent médiocres et ont peu d'aptitude à supporter les techniques culturales motorisées. Cela confère à la région des potentialités agricoles réduites. En ce qui concerne l'étude du sol dans la région de Mbanza-Ngungu, on peut se référer à la documentation suivante qui est toujours d'actualité:

- La carte agricole et le plan d'aménagement établi par le Groupe d'Economie Rurale (GER) ; - L'étude des Plateaux et Vallées dans le territoire de Mbanza-Ngungu (SOCINCO) ; - La prospection systématique des sols à l'Ouest de la rivière Kwango (Association CODECONGO-SOCINCO); - Carte des sols et de la végétation du Congo et du Rwanda (SYS, INEAC).

Deux principaux groupes de sols sont rencontrés dans la zone étudiée : les sols récents et les kaolisols (Fahem Kader). Les sols récents sont de cinq types : les lithosols, les sols organiques, les sols podzoliques, les sols bruns tropicaux et les sols tropicaux récents.

Les lithosols sont caractérisés par l'absence de développement du profil. D'où une très faible profondeur (moins de 30 cm) et une valeur agronomique nulle. Ils occupent le sommet des cuirasses affleurantes (région de Songololo-Matadi) ainsi que les très fortes pentes des cirques, ravins et falaises tels que les rochers de Lovo et du Bangu. Ils ne présentent aucun intérêt agronomique et ne devraient pas être défrichés.

Les sols organiques caractérisent la bordure des rivières et sont constitués à partir des alluvions les plus récentes. Ils sont de valeur agricole faible car ils ne possèdent pas de réserves minérales et sont en outre fortement acides (ph de 4-5) et gorgés d'eau.

Les sols podzoliques sont localisés principalement dans les dépressions. Ils sont formés sur les sables perméables et pauvres en base là où le drainage est insuffisant. Leur valeur culturale est nulle.

Les sols tropicaux bruns sont développés sur les levées des rivières dans les plaines alluviales de l'Inkisi, de la Lukunga et du Kwilu. Presque neutres (ph de 6-7), riches en éléments échangeables, ils constituent d'excellents sols agricoles souvent recherchés par les paysans.

Les sols tropicaux récents sont de qualité comparable et portent de belles cultures malgré leur hydromorphie. Ils se développent sur les alluvions des vallées et sont particulièrement fertiles.

Les kaolisols sont les formations pédologiques les plus répandues dans la région et constituent l'aboutissement de l'évolution ferralitique, qui transforme les sols tropicaux récents en ferrisols, puis en ferralsols de plus en plus appauvris; les arénoferrals, encore plus pauvres, sont caractéristiques des formations sableuses. Il y a quatre types de kaolisols : les areno-ferrals, les ferralsols, les ferrisols et les hydrokaolisols.

Les aréno-ferrals sont constitués du sable en grande proportion et s'étendent sur une très grande partie de la région. Ils sont formés à partir de matériaux sableux. Très pauvres en argile (moins de 20 %), ils ont une faible capacité de rétention d'eau et sont fortement acides.

Ce sont des sols particulièrement pauvres. Il découle de ce qui précède que le sol de la région n'est pas de bonne valeur agricole, car non seulement il comprend du sable en abondance, mais il se trouve en outre associé au sol dont la valeur agricole est généralement reconnue faible.

Les ferralsols sont des sols argilo-sableux. Ils se caractérisent par une teneur importante en argile (50 à 65 %) et une valeur agricole moyenne et même faible. Ils sont beaucoup plus altérés avec une faible réserve minérale; ils occupent les surfaces d'aplanissement (p1); de valeur agricole médiocre, sauf sur le schisto-calcaire avec une profondeur supérieur à 1,20 m; mais ils conviennent pour l'élevage extensif.

On distingue dans la région :
- les ferralsols du système schisto-grèseux,

11

- les ferralsols du système schisto-calcaire,
- les ferralsols intergrade ferrisols

Les ferrisols sont des sols minéraux relativement jeunes en voie d'altération mais encore fertiles. Ils sont développés sur les pentes rajeunies de la zone schisto-gréseuse et schisto-calcaire, ainsi que sur les alluvions des terrasses relativement anciennes de grandes vallées. De haute valeur agronomique au Mayumbe où ils permettent des cultures exigeantes tel que le cacao, ils sont de moindre qualité dans les Cataractes mais se prêtent néanmoins à une intensification agricole, aux labours mécanisés sur les pentes faibles et à l'élevage extensif de bovin malgré leur déficit hydrique. Ils présentent aussi des bonnes conditions pour un grand nombre de cultures.

On distingue dans la région :
- les ferrisols du système schisto-gréseux,
- les ferrisols du système schisto-calcaire,
- les ferrisols intergrade ferralsols du système schisto-gréseux et schisto-calcaire,
- les ferrisols intergrade sols récents et
- les ferrisols intergrade sols bruns tropicaux.

Les hydrokaolisols sont des sols marécageux qu'on rencontre en quelques endroits de la région et qui sont d'origine kaolinite. Ils caractérisent les diverses vallées et dépressions de la région où l'excès d'eau mal drainée entraîne la formation de kaolisols hydromorphes à l'horizon A1 tourbeux, humifère, surmontant un horizon C de couleur pâle à gley. Ils constituent des sols agricoles recherchés, notamment pour la culture de l'igname et des bananiers.

5. <u>VEGETATION</u>

La végétation de la région est composée essentiellement des savanes boisées guinéennes et des savanes herbeuses. Il existe cependant des forêts. Il ne reste dans la région que de petites forêts et de lambeaux forestiers. Ce sont toujours, à quelques rares exceptions, des forêts secondaires. On note cependant deux types de forêts : la forêt de Bangu et la forêt dite « Zumbu ».

La forêt de Bangu est caractérisée par une association de la savane et de la forêt. Celle-ci couvre les fonds des vallées et les flancs de collines plus lourds, tandis que la savane se situe sur les sommets.

Les « *Zumbu* » sont des forêts de petites dimensions d'origine anthropique, qui proviennent de l'invasion par les essences forestières des anciennes réserves de savanes appelécs « *Nkunku* ». Les « *Nkunku* » sont des réserves de savanes appartenant à la famille ou au clan et qui sont mises en défense contre les incendies et les feux de brousse. Généralement, après plusieurs années de défense intégrale, elles se transforment en forêt par l'action anthropique.

Pour accélérer leur transformation en forêt, des arbres fruitiers, patrimoine de la famille ou du clan et d'autres essences de valeur, par exemple lifaki, kambala (*Milicia excelsa)*, wenge (*Millettia laurentii*) y sont plantées. Les savanes de la zone sont de deux types : la savane arbustive et la savane herbeuse. La savane arbustive caractérise le paysage de certaines contrées. En effet, dans le Nord de Luozi, de Mbanza-Ngungu, et de la rive droite de la rivière Inkisi, et sur la presque totalité des sols dérivés du système schisto-grèseux, on note dans le paysage une série de petites collines ou de petits plateaux de savane arbustive peu dense, entourés de vallons étroits occupés par une forêt galerie. Cette savane a en général une strate herbeuse à *Hyparrhenia, Panicum,* et *Andropogon* avec une strate arbustive à

Syzygium dominant sur les sols les moins érodés, c'est-à-dire les bas de pentes et les plateaux. Localement, sur les sols les plus érodés, c'est-à-dire les sommets de collines érodés et les fortes pentes, la savane se réduit à une savane steppique de graminées xérophytiques avec une strate arbustive de *Crossopteryx febrifuga (Rubiaceae)*. La savane herbeuse domine le plateau de Kasi et de Mbanza-Ngungu.

On distingue quatre types de savane herbeuse : la savane des plaines alluviales, la savane à Hyparrhenia dense, la savane à Hyparrhenia peu dense et les savanes steppiques. La savane des plaines alluviales est caractérisée par une strate herbeuse constituée principalement de *Hyparrhenia diplandra* très vigoureux. Les graminées associées « *Pennisetum purpureum* » et « *Panicum maximum* », sont de haute taille et extraordinairement denses et robustes. L'arbuste isolé, qui caractérise le plus fréquemment les terres fraîches des fonds de vallons, est « *Sarcocephalus latifolius* ». Il faut citer aussi l'*Erythrina tomentosa* et le *Cussonia angolensis*, qui peuvent parvenir à constituer des bosquets de forêt claire. La savane à Hyparrhenia dense se rencontre, dans la Région de Mbanza-Ngungu, dans la zone du système schisto-calcaire. Sa composition est cependant liée à la profondeur du sol et à la forme du relief. Par endroit affleurent des dômes de grenailles ferrugineuses où la savane est moins dense avec dominance d'*Andropogon* et installation d'un peuplement d'Annones rabougries. La savane à Hyparrhenia peu dense se trouve sur les sables de recouvrement des crêtes de Mbanza-Ngungu. Les différentes espèces de *Hyparrhenia* ne sont plus dominantes et les *Loudetia* deviennent relativement importants. Cette savane est coupée d'îlots forestiers qui se maintiennent sur les pentes les plus fortes.

Les savanes steppiques sont surtout localisées entre Matadi et le Plateau de Bangu. Ce sont des formes xérophytiques de dégradation.

Les « *Makanga* » sont un type caractéristique fréquent avec une strate herbeuse à *Andropogon, Sporobulus* et *Loudetia* et une strate buissonnante d'*Annona* et *Vitex*.

6. RESSOURCES DU SOUS-SOL

Comme ressources du sous-sol intéressant l'agriculture, nous citerons : les gisements de calcaires et du calcaire broyé à Lukala. Egalement, le guano des chauves-souris des grottes de la région comme source possible d'engrais phosphatés. Comme ressources minières, nous citerons : le cuivre (Cu), le manganèse (Mn), l'or, et le pétrole (région de Mbanza-Ngungu); le cuivre (Cu), le plomb (Pb), et l'or (Au) (région de Kimpese); le cuivre (Cu), le manganèse (Mn), le fer (Fe), l'or, et le pétrole (région de Luozi); le cuivre (Cu), l'or, et le manganèse (Mn) (région de Songololo); le cuivre (Cu), le fer (Fe), le plomb (Pb), le zinc (Zn), et le vanadium (V) (région d'Inkisi).

1.1.1.3. REPARTITION ET MISE EN VALEUR DES SOLS DANS LA REGION

Dans la région, le sol argileux se rencontre en majeure partie dans les Territoires de Songololo et de Luozi; le sol argilo-sablonneux se rencontre dans les trois territoires du District des Cataractes, tandis que le sol sablo-argileux est très prédominant et caractéristique dans le Territoire de Mbanza-Ngungu. Il s'ensuit que la zone étudiée ne constitue pas un gîte écologique jouissant d'une rente bioclimatique favorable. Au contraire, ses sols font de cette zone, en dehors de quelques endroits, un médiocre site agricole. Les sols de la région apparaissent dans l'ensemble comme des sols pauvres à l'exception de quelques secteurs limités caractérisés par des sols récents ou rajeunis (BEAU). L'apport d'éléments tels que la chaux, la fumure organique et l'engrais pour améliorer la structure et enrichir les sols serait bénéfique. Mais le coût d'une telle intervention ne peut se concevoir que pour des cultures particulièrement lucratives. Sur les pentes, des mesures antiérosives sont à prévoir contre le ravinement et des cultures arbustives seraient indiquées. Il en est de même des fonds de vallées aux sols riches gorgés d'eaux, qui nécessiteraient des travaux de drainage. Quant aux autres sols, le respect des rotations judicieusement établies, avec une longue période de jachère permettant la reconstitution de la couverture forestière, est susceptible de sauvegarder le patrimoine pédologique des sols de valeur moyenne. Quant aux sols pauvres, ils sont susceptibles d'être aménagés en zones pastorales[1].

1.1.1.4. LES RESSOURCES ENERGETIQUES

Les ressources énergétiques consommées dans la zone sont celles-ci : le bois de feu, le charbon de bois, l'électricité et les produits pétroliers.

1. LE BOIS DE FEU

La demande du combustible-bois est très forte dans la zone. Elle entraîne un déboisement intensif autour des principales agglomérations de la zone et de la région. Cette tendance s'accentue avec l'accroissement des besoins énergétiques des populations urbaines. Le bois est, et reste le combustible de prédilection de la zone. Ramassé par les femmes et les enfants sous forme de petites

---

[1]   A. FAHEM KADER, op.cit, p.20.

branches, le bois est transporté sur la tête jusqu'au lieu de son utilisation. La façon d'utiliser le bois ne varie guère d'un bout à l'autre de la zone. La cuisine est faite généralement en plein air, la marmite *(nzungu)* étant installée en équilibre sur trois pierres *(makukua)* et le rendement ne dépasse guère 5 %. Il y a lieu de s'inquiéter de l'approvisionnement du bois et de son impact sur l'environnement rural étant donné qu'aucun programme de reboisement soutenu n'est en vigueur dans la zone. La popularité du bois dans la région comme agent énergétique direct est dû à sa disponibilité, à la façon tradi-tionnelle de cuire les aliments et à son apparente gratuité car il se ramasse. Le bois de feu présente un certain nombre d'inconvénients :

- la fumée qu'il dégage cause des problèmes de santé ;
- l'encrassement des ustensiles de cuisine et la mauvaise odeur ;
- le caractère de corvée pour les femmes et les enfants;

Utilisé localement sur une grande échelle, le bois de feu devient de plus en plus difficile à trouver. Cela vient de la régression, sinon de la disparition, de certaines formations forestières ou de savanes de la zone. La consommation de bois de feu est généralement estimée à 1 m³ par habitant et par an (FAO). La courbe de demande du bois de feu est influencée par l'évolution démographique de la population rurale de la zone. Son usage industriel comme combustible est répandu au niveau de la petite et moyenne entreprise de l'agriculture, dans les boulangeries, les petites briqueteries artisanales, etc. Au niveau de la grande entreprise, il sert surtout à produire de la vapeur. C'est le cas surtout de la Compagnie Sucrière de Kwilu-Ngongo pour faire marcher ses locomotives et pour préchauffer ses fours.

2. LE CHARBON DE BOIS

Si le bois de feu est le combustible des campagnes, le charbon de bois est, du fait de ses caractéristiques particulières, celui des villes. Possédant un pouvoir calorifique double de celui du bois (7.000 kcal/kg contre 3.500), il dégage des températures élevées, produit moins de fumée que le bois, peut facilement être stocké et donne aux aliments une saveur particulière. Le commerce des combustibles ligneux (bois et charbon de bois) est difficilement quantifiable au niveau de la zone de Mbanza-Ngungu du fait que les informations sur ce commerce font défaut. Le charbonnier, qui est généralement un rural, produit le charbon de bois en récupérant de façon occasionnelle les déchets de défrichement de son champ après l'abattage des arbres dans la forêt. Actuellement, la production du charbon de bois est devenue une activité très lucrative dans la zone compte tenu surtout de la demande croissante du marché que constitue les centres urbains de la région et de la ville de Kinshasa. De plus en plus, le charbonnier est un professionnel et ce métier, qui était jadis occasionnel, se professionnalise. Le producteur vend son charbon à des commerçants, qui auront fait réserver la production au préalable. Ces commerçants, souvent grossistes, prennent contact avec les transporteurs et acheminent le charbon dans des dépôts disséminés dans les marchés des villes. De plus en plus, les charbonniers, dans le but de gagner plus d'argent, font transporter eux-mêmes la production.

3. L'ELECTRICITE

La zone dispose d'un potentiel d'énergie hydro-électrique constitué principalement par les centrales hydroélectriques de Zongo et de Sanga dans le secteur de Lunzadi. L'aménagement du bassin hydroélectrique d'Inga prévoit dans sa phase finale la construction d'un barrage hydroélectrique sur le fleuve Congo dans la partie nord de la zone à Mpioka. Par ailleurs, la zone est traversée par la ligne de haute tension du courant d'Inga. Malheureusement, à part les quelques centres urbains de Lukala, Mbanza-Ngungu, Kwilu-Ngongo et quelques autres, qui sont desservis par l'électricité, toute la zone n'en bénéficie pas, alors que l'électricité constitue un facteur important de développement économique. Nous fondons l'espoir sur la nouvelle politique de développement préconisée par les nouvelles autorités du pays qui inscrivent l'électrification rurale dans leur programme de développement. La sous-consommation de l'énergie hydroélectrique d'Inga doit inciter les décideurs de repenser les modèles de développement conçus à l'occidentale.

4. <u>LES PRODUITS PETROLIERS</u>

La zone est desservie en produits pétroliers uniquement dans quelques centres urbains tels que Mbanza-Ngungu, Kwilu-Ngongo, Kimpese, Songololo, Lukala, Lufu, Nduizi et Luozi. La rareté des produits pétroliers, surtout dans les centres urbains, a une incidence sur le déboisement. C'était le cas en 1982 où la diminution du quota de pétrole alloué au Bas-congo avait accéléré la déforestation de cette région, car les ménagères recourent au bois pour obtenir l'énergie dont elles ont besoin.

1.1.1.5. <u>IMPACT DE L'UTILISATION DU BOIS SUR L'ENVIRONNEMENT</u>

L'utilisation des combustibles ligneux comme source d'énergie dans la zone consomme chaque année d'énormes quantités de bois.

Ces combustibles ligneux sont malheureusement prélevés de façon anarchique, occasionnant des dépréciations sur l'environnement. Le processus est le même partout : apparition d'un besoin vital (énergie de cuisson), prélèvement direct sur la végétation locale et dégradation ou disparition du couvert végétal. Le phénomène est singulièrement aggravé par les défrichements effectués par l'agriculture itinérante, la culture sur brûlis et une exploitation parfois abusive de la ressource par les paysans, qui préfèrent le feu de brousse annuel que la mise en jachère de la savane.

Ce phénomène doit attirer l'attention, car la situation se dégrade dans la zone, surtout aux alentours des centres urbains où l'approvisionnement en bois de feu est devenu difficile. L'électrification de l'habitat, surtout dans les centres urbains de la région, constituerait un moyen idéal pour réduire la consommation des combustibles ligneux.

1.1.1.6. <u>INTERACTIONS ENTRE LA POPULATION, L'AGRICULTURE ET L'ENVIRONNEMENT</u>

Si l'environnement n'est pas protégé, le développement sera compromis. Sans le développement, il ne sera pas possible de protéger l'environnement (A.Steer). Les spécialistes du développement reconnaissent de plus en plus qu'on ne pourrait pas véritablement accroître les revenus et le bien-être si l'on néglige la dégradation de l'environnement. De même, les spécialistes de l'environnement réalisent que la solution de nombreux problèmes, surtout dans les pays en développement, passe par une augmentation plus rapide des revenus, combinée à une bonne gestion de l'environnement. Il existe des interactions vitales entre ces trois domaines dont dépend la viabilité du développement de la zone. L'analyse des données démographiques montre que la population de la zone a connu une croissance démographique rapide, soit 56,2 % entre les données du recensement de 1967 (269.411 habitants) et celles de 2006 (473.421 habitants). Cependant, on a enregistré des résultats peu satisfaisants dans le secteur de la production agricole et une dégradation croissante de son environnement. Les constatations qui ont été faites dans la zone laissent penser que cet ensemble d'interactions joue un grand rôle et que les efforts de développement seraient beaucoup plus efficaces s'ils étaient conçus en conséquence. On remarque l'existence des liens entre les méthodes et techniques traditionnelles de culture et d'élevage, les systèmes fonciers et les méthodes d'utilisation des ressources. Les pratiques et les systèmes traditionnels étaient bien adaptés pour assurer la survie des populations lorsque les densités de la population étaient faibles. A mesure que les populations ont crû, les méthodes traditionnelles ont évolué mais face à l'accélération de la croissance démographique, elles se sont trouvées soumises à des pressions croissantes au point de devenir inadéquates. Les cultures itinérantes, fondées sur des longues périodes de jachère, étaient des techniques appropriées lorsque les terres étaient abondantes et les capitaux illimités. Ce qui permettait au sol de retrouver sa fertilité grâce à la croissance et à la décomposition de la végétation naturelle.

Avec la croissance démographique, les systèmes d'utilisation des terres sont devenus progressivement intensifs et là où les terres étaient abondantes, on pouvait progressivement mettre de nouvelles cultures. Mais du fait de la pression démographique, les populations sont de plus en plus contraintes de rester sur les mêmes terres ou d'y revenir très tôt, bien que leurs techniques culturales n'aient pas évolué suffisamment pour leur permettre de pratiquer des cultures permanentes viables. En conséquence, la structure et la fertilité des sols se détériorent, les rendements diminuent et l'érosion s'installe dans les flancs des vallées. Des cas extrêmes de ce phénomène peuvent être observés dans toute la région. L'innovation technologique est très lente si pas nulle à cause de l'inefficacité de la vulgarisation agricole. Tant que l'infrastructure de transport laisse à désirer, les paysans ne sont pas assez incités et motivés pour passer des cultures de subsistance à une production commerciale, et de cultures extensives à des cultures intensives, comme l'ont réussi les paysans asiatiques.

1.1.1.7. <u>EXPLOITATION DES RESSOURCES FORESTIERES ET SAVANICOLES</u>

La forte dépendance de la population à l'égard des combustibles ligneux, combinée à une croissance démographique rapide dans la zone, a contribué à accélérer la destruction des forêts et des savanes boisées auxquelles s'ajoutent d'autres facteurs tels que le feu de brousse, la latérisation et les méthodes agricoles archaïques. Le bois de feu est généralement considéré comme une ressource gratuite que l'on se procure sur des terres auxquelles tout le monde a accès sauf les « *Nkunku* ». La destruction des forêts et savanes accélère la dégradation et l'érosion des sols et a des effets négatifs sur le climat et le régime hydrologique local, ce dont pâtit l'agriculture. D'autre part, des activités agroforestières efficaces peuvent avoir un impact considérable sur l'environnement, l'agriculture, les économies d'énergie, etc. La conservation des sols, la gestion de l'eau et la pollution de l'air pose problème dans la zone.

1. <u>CONSERVATION DES SOLS</u>

Bien que la situation soit encore moins dramatique dans la partie nord de la zone, il y a lieu de constater, dans la grande partie sud de la zone, que la savane arbustive a cédé sa place à la savane herbeuse et rien n'empêche que l'on puisse parler d'un début de désertification dans un proche avenir. La dégradation progressive des terres arables est un problème général dans l'ensemble de la zone. L'ensemble de récoltes et de rendements d'importantes cultures alimentaires est en baisse constante dans l'ensemble de la zone dont l'épuisement des sols fragilisés est l'une des causes. S'y ajoutent aussi d'autres facteurs comme la latérisation, la forte densité de la population, etc.

2. <u>GESTION DE L'EAU</u>

Beaucoup d'agglomérations et mêmes des chefs-lieux de territoires sont dépourvus de système de production et de distribution d'eau potable. Bien que des progrès aient été réalisés dans la région par les pouvoirs publics (Regideso) jadis en collaboration avec la coopération japonaise, notamment à Mbanza-Ngungu et à Kimpese, toute la partie sud de la zone souffre du manque d'eau et la population n'a pas accès à une eau propre pour boire et se laver et ne dispose pas non plus des conditions d'assainissement satisfaisantes. Dans ces conditions, le développement d'une agriculture sur base des techniques modernes exigerait dans cette partie de la zone d'importants moyens d'infrastructure pour le captage d'eau et l'irrigation. Etant donné l'immensité du problème, il faut se rendre compte que la tâche dépasse les moyens du secteur public. Néanmoins, compte tenu de l'importance des besoins exprimés par la population, diverses communautés religieuses, hospitalières, scolaires seraient disposées à payer le prix de ce service, car l'eau reste la source importante de la vie. Il serait même urgent d'associer ces communautés privées à l'investissement dans l'assainissement et l'alimentation en eau dans la zone.

3. POLLUTION DE L'AIR

La pollution de l'air ne fait l'objet d'aucun suivi et le problème se pose différemment dans la zone. Signalons une forte pollution de l'air dû essentiellement au rejet de la poussière des cimenteries de Lukala et Kimpese. Cette poussière se répand sur une très grande partie sud de la zone. Enfin, il faut craindre aussi la pollution des eaux des rivières environnantes et de la nappe phréatique par le dépôt de la poussière des cimenteries.

1.1.1.8. ASPECTS DE LA DEGRADATION DES SOLS DANS LA ZONE

La dégradation des sols dans la zone peut être la conséquence de plusieurs phénomènes d'ordre naturel et humain[1]. Une distinction est donc faite entre facteurs naturels et facteurs humains. Des facteurs naturels, il y en a plusieurs. En effet, le niveau de dégradation des sols de la zone se présente différemment suivant les causes qui se manifestent dans la région : les carapaces ferrugineuses, le ravinement, le déboisement, les formations d'argiles latéritiques et l'érosion.

1. LES CARAPACES FERRUGINEUSES

Dans tous les sols à dominance argileuse et dans beaucoup de sols argilo-sablonneux et même sablo-argileux, on remarque, à une

---

[1]   Outre les travaux de DRACHOUSSOFF, il y a aussi les travaux de SYS sur le sol du Bas-Congo et ceux de DUVIGNEAUD sur la végétation du Bas-Congo, CODENCO-SOCINCO, BEAU avec l'Atlas du Bas-Congo. Tous ces travaux restent toujours d'actualité.

profondeur variable, une seconde couche composée des nodules de limonite agglomérés par une espèce de ciment et très difficilement percé par les racines. L'épaisseur de cette couche varie de quelques centimètres à plusieurs mètres. Lorsqu'elle affleure, le sol peut être considéré comme stérilisé. La formation en profondeur et l'ascension progressive des sols ferrugineux composant la carapace semble être un phénomène très ancien provoqué essentiellement par des facteurs climatiques et hydrauliques. L'action de l'homme sur la rapidité de l'évolution ne peut encore être évaluée. On peut toutefois supposer que tout ce qui détruit l'humus, la structure et la végétation favorise et hâte la formation d'une carapace superficielle. Les régions de la zone les plus durement atteintes par cette forme de dégradation sont, dans l'ordre décroissant :

- la région de Songololo et du Bas-Kwilu;
- les régions schisto-calcaires ondulées et accidentées de l'Ouest de Mbanza-Ngungu;
- les régions schisto-calcaires ondulées et accidentées de l'Est de Mbanza-Ngungu.

2. RAVINEMENT

Ce phénomène se manifeste surtout dans les régions à relief tourmenté, sur les pentes dénudées, le long des pistes des savanes, des collecteurs naturels d'eau de pluie et des têtes de source. Les manifestations les plus spectaculaires ne sont cependant pas nécessairement les plus nuisibles. Les sols ravinés sont souvent des sols stériles ou très médiocres. Il se peut alors que les ravinements acquièrent une certaine utilité, car ils scalpent la carapace superficielle et permettent l'installation de forêts dans les éboulis. En revanche, dans les sols sablonneux moyens, fortement arborés, le ravinement se borne à la formation de rigoles ou de petites ravines, phénomène plus discret mais dangereux, car il attaque lentement les terres arables et peut atteindre rapidement une intensité redoutable, pour peu que l'étendue des emblavures vienne à augmenter. Le ravinement à grand spectacle est surtout fréquent dans les régions schisto-calcaires, le ravinement réellement nuisible se manifeste dans les terrains schisto-gréseux ou le sable de Kalahari.

3. DEBOISEMENT

En général, le paysan mukongo n'est pas un destructeur de forêts. Au contraire, il les crée. C'est le cas des « *Nkunku* ». Certes, depuis quelques dizaines d'années, une grande partie des forêts secondaires de la zone a été transformée en jachères forestières pour divers besoins. Mais ces jachères gardent toujours un caractère forestier et retournent à leur état initial de forêt dès qu'on leur donne quelques années de repos. Pourtant, la population est très convaincue de la grande productivité des terres de culture en forêt que dans la savane. De plus en plus, la superficie des « *nkunku* » a augmenté dans la zone. Cet accroissement est plus rapide dans le schisto-gréseux, assez lent dans le schisto-calcaire, très lent, si pas nul, dans la région de Songololo.

4. FORMATIONS D'ARGILES LATERITIQUES

Il est très difficile de distinguer dans la zone les argiles latéritiques des terres rouges provenant de la décomposition des schistes. Il est fort probable que les argiles de la zone soient toutes latérisées. Il nous semble opportun de dire un mot sur la latérisation, qui est un facteur essentiel de la formation des sols du Bas-congo, en général, et de la zone en particulier.

5. LA LATERISATION

Par latérisation, on entend le processus de décomposition par hydrolyse des silicates d'alumine et de fer suivi de l'élimination de la silice et, part conséquent, de la concentration des hydroxydes d'aluminium et de fer. Le résultat final de cette élimination est la latérite. Les stades intermédiaires sont les sols latérisés ou latéritiques.

6. L'EROSION

L'intensité de ce phénomène est difficilement mesurable dans une région à culture extensive. Néanmoins, il est certain que chaque période de culture amène un appauvrissement du sol tant par l'exportation des matières minérales que par la destruction de l'humus, de la structure, des pertes en nappe ou en profondeur. La jachère qui suit permet une certaine reconstitution de l'humus... Mais la durée de la jachère est actuellement réduite de deux à trois ans pour la plupart des terres de la zone qui sont par ailleurs brûlées tous les ans. On peut s'interroger si ce repos court et incomplet, permet au sol de revenir intégralement à son état initial. Enfin, on constate que les parties de la zone les plus dégradées sont dans l'ensemble les parties occidentales cristallines, métamorphiques et schisto-calcaires.

La dégradation des sols semble surtout se manifester par l'ascension lente et progressive de la couche ferrugineuse compacte vers la surface et accessoirement par des ravinements qui attaquent les terres arables. L'abus des systèmes de cultures et des feux de brousse favorise en principe les deux phénomènes précités.

L'appauvrissement du sol provoqué par les cultures pourrait être compensé par l'effet de la jachère forestière ou herbeuse. Cependant, avec la croissance démographique, l'exploitation du sol s'est intensifiée et les rendements par hectare ont diminué d'une façon perceptible. Certains phénomènes de dégradation sont très anciens et ne semblent pas avoir été influencé par l'action de l'homme ; c'est le cas des sols ferrugineux. Parmi les facteurs humains figurent les feux de brousse et les défrichements.

1. LES FEUX DE BROUSSE

Les feux de brousse compromettent les constantes physiques et entraînent des variations plus accentuées de la nappe phréatique, c'est-à-dire la formation plus ou moins artificielle d'une carapace ferrugineuse rendant toute culture impossible; une érosion latérale plus ou moins rapide mais toujours plus forte que dans des sols forestiers; et une érosion verticale avec entraînement de l'argile colloïdale et des matières fertilisantes dans le sous-sol. Sans entrer dans les détails, nous passons en revue ci-dessous les principaux effets des feux de brousse que nous décrit Kabala Matuka et qui s'appliquent en général dans toutes les régions de savane et dans notre zone en particulier :

a) EFFET SUR LA VEGETATION

L'impact sur la végétation consiste dans le remplacement de la flore naturelle par une flore pyrophile. Ainsi, l'évolution régressive des peuplements graminéens se traduit par l'élimination des espèces tendres et bonnes fourragères au profit d'espèces plus xérophiles, dures et de médiocre valeur fourragère. Il est remarquable de constater que la savane mise en défens évolue toujours vers la reconstitution d'un boisement et de la forêt or, l'incendie empêche le reboisement naturel des savanes. Les mises en défens intégral de certaines parcelles de savane comme la pratique des « Nkunku » dans la zone réussissent toujours, quel que soit le sol. Ces divers arguments indiquent que le Bas-Congo a un climax forestier. Des déboisements considérables suivis d'une savanisation qui a une tendance à se stabiliser sous l'action des feux, ont conduit à la transformation du paysage ligneux primitif en un paysage herbeux antropogène[1].

b) **EFFET SUR LE SOL**

A lui seul, cet effet présente de multiples aspects :
- direct, par la destruction de la matière organique (litière et humus) ;
- indirect, ayant la même conséquence, par suite de l'incinération des végétaux, source d'énergie primaire des biocénoses endogées. Il y a de cette manière rupture prématurée du cycle de la matière, la source d'humus étant elle-même momentanément détruite. Envisagé strictement sur le plan écologique et de la productivité primaire (végétale) du milieu, le feu de brousse est un véritable non-sens, une folie aberrante. Il détruit en pure perte une quantité considérable de matières vivantes et organiques, entraînant une perte importante d'énergie pour l'ensemble de l'habitat (FRASER DARLING, 1960). Tout se passe comme si la nature se donnait beaucoup de mal pour produire des substances végétales que l'on détruit avant qu'elles n'aient pu s'intégrer dans l'écosystème (DORST, 1965). L'appauvrissement du sol en

---

[1]   P. DUVIGNEAUD, op.cit., p.57.

matière organique favorise la perte de son agrégation, et comme sa structure se détruit, il devient plus sensible à l'action du vent et du ruissellement. Ces actions sont d'autant plus fortes qu'au fur et à mesure que le phénomène de dégradation se poursuit, la capacité de rétention du sol pour l'eau diminue, ce qui favorise le ruissellement et le pédoclimat devient plus sec, ce qui favorise aussi l'érosion éolienne. La disparition du feutrage végétal et de l'humus du sol, alliée à la destruction de la végétation, augmente les effets de l'eau et du vent, c'est-à-dire l'érosion pluviale et éolienne. Par suite des températures élevées que le sol peut atteindre en surface à la suite du passage du feu, il se produit une stérilisation des horizons superficiels qui sont précisément les plus riches au point de vue microflore et pédofaune. Il en résulte un freinage, voire un arrêt des processus pédobiologiques. De nombreuses analyses de pédofaune ont révélé une disparition pratiquement complète des organismes terricoles (MALDAGUE, 1961). Sachant que l'activité biologique du sol se déroule dans les horizons superficiels, il ne fait pas de doute que l'incinération équivaut à une stérilisation partielle du sol (POCHON et DE BARJAC, 1958) et amène une rupture brutale des processus biologiques et biochimiques qui s'y déroulent. Il est évident que la couche humifère qui couvre la surface du sol, si elle n'est pas épaisse et humide en profondeur, prend feu et est détruite suivant les constatations suivantes de SAMPSON (Année) : 160-290°C entre 1 et 2 cm ; 71-107-110° C entre 3 et 4 cm au-dessous de la surface du sol.

c) EFFET SUR LE MICROCLIMAT DU SOL

Par la destruction de la végétation et de la matière organique superficielle, le sol est soumis à l'action directe des facteurs du climat : rayonnement direct, température, précipitations, vent et évaporation.

2. LES DEFRICHEMENTS

Les défrichements des terres et les cultures, qui lorsqu'ils dépassent le pouvoir récupérateur d'un sol, l'appauvrissent chimiquement d'abord, et ensuite le dégradent physiquement, favorisent la latérisation et l'érosion. De ce qui précède, il y a lieu de relever la remarque suivante qui paraît contradictoire, mais qui s'impose dans le cas de la zone: il est généralement admis que le retour fréquent des cultures sur un même emplacement de sol ne peut pas à lui seul entraîner la dégradation irrémédiable des terres dans le système de culture pratiqué par les paysans dans la zone. Le déboisement et la stérilisation ne sont pas des phénomènes brusques d'allure catastrophique, car il existe un stade intermédiaire prolongé et réversible où les récoltes deviennent médiocres et où les formations herbeuses éparses apparaissent dans les savanes. C'est alors qu'intervient la longue jachère. La simple extension des emblavures ne pourrait donc ruiner les sols, car le moment où une terre devient économiquement inexploitable précède généralement celui où elle subit une irrémédiable dégradation.

1.1.1.9. <u>LUTTE CONTRE LES FEUX DE BROUSSE ET LA LATERISATION</u>

De tous les facteurs de dégradation des sols, les feux de brousse et la latérisation sont particulièrement sensibles. Ils doivent être combattus ou éradiqués.

1. <u>LUTTE CONTRE LES LES FEUX DE BROUSSE</u>

Pour toute la province en général et dans la zone en particulier, le problème de feu de brousse se pose avec acuité. Comme l'écrit Dianzunga, « *la population ignore que nous n'avons pas l'autorisation de mettre le feu n'importe où, et pourtant le feu de brousse est prohibé par la loi n° 52/175 du 23 mai 1951. Par exemple, en 1975, le gouverneur de la province du Bas-Congo rappellera par sa lettre circulaire n° 13/75 du 18 août 1975 que le feu de brousse est interdit par la loi* ». De même en 1978, il envoya à tous les chefs de collectivités locales de la province la lettre circulaire BUR/DECNT/4394/1485/BZ 78 du 6 septembre 1978 dans laquelle il disait : « *C'est avec grand regret que j'apprends et constate moi-même que beaucoup de compatriotes ont encore la mauvaise habitude de mettre volontairement le feu à la brousse dans vos entités administratives. Je tiens à vous rappeler et à insister sur le fait que nous devons combattre et vaincre les feux de brousse afin de préserver les ressources naturelles du pays, en général et de notre région en particulier* ».

Dans la zone, les incendies naturels par la foudre sont très rares et presque inconnus, et ceux par l'activité volcanique inexistants. C'est la population qui est responsable des feux de brousse. Le plus souvent, c'est intentionnellement qu'elle brûle les savanes. Ce sont en premier lieu les cultivateurs qui mettent le feu à la brousse sèche pour préparer le défrichement ; puis les pasteurs, tout comme les chasseurs, afin d'obtenir la repousse rapide d'herbes vertes ; et enfin les villageois qui incendient la brousse pour dégager les abords des villages et détruire ou éloigner les animaux nuisibles et faire la chasse aux rats (*mpuku*). L'incinération d'une brousse obéit à un cérémonial. Chaque savane porte un nom, par exemple, « *Nzanza Nkenge* », c'est la savane qui porte le nom de « *Nkenge* ». Ce nom est souvent celui d'un ancien chef de village ou chef de clan qui habitait ou exploitait cette partie de la savane, car dans la zone, les terres vides, c'est-à-dire sans propriétaires, n'existent pas. Très souvent, la partie de la savane (*nzanza*), qui est bien identifiée par son nom, par exemple « *nzanza nkenge* », c'est-à-dire la savane qui porte le nom de « nkenge », est mise en jachère pendant deux ou trois ans afin de permettre aux animaux (rats et gibiers) de se multiplier. Le jour de l'incinération est fixé de commun accord par tous les membres du village en fonction de leurs occupations, des prévisions climatiques (un jour bien ensoleillé) et d'autres facteurs circonstanciels. Par exemple, l'opération n'a pas lieu ou doit être reportée lorsque surviennent au village un deuil ou tout autre événement accidentel ; ou lorsqu'un membre influent (chef de village, chef de clan, etc.) tombe malade ou meurt. En dehors de toute circonstance perturbatrice, l'opération s'organise : chaque famille mobilise tous ses membres pour l'opération, car plus on est nombreux, plus la cueillette, s'il faut l'appeler ainsi, pourra rapporter à la famille. Le jour convenu, tous les habitants se réunissent au village et les hommes montent la stratégie de l'opération de l'incinération. Cette stratégie consiste à désigner l'emplacement des chasseurs (*nkongo*) avec leurs armes à feu; à désigner les jeunes gens qui ont la bonne main, en quelque sorte un certain pouvoir de bien incinérer la savane, etc. Ce pouvoir se révèle dans l'intensité du feu qui doit ravager la savane. Il arrive que le feu allumé ne parvienne pas à s'étendre sur la savane. Cela montre que celui qui a mis le feu à la savane n'a pas la bonne main pour brûler la savane. Il n'a donc pas ce don. L'opération de brûler la savane s'appelle « *Yoka Futa* », tandis que celle de « cueillette » s'appelle « *vungula mpiaza* », et la savane brulée s'appelle « *mpiaza* ».

Dès que la mise à feu est ordonnée et exécutée, il faut un temps pour que le feu se consume et que la terre se refroidisse un peu. Les gens commencent alors à rechercher les trous des rats qu'ils se mettent à creuser pour les attraper. Ceux qui ont de la chance peuvent ramasser un gibier brûlé surpris par le feu. Chacun ramasse ce qui l'intéresse (fruits, etc.). Les cultivateurs intelligents profitent de ce jour pour se choisir les bons endroits où ils feront des champs. Il leur suffit de faire des marques qui consistent à éclaircir des petites aires de terre pour délimiter l'espace. Quand quelqu'un découvre un trou de rats, il doit laisser un signe, au risque que quelqu'un d'autre ne s'en approprie. Cela peut faire l'objet des discussions et des disputes. En fin de journée, chaque habitant qui a pris part à l'opération fait le bilan de sa récolte. Les feux de brousse ont sans aucun doute joué un rôle majeur dans la transformation de la végétation au cours de l'histoire. Des preuves d'ordre expérimental existent pour montrer que le climax du Bas-Congo est la forêt dense. Il arrive que l'emplacement d'un village abandonné pour diverses raisons devienne une aire dénudée entrecoupée de petites plantations d'essences domestiques, il existe des conditions de développement de la végétation caractérisées par une action limitée du feu de brousse; les pionniers de la savane et ceux de la forêt y entrent en compétition; c'est la forêt qui l'emporte où les essences de la forêt secondaire deviennent dominantes. Les feux de brousse dans toutes les zones de savane de la RDC sont une opération chargée de plusieurs considérations socioculturelles qu'il n'est pas facile d'extirper de la tête des populations. La colonisation belge a essayé de les règlementer par des lois que nous évoquons, sans succès. La lutte contre ce phénomène appartenant aux us et coutumes ne serait possible que si l'on parvenait à y substituer d'autres pratiques plus avantageuses pour la population. L'expérience du projet Mampu au plateau de Bateke devrait inspirer cette lutte, encore que là aussi, on ait remarqué que la population locale n'avait pas l'air de suivre l'exemple. Le ministère de l'environnement n'arrive pas non plus à protéger la concession officielle voisine de celle du projet Mampu. Il y a donc du chemin à faire pour convaincre la population traditionnelle à abandonner la pratique de feux de brousse. Nous proposons comme préalable pour lutter contre les feux de brousse l'implication des populations locales dans la recherche et l'application des solutions. Cette implication ne peut être obtenue que par le recours au développement conscient et au modèle monade de développement. L'exemple cité ci-dessus montre bien l'échec des politiques, stratégies et actions imposées ou amenées d'en haut ou de l'extérieur.

La pratique des « Nkunku », qui est une initiative émanant des populations de la zone rurale de Mbanza-Ngungu, est un succès obtenu grâce à l'application des principes tacites du développement conscient et du modèle monade de développement. Cette pratique peut donc être généralisée à l'aide des principes explicites de ces deux concepts comme moyen efficace pour lutter contre les feux de brousse.

1. LUTTE CONTRE LA LATERISATION

La latérisation est un facteur essentiel de la formation des sols du Bas-Congo en général et de la zone en particulier. Elle forme les grands groupes de sol, où les influences du couvert végétal et de la roche-mère introduisent des variantes qui sont les sous-groupes. Il nous semble opportun de décrire ici en quelques mots cet important phénomène des sols de la zone où intervient le climat pour une si large part. La meilleure compréhension de cet important phénomène de dégradation des sols de la zone permettra aussi une meilleure prise de conscience de la part de la population du danger réel de l'avenir des sols de la zone. S'il nous est difficile de croire que l'actuel désert du Sahara fut une région luxuriante de végétation, il nous appartient de tout entreprendre pour faire comprendre cette réalité à la population de la zone par l'éducation mésologique. Les moyens pour lutter contre ce phénomène sont connus mais ils doivent être transmis et vulgarisés auprès de la population. Nous ne nous attarderons pas sur une description théorique du phénomène. Des ouvrages techniques spécialisés traitent de ces questions bien mieux que nous ne pourrions le faire. Cependant, il faut se garder dès maintenant, car la situation de certaines régions de la zone est déjà bien tragique. Par conséquent, des actions de régénération des sols et de lutte contre les feux de brousse et contre la latérisation doivent être entreprises. Les populations y sont encore clairsemées. Mais comme l'écrivait A. Chevalier, « *le jour est proche où, dans certaines contrées, les habitants ne trouveront plus à se nourrir* », principalement dans les régions schisto-calcaires ondulées et accidentées de l'Ouest et à l'Est de Mbanza-Ngungu où la latérisation et l'érosion, par suite des feux de brousse et des défrichements inconsidérés, ont déjà ruiné d'immenses étendues. Il nous reste à rechercher les remèdes à l'inquiétant état actuel. Les moyens de remédier à la situation présente sont les suivants comme l'ont suggéré d'autres chercheurs[1] :

---

[1] MALELE MBALA, op.cit, p.67.

Cela demande de l'éducation mésologique, des hommes compétents et conscients, une connaissance approfondie de la végétation de la zone, de ses sols, des cultures modernisées qui y sont possibles et rémunératrices sans appauvrir la terre; enfin, il faut aussi tenir compte de la résistance de la population paysanne au changement. Pour mettre ces questions au point, il faut recourir à une véritable recherche scientifique interdisciplinaire; la recherche-développement et la recherche-action, c'est-à-dire une recherche qui ne perde jamais de vue un but utilitaire immédiat à atteindre. Tout est presque connu mais tout est encore à mettre au point sur le développement de la zone. Une collaboration étroite entre la science et la pratique est indispensable. A ce sujet, on peut se demander si la recherche entreprise jusqu'ici ne fait pas une place trop prépondérante à la science théorique, car il y a très peu d'applications. Il faudrait de la volonté et de la détermination politique pour définir le développement de la zone, à l'instar de ce qui se fait dans les pays d'Amérique du Sud et d'Asie, en Afrique du Sud et en Inde, où la recherche appliquée a pris grandement le pas sur la recherche théorique (fondamentale). A l'heure actuelle, les sols de certaines régions de la zone sont menacés de stérilité. Il faudra envisager pour la zone des plans de mise en valeur des terres agricoles et des forêts, qui soient élaborés sur des bases scientifiques sérieuses déterminant les types de cultures et les techniques agricoles appropriées à conseiller aux paysans. Il faut au préalable expérimenter ou faire beaucoup d'essais avant d'entreprendre des démonstrations auprès des paysans. Aussi avons-nous proposé dans notre recherche la création des centres de démonstration et de vulgarisation dans les deux grandes régions de la zone dont le rayon d'action doit s'étendre sur les micro-foyers de développement de la zone. Afin de régénérer les sols, nous avons pensé recourir à la stratégie agroforestière pour reboiser certaines parties des savanes. Ces repeuplements doivent être faits avec des espèces ligneuses fertilisantes, les unes du pays, les autres importées si nécessaires[1]. Mais la flore du pays est assez riche et son exploration pourra nous révéler des espèces intéressantes. C'est une piste de recherche que d'autres chercheurs pourront exploiter. Nous devons lutter contre les feux de brousse. Ce sont eux, comme nous l'avons montré, qui sont en partie responsables de la dégradation des sols.

Quand l'incinération de la brousse est nécessaire pour obtenir des pâturages, il faut faire allumer les feux dès le début de la saison sèche et les surveiller. Le défrichement ne doit pas se faire par le feu, mais en coupant les arbustes à 30 ou 40 cm de hauteur pour qu'ils rejettent de souche ensuite. Quand le bois est sec, on le réunit en tas espacés et on y met le feu de manière à obtenir des cendres nécessaires à la prospérité des cultures. De cette manière, le sol n'est brûlé que par places et l'incendie ne se propage pas. Si par malheur, celui-ci menace de se propager, des plantes et arbustes pare-feux (on connaît déjà un grand nombre d'espèces convenant aux savanes tropicales) plantés autour de chaque secteur empêcheront l'incendie de se propager à grande distance. Il suffirait de quelques décades, pendant lesquelles la savane ne serait pas brûlée, pour que la forêt tropophylle (et la brousse arborée) se reconstitue et pour qu'un peu d'humus s'accumule à la surface, que le sol redevienne grumeleux et que la poussée éluviale s'arrête. Là où il existe déjà une carapace enfouie dans le sol à une faible profondeur, une végétation arbustive mettrait plus de temps à s'installer, mais elle préparerait l'avènement d'une forêt claire dans un avenir plus ou moins lointain. Et la latérisation serait arrêtée. Reboiser les savanes de la zone et restreindre le plus

---

[1]   C'est le cas de "Chromolaena odorata" surnommée par la population "Elengi eye". Elle fertilise le sol mais malheureusement, elle détruit les formations forestières.

possible les feux de brousse sont les quelques suggestions que nous envisageons pour arrêter la dégradation des sols de la zone. Ces sols doivent être répartis en deux parts:

- Ceux qui doivent être mis en réserves forestières intangibles où ni hommes ni troupeaux ne doivent avoir accès, par conséquent où agriculture et pacages doivent être interdits. C'est le cas des « *Nkunku* »;
- Les terrains utilisables pour l'agriculture et pour le pâturage.

A notre avis, l'agriculture rationalisée envisagée dans la zone devra surtout se concentrer dans les petites vallées qui entourent les villages et qu'il faudra progressivement aménager pour y faire des cultures irriguées (riz ou autres plantes vivrières et maraîchères). Sans doute pourra-t-on tenter dans certaines plaines de savanes bien nivelées, moyennement fertiles (il n'y a jamais de terres très fertiles sur sols latéritisés), n'ayant ni carapaces, ni blocs de conglomérat, encore moins de concrétions en profondeur, la motoculture coopérative par les associations paysannes.

Cela pourra se faire sur des grands espaces après défrichement complet (enlèvement de tous les arbres et de toutes les souches) et en faisant périodiquement des apports d'engrais verts ou minéraux. Ce système est déjà en application dans la zone.

En définitive, en dehors des vallées irrigables dans la zone, il serait possible d'améliorer la culture sur jachères arborées, telle qu'elle se pratique actuellement, c'est-à-dire en allongeant ou en raccourcissant la durée des jachères et en domestiquant en quelque sorte la végétation qui les recouvre, de manière à moins épuiser les sols ; et en rationalisant aussi les techniques actuelles des paysans par l'agroforesterie.

1.1.1.10. <u>RECHAUFFEMENT CLIMATIQUE</u>

La zone rurale de Mbanza-Ngungu et ses environs immédiats émettent régulièrement des gaz à effet de serre (CO_2, Méthane, etc.) et des poussières (aérosols), principalement à l'usine de la Compagnie Sucrière de Kwilu Ngongo, à la cimenterie de Lukala (CILU), à la cimenterie de Kimpese (CINAT), sur la nationale Kinshasa – Matadi, au complexe agro-pastoral de Kolo-Fuma (Orgaman), ainsi qu'à la campagne avec les feux de brousse. Le déboisement et les feux de brousse pratiqués depuis des temps immémoriaux à des fins d'agriculture ont été tellement intenses que la superficie des galeries forestières est devenue fort négligeable. La pratique locale des « Nkunku » ne peut en rien contribuer à compenser les conséquences immédiates et prévisibles à terme du réchauffement climatique global sur lequel s'est penché en décembre 2009 le Sommet sur le climat de Copenhague. Toutefois, il importe d'envisager dès maintenant des mesures concrètes pour réclamer et faire pleinement profiter à la zone rurale de Mbanza-Ngungu et à ses environs une part du crédit carbone que recevra un jour la RD Congo. Il s'agira pour la zone et ses environs de saisir les opportunités et de se donner les moyens, grâce à cette part du crédit carbone, de reboiser, de moderniser les cimenteries et autres usines vétustes et polluantes, et d'implanter des projets de développement suivant le développement conscient et le modèle monade de développement. Les négociations ont été très âpres à Copenhague : pays riches contre pays pauvres ; pays industrialisés contre pays émergents ; les plus grands pollueurs contre les autres pays, etc. Les organisateurs, les participants et surtout les militants voulaient un accord ambitieux et contraignant, fixant une limite à la hausse des températures et levant un financement pour le début (7 milliards) et la période après 2012 (100 milliards chaque année) afin de soutenir les efforts des pays pauvres et en développement en faveur de la lutte contre le réchauffement climatique.

Après avoir reçu la garantie que les pays vulnérables, notamment africains, recevront les financements suffisants, l'Afrique a adopté les objectifs de l'Union européenne limitant la hausse des températures à 2 degrés par rapport à l'ère préindustrielle et réduisant de 50 % les émissions des gaz à effet de serre (même si à mi-janvier 2010, les 27 pays membres de l'UE déclaraient ne pas être prêts à réduire de 30 % les émissions des gaz à effet de serre). Le texte adopté à l'issue du sommet n'est ni ambitieux, ni contraignant : il se limite à faire référence aux 2 degrés. Si d'aucuns jugent cette issue comme un échec, tout le monde reconnaît qu'il y a eu une mobilisation des masses sans précédent contre le réchauffement climatique. Cela représente indiscutablement une prise de conscience collective cohérente. Or, c'est le facteur déterminant du développement conscient. Cette prise de conscience n'est pas le fait du hasard : l'information, la formation et d'autres actions positives qui relèvent des stratégies éducatives comme la sensibilisation, la vulgarisation et la participation ont amené ces dernières décennies les masses à prendre conscience de graves conséquences à terme du changement climatique et à se mobiliser opportunément. Le rechauffement climatique aurait déjà dans la zone des effets perceptibles et sans précédent sur le plan agricole. La culture d'oignons et de haricots n'a rien donné en 2009 sur les territoires de Kimpese et de Mbanza-Ngungu : la germination des graines et la croissance des plantes ont bien eu lieu, mais les oignons et les haricots ne se sont pas formés ou développés. Les planteurs et les paysans interrogés mettent en cause le climat pour expliquer l'absence de maturation. Il s'en est suivi des pertes de productivité ou de rendement du capital, de la terre et du travail égales ou inférieures à zéro : non seulement les paysans et les planteurs n'ont rien gagné, n'ayant rien récolté ni vendu, mais ils ont aussi perdu de l'argent en intrants (semences), en location des parcelles (pour les non propriétaires) ainsi qu'en travaux de préparation, de labour, d'ensemencement et d'entretien (travaux effectués par les exploitants et/ou par des journaliers).

1.1.2. <u>FACTEURS ET CONTRAINTES INSTITUTIONNELS</u>

Les facteurs et contraintes institutionnels concernent les cinq aspects ci-après : organisation administrative ; organisation politique ; organisation judiciaire ; coordination entre institutions ; ainsi que paix, sécurité et démocratie.

1.1.2.1. <u>ORGANISATION ADMINISTRATIVE</u>

Le Territoire de Mbanza-Ngungu comprend 7 secteurs qui se subdivisent en 47 groupements (chefferies) et 695 localités (villages) dont 6 agglomérations, 1 cité, celle de Mbanza-Ngungu, 6 quartiers et 235 avenues. Le groupement (chefferie), qui est dirigé par un chef de groupement, est la réunion des villages. Aux termes de l'article 160 de l'Ordonnance-loi n° 82-006 du 25 février 1982 portant organisation territoriale, politique et administrative de la République Démocratique du Congo, un groupement est toute communauté traditionnelle organisée sur base de la coutume et érigée en circonscription administrative sous l'autorité d'un chef coutumier reconnu, chef médaillé (*Mfumua Palata*) et investi par les pouvoirs publics. Les groupements constituent le secteur, qui est dirigé par un chef de secteur. Le territoire est dirigé par un administrateur de territoire, assisté par un adjoint. Outre le centre de

Mbanza-Ngungu, le Territoire rural de Mbanza-Ngungu englobe les entités administratives suivantes :

1. SECTEUR DE BOKO

Créé par arrêté n° 296-AIMO du 17 août 1953 du gouverneur général de l'époque coloniale. Ce secteur occupe une superficie de 1.433 km² habitée par une population de 97.215 habitants[1] à prédominence « ndibu », dont 88.737 congolais et 8.478 étrangers, soit une densité de 54 habitants/km². Le secteur est connu comme étant le bastion de la fabrication de charbon (makala), les savanes sont fortement dégradées et nécessite une action urgente de reboisement.

Le secteur comprend 8 groupements (chefferies), 166 localités (villages) et 7 agglomérations (N'sele I, Kola, Nueke, Kiazi-Kolo, Malemba et Kolo-Kidezo). Ces groupements sont les suivants :

1. Kiazi   (15 localités)
2. Kifua   (8 localités)
3. Kindundu   (21 localités)
4. NKolo   (29 localités)
5. Lovo   (16 localités)
6. Luvaka   (43 localités)
7. Mbanza-Nsundi   (12 localités)
8. Tadila   (22 localités)

---

[1] Les données concernant la population de chaque secteur (collectivité) ont été tirées du rapport annuel 2007 du Territoire de Mbanza-Ngungu sur base des statistiques du service habitat du Territoire. Nous les présentons à titre illustratif faute des données statistiques fiables.

2. SECTEUR DE KIVULU

Créé par décision n° 299-AIMO du 17 août 1953, il est peuplé de 61.251 habitants, dont 60.968 congolais et 283 étrangers pour une superficie de 1.059 km², soit une densité de 57 habitants/km². Il est composé de 6 agglomérations (Muala-Kinsende, Mawunzi, Kivulu, Dila, Tadi-dia-Nkosi, Kinganga), 4 groupements (chefferies) et 68 localités. Il s'agit des groupements ci-après :

1. Mbanza-Nsundi   (18 localités)
2. Mbengwa-Ntadi   (15 localités)
3. Ndembo   (28 localités)
4. Kolo-Tava   (7 localités)

3. SECTEUR DE KWILU-NGONGO

Il fut créé par l'Arrêté n° 338-AIMO du 17 Août 1935 du Gouverneur Général de l'époque. Sa superficie est de 1.646 km² et est peuplé de 36.109 habitants, dont 26.159 congolais et 8.950 étrangers, surtout d'origine angolaise, soit une densité de 21,3 habitants/Km². Il est constitué de 5 groupements, d'une agglomération (Lufu-Toto) et 107 localités. Ces groupements sont les suivants :

1. Luvituku   (13 localités)
2. Mawete   (7 localités)
3. Mbanza-Makuta   (29 localités)
4. Tumba-Vata   (33 localités)
5. Tungwa   (25 localités)

4. SECTEUR DE LUNZADI

Il a été créé par l'Arrêté n° 101-AIMO du 5 juin 1936. Il a une superficie de 309 km² et compte 14.589 habitants, dont 14.567 congolais et 22 étrangers, soit une densité de 15,1 habitants/km². Il est composé de 4 groupements et de 37 localités. Il s'agit des groupements suivants :

1. Kindunga   (11 localités)
2. Nkazu   (09 localités)
3. Nkusu   (07 localités)
4. Nzimba   (10 localités)

5. SECTEUR DE GOMBE-MATADI

Il fut créé par l'Arrêté n° 09-F.365-AIMO du 26 juillet 1956 du gouverneur général de l'époque et a une superficie de 1.875 km² avec une population de 39.482 habitants, dont 38.750 congolais et 553 étrangers, soit une densité de 33 habitants/km². Il est subdivisé en 5 groupements et 86 localités. Ces groupements sont les suivants :

1. Kiloango   (28 localités)
2. Kinkuzu   (10 localités)
3. Kinzinga   (10 localités)
4. Gombe-Matadi   (28 localités)
5. Nkandu-Kiama   (10 localités)

6. SECTEUR DE GOMBE-SUD

Il a été créé par la décision n° 260-AIMO du 17 août 1953. Il a une superficie de 1.348 km² avec une population de 70.704 habitants, dont 60.580 congolais et 10.124 étrangers, soit une densité de 51habitants/ km². Il est subdivisé en 8 groupements et 100 localités avec trois agglomérations : Kimpangu, Nsampu/Poste 18, Gombe Sud. Il s'agit des groupements ci-après :

1. Bangu   (13 localités)
2. Kiloango   (16 localités)
3. Kinsende   (7 localités)
4. Luvaka   (15 localités)
5. Mbanza-Mbata   (12 localités)
6. Mongo   (11 localités)
7. Gombe-Sud   (18 localités)
8. Nkiende   (8 localités)

7. SECTEUR DE NTIMANSI

Il fut créé par l'Arrêté n° 314-AIMO du 17 août 1953 et dispose d'une population de 57.462 habitants avec une superficie de 1.568 km², soit une densité de 36 habitants/km². Il est subdivisé en 13 groupements (chefferies) et 131 localités. Ces groupements sont les suivants :

1. Fumvu   (03 localités)
2. Kilwa   (9 localités)
3. Kimoko   (7 localités)

4. Kongo-Botongo	(19 localités)
5. Lombo-Fuese	(32 localités)
6. Lukunga	(3 localités)
7. Ndunga	(3 localités)
8. Nionga	(23 localités)
9. Nkandanda	(1 localité)
10. Nsanzala	(5 localités)
11. Ntadi	(3 localités)
12. Nzundu	(12 localités)
13. Sanga	(11 localités)

8. LA CITE DE MBANZA-NGUNGU

La cité de Mbanza-ngungu a été créée par l'Arrêté n° 107-AIMO du 23 juillet 1934 du gouverneur général de l'époque. Elle a une superficie de 93 km² avec une population de 130.632 habitants. Elle comprend 6 quartiers :

1. Ngungu	(23 avenues)
2. Noki	(28 avenues)
3. Disengomoka	(72 avenues)
4. Révolution	(53 avenues)
5. Loma	(59 avenues)
6. Camp Ebeya	(Camp militaire)

1.1.2.2. ORGANISATION POLITIQUE

La démocratie prônée par la Troisième République n'a pas encore l'emprise et l'élan escompté puisque les nouvelles structures de la troisième république, basées sur les nouvelles élections souvent contestées ne sont pas encore bien implantées. Il faut toutefois signaler l'implantation active, sur le territoire, des partis politiques comme le PPRD, le MDD, le PALU, le MLC, la DC, BUNDU DIA MAYALA (ex BUNDU DIA KONGO), etc., dont les activités sont libéralisées par les autorités du pays. Les nouvelles autorités administratives, qui sont mises en place progressivement continuent d'assurer l'autorité politico-administrative et le rayonnement de l'élan politique en vue de la bonne marche de l'administration des entités administratives de base décentralisées. Le Bas-Congo a perdu son leadership politique sur le plan national, jadis incarné par l'ABAKO. Les leaders Nekongo préfèrent adhèrer dans des partis politiques qui confèrent le leadership politique dans d'autres régions du pays. Le *Bundu dia Mayala* qui compte plusieurs membres dont la majorité vit au Bas-Congo essaie de reprendre le leadership politique dans la province. Le Bundu dia Mayala (BDM) ex Bundu dia Kongo (BDK) est un mouvement politico religieux créé en 1969 par son fondateur Ne Muanda Nsemi. Il a pour objectif de promouvoir la renaissance du peuple africain et de ses valeurs spirituelles, culturelles, morales et sociales ; la réappropiation des ressources dans la zone géographique définie par le BDM comme le Royaume Kongo, qui comprenait jadis avant la colonisation l'ensemble de la province actuelle du Bas-Congo, ainsi que les parties de l'actuelle république du Congo (Brazzaville), du Gabon, de l'Angola et une partie de la province de Bandundu ; la réunification des peuples du royaume Kongo, ainsi que l'établissement d'un système politico-administratif décentralisé, qui permettent aux habitants de l'espace Kongo de prendre en main leur avenir politique et économique. La dimension mystico-religieuse ou spirituelle du groupe se manifeste à travers l'organisation régulière de rituels et un livre saint (le livre sacré de la sagesse Kongo)[1]

1.1.2.3. ORGANISATION JUDICIAIRE

Le territoire dispose de 10 tribunaux et de 27 chambres, dont des tribunaux de secteurs et un tribunal de territoire (Tribunal de Grande Instance). Outre les conflits fonciers, il faut signaler la prédominance des condamnations pour délit de sorcellerie et fétichisme dans l'ensemble des condamnations prononcées par les juridictions du territoire. En effet, l'infraction de sorcellerie et fétichisme, suivant les statistiques judiciaires du territoire pour la période de 1987- 2005, occupe la première place de l'ensemble des condamnations annuelles des jugements rendus par les juridictions du territoire. L'emprise du phénomène social qu'est la sorcellerie est un facteur négatif au développement et note une tendance négativiste au progrès.

Dans la mentalité congolaise, le mukongo passe pour un grand sorcier parce qu'il est très lié ou qu'il croit beaucoup à la sorcellerie (*kindoki*). En RDC, le Bas-Congo est la seule province du pays, qui accepte la sorcellerie comme une infraction pénale. Bien que ce phénomène relève de la métaphysique, et pour que la paix règne dans les familles, les juridictions de la zone ont été contraintes d'accepter la sorcellerie et le fétichisme comme infractions pénales compte tenu de leur impact dans la société Kongo. Il s'agit donc d'une réalité sociale importante à considérer dans la communauté. Actuellement, pour juger les sorciers, le tribunal se fait assister des « *Mbikudi* » ou des « *Ngunza* » (devins ou prophètes) tout au long du

---

[1]   Rapport spécial des Nations Unies. Division des droits de l'homme de la Monuc. Enquête spéciale sur les évènements de février et mars 2008 au Bas-Congo, document inédit, p.8.

procès. Le tribunal renvoie quelques fois les deux parties en cause chez le « *Mbikudi* » *ou le* « *Ngunza* », accompagnées d'un témoin désigné par le tribunal pour entendre leurs révélations. Ensuite, les deux parties reviendront, toujours accompagnées du témoin, qui fera le compte-rendu au tribunal. Le juge tranchera sur base des allégations formulées par le « *Mbikudi* » ou le « *Ngunza* » et de son intime conviction. Certaines personnes accusées de sorcellerie n'hésitent pas de l'avouer et acceptent au grand jour les faits qui leurs sont reprochés. C'est le cas, par exemple, d'un sorcier qui, avant sa mort et voyant sa maladie s'aggraver, a dévoilé ses aventures sorcières (*Nkanda kindoki*). Le « *Nkanda Kindoki* », est une sorte de confession faite par le sorcier d'une manière volontaire ou forcée par les événements (cas de maladie, dénonciation par un autre sorcier, plainte au tribunal, etc.).

1.1.2.4. <u>COORDINATION ENTRE INSTITUTIONS</u>

Outre les institutions politico-administratives étatiques, nous devons nous assurer que les institutions nationales et régionales intervenant dans les différents secteurs du développement de la zone coordonnent leurs activités aussi bien verticalement qu'horizontalement. Tout projet de développement dépend des institutions qui doivent non seulement exister, mais aussi et surtout être efficientes. La coordination doit aussi être assurée au niveau des organisations internationales, gouvernementales et non gouvernementales, régionales ou nationales. Il existe au niveau provincial une coordination des ONG (CRONG/Bas-Congo) qui est chargée d'encadrer les ONG de la province. Il faudrait que l'action, surtout au niveau des communautés rurales, soit cohérente, homogène et intégrée. Ce qui n'est pas le cas pour le moment dans la zone. Chaque organisation se débrouille pour initier son programme de développement et pour trouver un financement. Notre recommandation est qu'il faudrait un cadre de concertation et de planification des actions de développement au niveau provincial, du district, du territoire et des groupements paysans pour suivre et contrôler tout ce qui se réalise sur le terrain dans la zone, dans le double but, d'une part, d'éviter un dérapage parce que toute action n'est pas forcément bénéfique pour la population et devra être conforme aux objectifs poursuivis et, d'autre part, d'être efficace pour ne pas revenir sur ce que les autres ont déjà réalisé. Il arrive trop souvent que les agents relevant des différentes structures gouvernementales ou d'organisations diverses se succèdent auprès des populations pour leur prodiguer des conseils, avis et informations sans la moindre concertation entre elles. Il arrive même qu'il y ait des divergences entre les différentes « prescriptions » données aux groupes communautaires et dont les effets sont fort dommageables. C'est le cas des actions de vulgarisation, qui sont parfois contradictoires sur le terrain. Tel projet recommande telle technique auprès des paysans alors qu'un autre le contredit chez les mêmes paysans. On note aussi une divergence au niveau des approches entre différents intervenants dans la zone. En conséquence, nous assistons à un cafouillage dans les actions, qui compromettent le développement de la zone et de la région.

1.1.2.5. <u>PAIX, SECURITE ET DEMOCRATIE</u>

La paix, la sécurité et la démocratie sont étroitement liées. Le Bas-Congo est l'une des rares provinces du pays à avoir connu une stabilité politique et une paix durable. Malheureusement, cette paix avait été gravement troublée par l'invasion de la région par des armées du Burundi, du Rwanda et de l'Ouganda en 1997. Au sujet des troupes rwandaises, ces dernières avaient débarqué à

Kitona dans le Bas-fleuve et atteint Kinshasa où elles avaient été neutralisées. L'impact de la guerre entre l'armée congolaise et ces troupes reste gravé dans la mémoire des habitants du Bas-Congo, qui n'ont jamais connu une situation de guerre. Plusieurs localités de la région comme Songololo, ont été longtemps désertées. Des scènes de violence telles que les viols ont gravement traumatisé la population. D'ailleurs, de par sa culture, le mukongo est reconnu calme, patient et conciliant contrairement aux autres peuples. La manifestation de la démocratie du peuple mukongo est caractérisée par le « *Kinzonzi* », une sorte de palabre africaine que Maurice Cheza définit comme une méthode de discussion au cours de laquelle les solutions se dégagent progressivement sans qu'aucun des protagonistes ne perde la face. Il ya aussi les tristes événements du massacre des adeptes du mouvement politico-religieux « *Bundu dia Mayala (BDM)*» en février 2008. Suivant le rapport spécial des Nations Unies sur ces évènements, « des nombreux incidents meurtriers sont survenus entre ce groupe et les autorités congolaises. Ils sont le plus souvent liés à l'insuffisance des moyens de l'Etat de répondre de manière appropriée aux actes de provocation et aux agissements souvent violents du BDM, parmi lesquels des actes criminels allant du meurtre à l'usurpation de l'autorité publique. De ce fait, le BDM a été qualifié d'organisation terroriste par certaines autorités locales, et accusé de pratiquer des rites sataniques et d'autres pratiques occultes, telles que la décantation de liquides issus de cadavres en état de décomposition pour fabriquer « l'eau de cadavre », qui serait utilisée dans ces rites. Lors des affrontements avec la force gouvernementale, les adeptes de BDM armés de pierres, batons, noix ont refusé de se rendre à la police. A la place, ils ont continué à scander des cris de guerre et manifesté d'autres signes qu'ils étaient prêts à se battre, parce que les partisans de BDM étaient convaincus que leurs armes seraient transformées, par des sorts ou des incantations, en des instruments capables de causer beaucoup plus de dégâts que leurs propriétés physiques leur en permettraient effectivement. Les noix de palme et de cola qui selon les croyances du BDK pouvaient être transformées par magie en grenades explosives »[1].

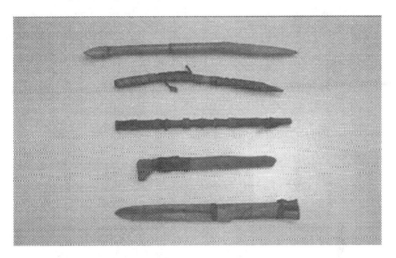

Les armes des « makesa » de BDK.. Images tirées
du rapport des Nations Unies, p.15.

1.1.2.5.1 <u>IMPACT DES INCIDENTS DE BDM POUR LE DEVELOPPEMENT</u>

Le développement est un processus, qui vise avant tout la transformation des structures et des mentalités. De ce fait, il est de la responsabilité des leaders politiques et de nous tous d'ailleurs, intellectuels et autres acteurs de développement de véhiculer des idéaux progressistes, qui doivent promouvoir le développement global

---

[1]   Rapport spécial des Nations Unies, Division des Droits de l'homme de la MONUC, sur l'enquête spéciale des évènements de février-mars 2008 au Bas-Congo, document inédit, Mai 2008, p.15.

de nos communautés et de bannir certaines croyances retrogrades, qui constituent un frein au développement. Malheureusement, comme l'affirme Herbert Agar, *la vérité qui rend les personnes libres est celle le plus souvent que les personnes n'aiment pas entendre.* De ce fait, il est de notre responsabilité aussi :

- d'inciter la jeunesse Nekongo à l'instar de la jeunesse des autres nations de s'intéresser au métier des armes et de s'inscrire dans les académies militaires. La science militaire s'apprends à l'école. Ainsi, cette jeunesse sera un jour capable de défendre valablement leur pays, leur région et leur village contre toute invasion.
- Qui veut la paix, prépare la guerre dit on. Ce qui se passe dans les autres contrées de l'Est du pays doit interpeller la jeunesse Nekongo. Depuis plusieurs années, l'Est du pays est confronté à une guerre d'invasion, qui impose à la population de cette région des atrocités et autres souffrances inhumaines ;
- d'encourager la jeunesse Nekongo de s'investir dans l'éducation car l'ignorance est la cause du sous-développement mental. L'inde et la Chine sont sorties de l'état du sous-développement pour se hisser au sommet des grands états de la planète, et ce grâce à l'éducation. L'inde forme aujourd'hui les meilleurs ingénieurs informaticiens au monde. La chine est dans l'espace, et pourtant, aux années 1960, nous étions tous dans le même panier ;
- Inculquer à la jeunesse Nekongo le goût à l'effort et à l'amour du travail. Le travail est une vertu et non une punition. C'est par le travail que nous saurons transformer nos savanes et nos forêts en greniers agricoles capables de nourrir nos populations, de transformer nos rivières et cours d'eaux en voies navigables, de rendre la partie du fleuve navigable jusqu'à l'embouchure malgré les cataractes, d'extraire et de valoriser nos ressources

du sous-sol que regorge la région, de produire ce dont nous consommons, de valoriser notre culture et la langue kikongo, etc.

- Eduquer la jeunesse Nekongo à l'esprit critique et rationnel. Les vaillants « makesa » de BDM ont été massacrés parce qu'ils ont cru faussement à une certaine croyance mystique, que les noix de kola et de palme ainsi que des morceaux de bois en leur possession pouvaient mettre en déroute les chars et autres lance roquettes de l'armée.

- La sorcellerie et d'autres idées superflues et retrogrades, source de regréssion mentale constituent un frein au développement des communautés, doivent être combattues. Chaque jour, la barrière de la connaissance s'éloigne grâce à la science et à la technologie.

- Ce qui paraissait impossible hier ne l'est plus aujourd'hui. Vivant en plein 21ième siècle, il est aberrant de maintenir la population dans ces croyances retrogrades.

Ce n'est pas à tort que certains auteurs comme Ntungwa Nawanwa accusent parfois le rôle de certaines attitudes et pratiques éducatives africaines dans la dépendance de l'Afrique ;

- Sur le plan culturel, la redynamisation de l'espace culturel Nekongo prôné par le BDM n'est pas mauvaise en soi, elle est même bonne et aussi encourageante, car il est vrai nous partageons un heritage culturel commun, mais pas nécessairement soutenable dans ses visés politico-administratives de ressusciter le royaume Kongo sur base d'un message mystico-religieux. C'est en fait naviguer contre le courant de l'histoire en voulant resusciter les anciens royaumes de monomotapa, mandinge, luba, kuba, zoulou, etc.

- L'Afrique a besoin d'asseoir une démocratie pour affirmer les aspirations politiques et socioéconomiques de sa population pour son développement. Nous déplorons déjà de ces mini royaumes, qui se développent partout avec les dirigeants, qui confisquent et s'éternisent au pouvoir pour se succéder aux enfants, membres de familles, etc.

- Il est un fait que partout à travers le monde, les différentes communautés affirment leur identité culturelle (Black History aux USA, Francophonie, CICIBA, etc). Il faudra laisser le temps au temps à l'instar de l'intégration européenne dont le processus est toujours en cours. Par exemple, un projet de création d'une université commune dans l'espace Kongo, la promotion de la culture Kongo à l'instar de la francophonie, etc.

- Sur le plan de l'intégration économique sous-régionale ou régionale et continentale, l'espace geographique et culturelle nekongo offre une voie et un instrument d'intégration vers l'unité africaine.

- Nous croyons que l'intégration économique et politique africaine souhaitée par Ckeik Anta Diop et les leaders panafricanistes passera d'abord par l'intégration culturelle des communautés africaines, car l'intégration vise avant tout les communautés d'hommes et non d'arbres ni d'animaux. Aussi, il est plus facile de réunir ou d'intégrer ce qui se ressemble. Il faudra aussi encourager les échanges commerciaux et économiques dans les Etats de l'espace Kongo, etc.

- Il existe dans la diaspora noire afro-américaine, des caraibes et des antilles des personnes, qui recherchent à retrouver leurs origines. La consolidation de l'espace culturel Kongo offrirait un cadre idéal et une structure adéquate pour répondre à ce besoin par la constitution d'une base des données commune dans l'espace NeKongo; compte tenu de l'impact de l'esclavagisme dans le bassin du Congo.

- Un fait évident, nous partageons une histoire commune, une réalité que l'on ne peut pas interdire, ni ignorer. Cependant, il ya un problème de procédures et de méthodes pour s'y prendre, ce qui manque sans doute aux leaders de BDM.

1.1.3. **FACTEURS ET CONTRAINTES SOCIAUX**

Les facteurs et contraintes sociaux concernent les neuf points suivants : l'organisation sociale ; l'exode rural ; le régime foncier ; le droit de propriété sur les ressources ; les possibilités de bornage des terres ; l'habitat ; les infrastructures sociales ; la démographie ; et les aspects sociologiques.

1.1.3.1. **ORGANISATION SOCIALE**

L'unité de base du groupement familial est le clan. Ce dernier est un groupe d'autochtones qui se considèrent issus d'un ancêtre commun par voie unilatérale, paternelle ou maternelle. L'importance du clan est très variable et s'il apparaît comme l'ensemble de la descendance par voie unilatérale d'un ancêtre unique, la parenté, qui unit les membres, peut être éloignée ou proche, suivant le souvenir lointain ou réel de cette filiation. Le clan est parfois fractionné, mais ce fractionnement n'implique pas que l'on s'éloigne des principes héréditaires de l'organisation clanique. Le clan ne s'identifie donc pas à un groupement local, à un village ou à une série de villages contigus. Il peut s'étendre sur plusieurs villages ou sur plusieurs chefferies. Les chefferies et même les villages peuvent compter plusieurs clans ou fractions de clans. Le clan est souvent géographiquement séparé en un très grand nombre de fractions qui, malgré l'éloignement, conservent et respectent le souvenir d'une même filiation. En principe, le clan est un groupement social autonome ayant à sa tête un patriarche investi de prérogatives religieuses, juridiques, sociales et économiques. Mais la dispersion du clan est souvent tellement grande que ses diverses fractions sont englobées dans des groupements territoriaux plus larges et soumises à une autorité politique supérieure. Malgré l'éloignement des familles composant le clan, leur intégration dans des groupements territoriaux localisés, et le lent travail de sape de la civilisation et du progrès économique, le clan continue à subsister. Les membres du clan gardent, quoi qu'ils fassent, leur nom patronymique ou totémique et observent scrupuleusement les lois de l'exogamie et des interdits alimentaires. De plus, le clan est actuellement encore le véritable propriétaire foncier. On retrouve, dans la plupart des groupements villageois, la marque d'un attachement profond au principe de filiation. Pour la population villageoise, tout système d'organisation revêt une analogie avec l'organisation familiale. En réalité, l'organisation familiale constitue le substrat de l'organisation sociale, économique et politique, mais cette dernière s'écarte, en bien des cas, du schéma de la pyramide clanique. Là où des groupements familiaux et des groupements politiques sont strictement parallèles, toute subdivision du clan correspond à une subdivision localisée en hameaux et villages et le clan lui-même forme une chefferie (groupement). Ce cas est assez rare et la plupart des groupements localisés sont composés de clans ou fractions de clans différents. Le chef de ces groupements (*chef médaillé ou Mfumu a Palata*) jouit des prérogatives du patriarche « pater familias » à l'égard de son propre groupement familial et de prérogatives politiques à l'égard de l'ensemble des membres du groupement politique localisé. Les groupements politiques par excellence sont la chefferie et le village. Les membres d'une chefferie ou d'un village sont donc moins unis par des liens de parenté ou d'ascendance commune et unilatérale que par une soumission à l'autorité politique du chef de la chefferie ou du village.

A l'intérieur du clan, le souvenir d'une filiation commune constitue l'élément primordial de cohésion. A l'intérieur de la chefferie ou du village, c'est bien souvent le souvenir d'une migration commune ou d'une alliance défensive qui favorise la cohésion telle que le confirme le modèle monade de développement. L'organisation clanique de la société Kongo est matrilinéaire. Dans cette société, en pleine évolution, l'oncle maternel et l'emprise clanique jouent encore un rôle important, mais il y a lieu de remarquer que l'individualisme s'observe de plus en plus dans les familles. Si cet individualisme peut constituer un facteur positif de l'évolution sociale, il est susceptible de provoquer une certaine tension dans les familles, tension qui peut parfois donner lieu à des jalousies à l'égard des individus progressistes qui émergent de la famille ou du clan. Nous avons remarqué, pendant les actes de pillages dans la zone (Mbanza-Ngungu et Kimpese surtout), des véritables manifestations de jalousie et de haine. Les pilleurs clamaient tout haut : « *Tufuanene* », c'est-à-dire, « Nous sommes devenus égaux » (dans la pauvreté). A part les militaires, les pilleurs étaient pour la plupart autochtones de la zone et, plus précisément, ceux des centres urbains pillés. Ils ne se cachaient pas de se réjouir du pillage des biens de personnes riches, en disant « *Wawu Tu fuanene beto bawonsono* » (maintenant, nous sommes tous égaux « dans la pauvreté »), ils se réjouissaient du malheur des personnes « riches » qu'ils ont pillés[1]. C'est étonnamt que des ressortissants Nekongo, qui trouvent plaisir de piller d'autres Nekongo ! Dans le milieu rural de la zone, le village constitue l'unité fondamentale où plusieurs clans se trouvent parfois représentés. L'importance des agglomérations villageoises est très variable à cause du processus d'émiettement des villages à la suite des facteurs endogènes et exogènes tels que : la jalousie, les querelles et les diverses mésententes, l'exode rural, les

---

[1]   Des notables de la zone, comme Kiakuama Kia Kiziki et feu Kisombe Kiaku Muisi, tous deux anciens ministres et hommes politiques, ont été pillés jusque dans leurs villages respectifs, bien en dehors des centres urbains de Mbanza-Ngungu. Ce qui confirme la manifestation et la détermination de la haine et de la jalousie de la part des pilleurs...

contraintes démographiques, la sorcellerie, la disponibilité de bonnes terres. Les grandes agglomérations villageoises, que nous avons connues jadis, ont disparu, laissant la place à des hameaux. Nous allons brièvement décrire le phénomène d'exode rural compte tenu de son impact sur le développement de la zone. Il constitue un véritable drame pour le monde rural. A cause de ce phénomène, le monde rural de la zone se vide de sa substance vitale qu'est la jeunesse.

1.1.3.2. <u>L'EXODE RURAL</u>

L'exode rural peut se définir comme un mouvement migratoire interne de la population, de la campagne vers la ville. Actuellement, il est à la base d'un déséquilibre persistant entre la population rurale et la population urbaine. L'exode rural est lié à plusieurs causes et facteurs, dont les structures socio-économiques du milieu rural. Depuis l'indépendance, il y a un déséquilibre très persistant entre nos villes et nos campagnes sur les plans économique et social. Pendant la colonisation, il faut bien l'avouer, les autorités coloniales ont su gérer l'équilibre entre la population urbaine et la population rurale. Des mesures de contrôle administratif permettaient de freiner l'exode rural. On se rappellera dans notre pays des visas successifs qu'il fallait obtenir pour se rendre d'un territoire à l'autre ou d'un centre urbain à un autre. Beaucoup de facteurs ont contribué à ce relâchement, notamment les guerres et autres rébellions qui ont détruit l'infrastructure socio-économique. Beaucoup de ruraux, qui auraient bien voulu rester exercer leurs activités en milieu rural ont été contraint d'abandonner ce milieu suite à la destruction de ses infrastructures de base et pour des raisons de sécurité. De plus en plus, le paysan ne bénéficie d'aucune infrastructure adéquate, à savoir les infrastructures sanitaire et scolaire, et il a des difficultés de transport et d'écoulement des produits. Par conséquent, les gens préfèrent quitter les campagnes pour tenter leur chance en ville où certains trouveront satisfaction, tandis que beaucoup d'autres n'y trouveront que des regrets. Ce phénomène n'est pas particulier à la zone de Mbanza-Ngungu ou à notre pays : il est général dans les pays du tiers-monde. Il est complexe et sa solution ne peut être envisagée que dans le cadre global du développement de la zone, de la région et du pays. Les villes ont toujours constitué les éponges qui sucent le milieu rural non seulement en produits vivriers, mais aussi en population active. Actuellement, les jeunes quittent tôt les campagnes pour s'installer ou tenter leur chance dans les centres urbains, en quête d'une bonne école, d'un meilleur emploi ; en bref, de meilleures conditions de vie. On se rappellera que jadis, on observait le mouvement inverse; ceux de nos parents qui travaillaient en ville rentraient au village pendant leur congé annuel ou leur retraite de fin de carrière. Le village gardait encore son pouvoir attractif en une sorte d'aimant qui attirait vers soi ses éléments. Jadis, on quittait le village plein de nostalgie et on y revenait plein d'émotion, celle de voir comment le village a changé et d'y vivre encore son ambiance. Malheureusement, cet attrait a disparu et le village est devenu un bois mort, sans la sève vivifiante qui le caractérisait jadis.

Par ailleurs, tout en essayant de se protéger contre l'exode rural, les centres urbains devraient aussi exploiter la présence de ces bras dynamiques inoccupés pour leur développement, par exemple en soutenant de petites activités qui naissent dans ces centres. L'expérience des jeunes émigrés ruraux serait très bénéfique pour la réalisation de différentes actions de développement dans les milieux ruraux. Ces jeunes pourraient devenir à la longue les vecteurs de progrès dans les milieux ruraux, car ayant partagé les deux genres de vie, rurale et urbaine, ils sont mieux placés pour agir auprès d'autres ruraux. En organisant l'exurbanisation volontaire ou contrôlée, celle-ci peut contribuer à la revalorisation des campagnes, notamment par la mise en place des infrastructures de base qui est déterminante pour cette revalorisation. Des actions, telles que le projet initié par la fondation Hans Seidel «Retour en milieu rural», sont des exemples à suivre. En ce qui concerne notre pays, tant que persistera la politique de vouloir concentrer tous les investissements dans les centres urbains, le phénomène d'exode rural s'aggravera de plus en plus, sans oublier les conditions de sécurité qui font défaut en milieu rural. Une des actions serait de réorganiser les campagnes par la promotion des programmes de développement rural intégré qui ont un impact direct sur les structures économiques.

1.1.3.3. <u>REGIME FONCIER</u>

Le régime foncier est déterminé par les droits claniques sur la terre. Actuellement, sous l'influence du développement économique et de la tendance à l'individualisme, le régime foncier coutumier subit une évolution certaine dans la région. Mais, la résistance des droits claniques constitue un handicap majeur. Nous assistons à des interminables conflits de terres dont certains datent de l'époque coloniale, une véritable guerre d'usure! C'est le cas, par exemple, du conflit de terres qui a toujours opposé le village TOMA du clan *« Nkazi za kongo »* au village NZUNDU du clan *« Vitanimi »* dans le secteur de Boko, chefferie de Kiazi[1]. Ces conflits rebondissent pour des raisons d'ordre économique, sociale, démographique, et prennent souvent un caractère vexatoire. En effet, dans le cas du conflit foncier

---

[1]   GUTU KIA ZIMI, Initiatives des communautés de base et définition d'une politique de développement dans la zone rurale de Mbanza-Ngungu, Mémoire DS/STD, FCK, 1994.

précité, le village Toma est bénéficiaire du jugement n° 306/36 coulé en force de chose jugée rendu en date du 30 avril 1936 par le Tribunal de Chefferie de Kiazi.

Tous les autres jugements intervenus après 1936, notamment le jugement n° R.T.T.039 RR 2460, rendu par le tribunal de Territoire de Thysville (Mbanza-Ngungu) en date du 20 juin 1958, le jugement n° RTZ 700/88 RR 087/87 rendu par le Tribunal de zone de Mbanza-Ngungu en date du 19 février 1988 ainsi que le jugement R.A n° 466 rendu par le Tribunal de Grande Instance de Mbanza-Ngungu en date du 28 février 1989 et signifié avec commandement depuis le 10 juin 1989 suivant R.H.386, confirment le jugement antérieur coulé en force de chose jugée rendu en date du 30 avril 1936 par le Tribunal de Chefferie de Kiazi en faveur du citoyen Fwakuingi Nani ka Fuako, chef de clan « *Nkazi za Kongo* » du village Toma.Malgré tous ces jugements, l'affaire fut de nouveau portée, en 1989, auprès du tribunal de collectivité (secteur) de Boko par le clan Vitanimi de Nzundu, qui continuerait à harceler le clan Nkazi za Kongo de Toma. Ce tribunal de secteur désirerait même instruire de nouveau l'affaire malgré la confirmation des instances judiciaires compétentes qui lui sont supérieures[1].

---

[1]   Suivant le document en annexe, le Département des Droits et Libertés avait statué sur ce conflit en faveur du village de Toma. Une notification avait été faite aux parties et à toutes les instances administratives et judiciaires de la province du Bas-Congo.

Transmis copie pour information aux

- Citoyen Président Régional du V.V.S.
  et Gouverneur de la Région du Bas-Zaïre
  à MATADI,

- Citoyen Président Sous-Régional du M.P.R.
  et Commissaire sous-régional des Cataractes,
  à ...

- Citoyen Procureur de la République près le
  Tribunal de Grande Instance des Cataractes
  et de la Lukaya,
  à ...

- Citoyen Président du Comité Populaire et
  Commissaire de Zone de Kasangulu
  à ...

- Citoyen Président du Conseil de Collectivité
  de Boko à BOKO,

- Citoyen ... Chef de
  sous-comité de ..., Collectivité de
  BOKO c/o ...

- Citoyen ... Chef du clan
  ..., Village ..., Groupement de
  ..., Collectivité BOKO, Zone de ...

3387 /...

Affaire ...

au Citoyen Président du Tribunal de
Collectivité de Boko
Zone de Kasangulu - Kpanga
à BOKO

Citoyen Président,

Le Département des Droits et Libertés
du Citoyen est saisi d'une requête du Citoyen ..., relative au litige
foncier qui oppose depuis une cinquantaine d'années son Clan ...
ou Clan ... du Citoyen ...

Il ressort de l'examen de ce dossier que
le requérant est bénéficiaire du jugement n° 304/36 coulé en force de chose
jugée rendu en date du 30/04/1936 par le Tribunal de Chefferie de ...

... / ...

Nonobstant tous les autres jugements intervenus après 1936, notamment le jugement n° R.T.T. 039ER 2460, rendu par le Tribunal de Territoire de Thysville en date du 20/06/1958, le jugement n° RTZ 700/38 RR037/87 rendu par Tribunal de Zone de Mbanza-Ngungu en date du 19/02/1988 ainsi que le jugement R.A. n° 466 rendu par le Tribunal de Grande Instance de Mbanza-Ngungu en date du 28/02/1989 et signifié avec commandement depuis le 19/06/1989 suivant R.I. 386, tous confirmant le jugement antérieur coulé en force de chose jugée rendu en date du 30/04/1936 par le Tribunal de Chefferie de KIAZI suivant n° 306/36 en faveur du Citoyen PHAKNINGI MANIKAFUAKO, votre tribunal de Collectivité continuerait à harçeler ce dernier et désirerait même instruire de nouveau cette affaire.

Le Département vous saura gré de lui communiquer dans les meilleurs délais votre point de vue sur ledit jugement coulé en force de chose jugée ainsi confirmé par des instances judiciaires compétentes et supérieures à votre tribunal de Collectivité.

Veuillez agréer, Citoyen Président, l'assurance de nos sentiments les plus dévoués et celle de notre attachement aux Droits et Libertés.

POUR LE VICE-PREMIER COMMISSAIRE D'ETAT ET COMMISSAIRE D'ETAT AUX DROITS ET LIBERTES DU CITOYEN,

Le Conseiller - Directeur a.i. du Contentieux Politique et des Voies de fait.

=/= YUMBU NZJO NWANAZO =/=

Dans un village où les paysans ne parviennent pas à se mettre d'accord sur les limites de chaque concession familiale, il est difficile qu'une entente générale soit trouvée pour pratiquer le métayage avec d'autres gens. Dans neuf-dixième des villages de la zone, les familles se disputent souvent des lopins de terres arables. Les tribunaux coutumiers de cette juridiction et le tribunal de grande instance de Mbanza-Ngungu enregistrent beaucoup de conflits fonciers opposant parfois frères et soeurs de mêmes clans ou de clans opposés dans un même village ou dans différents villages. Les conflits fonciers prennent beaucoup de temps avant que le jugement n'intervienne au niveau du tribunal. Et beaucoup de ces conflits ne sont pas portés au niveau des juridictions. Les parties ne se décident de se présenter devant les juridictions que lorsque la situation devient intenable. Toutefois, pour la période allant de 1998 à 2007, le Rôle Civil du Tribunal de Paix de Mbanza-Ngungu a enregistré les dossiers des conflits de terres et claniques suivant les statistiques indiquées dans le tableau n°1.[1]

---

[1]   A titre illustratif

TABLEAU 1. <u>CONFLITS DES TERRES ET CLANIQUES</u> <u>TRIBUNAL DE PAIX DE MBANZA-NGUNGU</u> <u>1998-2007</u>

TABLEAU 1.

CONFLITS DES TERRES ET CLANIQUES TRIBUNAL DE PAIX DE MBANZA-NGUNGU 1998 – 2007	
ANNEES	NOMBRE
1998	120
1999	174
2000	139
2001	140
2002	59
2003	108
2004	39
2005	45
2006	41
2007	21

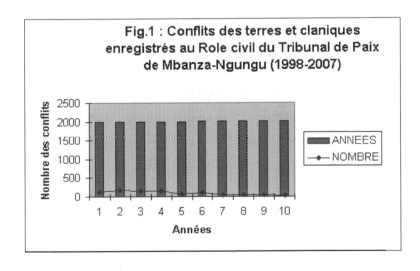

Fig.1 : Conflits des terres et claniques enregistrés au Role civil du Tribunal de Paix de Mbanza-Ngungu (1998-2007)

Le nombre de cas des conflits de terres et de conflits claniques est plus élevé au niveau des tribunaux de secteur. D'après le greffier du Tribunal de paix de Mbanza-Ngungu, ce nombre est en progression dans l'ensemble du territoire et ce, pour plusieurs causes. Ayant gagné plusieurs procès, le détenteur d'un titre de propriété qui refuse à un membre direct le droit de jouir de la terre ne donnera pas facilement son sol à une tierce personne. L'autre obstacle est traduit dans le dicton « *Dia nkala, luta nkala* » qui signifie : « *Consomme une plate-bande et laisse-moi l'autre* ». Selon cette philosophie, l'ayant droit foncier donne sa terre en labour à une personne (fermage). Le non originaire du village la cultive avec ses moyens propres sans secours du propriétaire. A la récolte, le cultivateur se voit obligé de remettre soit un dixième ou la moitié de la production au propriétaire foncier. Cette pratique est imposée souvent aux angolais et aux congolais non originaires de la zone. Ce qui décourage les agriculteurs, qui préfèrent ne plus s'adonner aux champs. Un changement des mentalités s'impose ici. Il faudrait que les propriétaires fonciers comprennent les peines des autres.

1.1.3.4. <u>DROIT DE PROPRIETE SUR LES RESSOURCES</u>

Le système foncier traditionnel, notamment le système de la propriété communautaire des terres, selon lequel les terres appartiennent à la famille ou au clan et non à l'individu, assure une sécurité de jouissance considérable sur les terres exploitées par les membres de la communauté (clan, village). Le problème foncier, né de la coexistence du système foncier traditionnel ou coutumier et de la loi constitutionnelle sur la propriété de l'Etat sur toutes les terres et l'assimilation corrélative du droit coutumier à un droit d'usage, doit être considéré comme un aspect fondamental du changement social et non comme un obstacle juridique particulier de la situation présente dans la zone. Le système foncier coutumier est en effet un des fondements de la société coutumière. Il ne s'agit pas seulement d'un droit de sol, mais aussi du droit de l'utilisation du sol comme mode de régulation de la société. Appartenant au clan, le sol marque la prééminence du clan sur les individus qui le constituent et confirme leur identité. Distribuable par le chef de clan, ces droits fournissent à chaque famille la terre dont elle a besoin pour subvenir à sa nourriture en excluant la possibilité de surplus, préjudiciable aux autres membres du clan et ce, dans l'intérêt supérieur de la cohésion et de l'unité du clan, car les conflits de terre parmi les membres du clan sont courants.

La terre est donc perçue comme un bien économique que l'on peut accumuler, vendre, louer et céder à titre onéreux ou gratuit, temporairement ou définitivement. La résistance au changement implique la récompense de l'effort individuel ou de la famille par l'accumulation ou la protection des terres du clan, tandis que la mise en cause de la cohésion du clan s'exprime, à travers le foncier, par le refus à un membre du clan de travailler, de vendre ou de céder les terres du clan... Il s'agit là des comportements sociaux plus économiques que juridiques comme par exemple :

- l'autorisation de cultiver moyennant une contrepartie en nature (métayage) ou en monnaie (fermage) avec des étrangers au clan qu'avec des personnes de même clan;
- l'appropriation individuelle de fait du sol par les ayants droits eux-mêmes et, en particulier, les chefs de terre surtout en milieu périurbain.

Les différentes formes d'arrangement entre ayants droits et candidats à l'utilisation du sol doivent être considérées comme des modalités du changement social, des formes d'adaptation de la société coutumière aux nécessités de l'économie moderne. La meilleure façon serait d'officialiser toutes les modalités rencontrées, de les formaliser dans des actes légalisés ou notariés et d'en faire une jurisprudence. L'expérience du milieu périurbain a inspiré beaucoup des ressortissants du Bas-Congo à s'opposer directement, ou par parents interposés, à la cession de terres coutumières dans leurs villages d'origine. Lorsque l'accroissement de la population était lent, le système permettait de faire face à la nécessité de passer à un système d'attribution des droits fonciers ayant de facto un caractère permanent. Mais des problèmes sont apparus, par exemple, les droits sur les arbres sont souvent distincts des autres droits d'utilisation des terres; l'aménagement des vallées à des fins agricoles fait obstacle à l'élevage, etc. Bien qu'en R.D.Congo, la terre appartienne à l'Etat en vertu de la loi Bakajika, l'utilisation des terres, surtout en milieu rural, est régie par le droit coutumier. L'intervention de l'Etat a presque eu pour effet de réduire la sécurité foncière, d'accélérer l'effondrement du système de gestion coutumière des terres et de contribuer à l'apparition d'un système d'accès libre. Le système d'accès libre ne favorise pas les investissements privés visant l'amélioration des terres ou la préservation des ressources, surtout en milieu rural. Il est urgent de mettre fin aux systèmes d'accès libre à la propriété foncière.

Là où le système foncier traditionnel évolue dans le sens d'une reconnaissance explicite des droits de propriété et de transfert individuel, il devrait être protégé par la loi et soutenu par des dispositions administratives appropriées. En tout état de cause, l'Etat devrait cesser d'être propriétaire des terres agricoles surtout en milieu rural[1]. L'importance du domaine collectif suit tous les morcellements du clan. Elle est donc extrêmement variable. En bien

---

[1]   BEAU, SRABC, Ministère des TPAT, op.cit., p.32.

des villages de la zone, une carte des domaines familiaux présente l'aspect d'un véritable puzzle. Les divisions du domaine clanique sont parfois des situations de fait plus que des situations de droit et, si les divisions du domaine sont mises à la disposition d'une fraction du clan, cela n'implique pas nécessairement un abandon définitif des autres fractions sur leur part. Le domaine collectif est placé sous la gestion du chef de clan ou de famille lato sensu; c'est le véritable « pater familias ». Dans la définition du domaine collectif (clanique), nous proposons l'idée d'un domaine privé ou du moins d'un domaine où s'exercent des droits individuels absolus, nés d'une intégration spéciale du travail au sol. En effet, si l'agriculteur conserve un droit sur ses jachères jusqu'à ce que le produit de celles-ci disparaisse, ce droit devient pratiquement illimité dans le temps en certains cas ; ce qui implique une restriction des droits collectifs sur le bien-fonds.

1.1.3.5. **POSSIBILITES DE BORNAGE DES TERRES**

Pour mettre fin aux interminables conflits de terre, nous suggérons de procéder au bornage des limites de terres entre les villages limitrophes et entre les terres des différents clans d'un même village. Cette procédure pourrait réduire sensiblement les conflits des terres dans la région, conflits qui sont à la base du déséquilibre social en milieu rural et pouvant entraîner des bagarres et autres violences. L'autorité administrative pourrait établir des plans cadastraux pour les différentes terres pour mieux sécuriser les populations rurales. L'avantage de cette procédure est de permettre aux villageois de disposer d'un document officiel opposable à tous en cas de conflits. Actuellement, la gestion des terres se fait d'une manière empirique suivant la tradition orale. Pourtant, en pleine civilisation de l'écrit, l'important secteur des terres rurales continue encore de souffrir d'une incohérence juridique ancestrale.

Pendant notre séjour dans la zone, nous avons suggéré cette solution aux villageois, qui étaient en conflits de terres avec les villages voisins. Beaucoup d'entre eux ont apprécié cette solution, mais ils restent néanmoins réticents à cause d'importants frais qu'il faudrait payer au service cadastral pour réaliser un tel travail de bornage de leurs terres. Des mesures administratives, qui seraient prises dans ce sens, marqueraient une évolution importante dans le monde rural et favoriseraient aussi le développement de ce monde.

1.1.3.6. HABITAT

L'habitat est étudié sous l'angle du choix, de l'organisation et des caractéristiques de l'habitat.

1. CHOIX DE L'HABITAT

L'habitat désigne ici un lieu où réside une communauté humaine[1]. Cadre matériel d'existence d'une communauté humaine, l'habitat est un élément fondamental à prendre en considération, tant et si bien que c'est un moyen et une expression d'organisation de la vie en société. Selon qu'une communauté humaine est parvenue à un stade d'organisation socio-politique évoluée, on parlera d'habitat groupé (village, cité, ville) ou d'habitat dispersé (cas des sociétés non-structurées). Création spontanée, oeuvre de génie, selon qu'une

---

[1]   E. NDONGALA TADI LEWA, «Quelques traits d'organisation économique Kongo au seuil de la colonisation belge, vue au travers des «Etudes Bakongo», dans R.P.J.VAN WING», Actualité et Inactualité des «Etudes Bakongo». Actes du colloque de Mayidi, du 10-12 Avril 1980, p.89.

communauté humaine dispose de techniques plus ou moins élaborées, l'habitat répondra à un volontarisme réfléchi ou à un déterminisme éclairé. Dans le premier cas, en plus de sa fonction existentielle (lieu de prestation), l'habitat remplit simultanément une fonction sociale, affective et esthétique, mais il n'est pas lié, dans le choix du site et des matériaux, au milieu physique. Dans l'autre cas, seule est recherchée la fonction existentielle et l'habitat demeure étroitement conditionné par le milieu physique ambiant. On peut se demande ce qui se passe quant au choix et à l'organisation de l'habitat. Ndongala Tadi Lewa décrit comment le choix et l'emplacement du village est décidé: « Du point de vue écologique, il est très intéressant de savoir comment l'emplacement et l'aménagement du village est choisi. Jadis, les villages étaient établis sur une colline; mais pour les protéger contre des vents froids Sud-Ouest, en saison sèche, les habitants les installaient de préférence au milieu ou en lisière d'un bois ou, à défaut de forêt naturelle, ils en établissaient une artificielle. Il semble que pendant la saison sèche, les brouillards et les vents constants augmentent l'intensité d'un froid relativement rigoureux, qui cause alors bien des pneumonies parmi les gens. Il apparaît d'ores et déjà que l'aménagement de l'habitat n'était pas le fait du hasard »[1]. Il était établi en fonction des besoins et correspondait à une volonté de transformer la nature pour se doter d'une meilleure existence. Mais cet aménagement de l'habitat est un travail en groupe. Comme la notion de lieu (l'habitat) est inséparable de son contenu humain, il apparaît que l'habitat a été dominé dans la société Kongo ancienne par le facteur social découlant d'une structure sociale définie par le clan comme pivot d'organisation socio-politique de la société Kongo. La situation décrite par Ndongala Tadi Lewa caractérise l'habitat dans la zone dont nous décrivons ci-dessous l'organisation.

2. ORGANISATION DE L'HABITAT

Dans la plupart des sociétés humaines, l'état de l'habitat traduit souvent l'état de la société elle-même; le nombre de maisons, la taille de celles-ci et l'importance du matériel ou du mobilier qu'elles renferment montrent l'importance d'une unité domestique et du caractère de famille. En circulant dans la zone, il y a quelques années, on pouvait, à vue d'oeil, distinguer les grandes familles des petites et les riches des pauvres à partir de leur habitation. La concession familiale reste le critère, l'indice le plus sûr pour évaluer et apprécier la structure, le nombre de membres et la valeur que la société accorde à la famille. C'est aussi un signe extérieur de richesse. Aujourd'hui encore, la construction d'une case (maison) en tôle ou en dur reste l'un des souhaits de tous les habitants de la zone mais la réalisation de ce voeu se heurte surtout à des obstacles d'ordre économique. A défaut de construire une maison avec des blocs en ciment, la pratique consiste, de plus en plus, à recourir aux briques en terres cuites. Ensuite, les murs sont maçonnés et crépis avec du ciment. Cela réduit le coût de construction en blocs de ciment. La toiture en tôles semble se généraliser, car les gens préfèrent se libérer de la contrainte de renouveler tous les trois ou cinq ans la toiture en paille, souvent détruite par les souris et qui suinte en cas de pluie. Les villages se concurrencent à ce sujet, à savoir dans quel village on va compter un grand nombre des maisons en dur.

3. CARACTERISTIQUES DE L'HABITAT

En général, les maisons (*nzo ou zinzo au pluriel*) dans la zone ont les caractéristiques suivantes : murs en pisé (*nteke ou poto-poto*), sol (pavement) en terre battue et toiture « *nludi* » en chaume. Pour l'éclairage, on utilise une lampe à pétrole, la cuisine est faite avec du bois de feu (*nkuni*). On trouve derrière la maison une fosse à usage de latrines et on lave les ustensiles de cuisine dans une cuvette (bassin) à usage multiple ou, plus généralement, à la rivière. L'état précaire de l'habitat n'est cependant pas un obstacle à l'état de propreté. Le mobilier moderne n'y manque pas et l'usage des tables et chaises en bois ainsi que des fauteuils en cuir ou en tissus se généralise de plus en plus. Des lits en bois avec des matelas en mousse remplacent de plus en plus les anciens lits avec nattes (*nkuala*). Des malles en fer (*sanduku*) ou des valises font office des garde-robes qui, chez les femmes surtout, contrastent en richesse avec l'état de l'habitat. Dans la cuisine (*kikuku*) ou dans la case qui en fait fonction, des étagères (*kianza*), parfois une armoire, sont utilisées pour conserver les ustensiles et il est désormais rare de retrouver l'ancien pot en terre cuite « *kinzu* », qui servait à cuire des aliments ou à garder de l'eau de boisson fraîche. Les bidons en plastiques ont remplacés les crûches (*mvungu*) en terres cuites. Tout le monde aspire à avoir une maison en matériaux durables mais le prix des tôles et des sacs de ciment est hors de portée des faibles revenus monétaires de la grande majorité des habitants de la zone, qui ne peuvent, comme leurs compatriotes salariés, avoir accès aux organismes de crédit, leurs sources de revenu étant aléatoires. La maison au toit en tôles est encore perçue comme un signe de richesse et de prestige personnel et pas comme une recherche de confort. Ce signe extérieur de richesse révèle l'état de l'économie monétaire des habitants des villages. La maison de type moderne reste encore le privilège des salariés urbains ou de quelques grands commerçants, mais le prestige qu'on y attache devient pour la majorité de la population, à l'intérieur comme à l'extérieur de la zone, un stimulant à l'effort, une motivation pour réaliser l'épargne. Ainsi, toute action de développement économique aura comme conséquence d'entraîner des changements notables dans le domaine de l'habitat d'abord. L'habitat naturel dans la zone est la savane. Le mukongo, contrairement aux autres peuples, n'est pas un peuple riverain, ni forestier. D'ailleurs, l'implantation du village se fait toujours en savane. Et quand le village est envahi par la forêt, ce qui arrive souvent après plusieurs années du fait des « *nkunku* » qui entoure le village, les habitants se déplacent pour s'installer sur un nouveau site en savane.

Dans la mentalité du mukongo, la forêt est la résidence des « *minkuyu* » (mauvais esprits). C'est là que résident les esprits après la mort. La nuit, suivant les croyances, ces esprits se réveillent et peuvent s'attaquer aux hommes. Aussi est-il préférable de traverser la nuit une savane plutôt que la forêt au risque de se faire agresser par les mauvais esprits. Beaucoup de récits racontent les cas des personnes qui ont été agressé par les mauvais esprits la nuit en traversant la forêt. Si la pratique des « *nkunku* » est encouragée pour des besoins agricoles, il n'est pas envisageable que les habitants puissent transformer toutes les savanes en forêt. Néanmoins, des espaces de savanes peuvent être reboisés pour répondre aux besoins des produits forestiers. C'est un équilibre à sauvegarder dans la zone entre les deux écosystèmes (milieux), savanicole et forestier, mais aussi des réalités à prendre en compte pour une action de développement à entreprendre dans la zone.

1.1.3.7. <u>INFRASTRUCTURES SOCIALES</u>

Dans l'ensemble, la zone de Mbanza-Ngungu bénéficie d'une bonne infrastructure socio-économique, en comparaison d'autres zones rurales du pays. L'enseignement et la santé publique disposent d'un assez large réseau d'établissements mais, il se pose un problème de leur maintenance pour répondre à une bonne exploitation. Avec la crise que traverse la RDC, toutes ces formations sont presque dans un état d'abandon.

1. ENSEIGNEMENT

L'instruction est dispensée dans plus de 293 écoles primaires et 97 écoles secondaires. Des écoles secondaires existent à Mbanza-Ngungu, Tumba, Lukala, Gombe-Matadi, Nkamba, Kwilu-Ngongo, etc. Des centres éducatifs comme Tumba, Boma, Gombe-Matadi (pour les frères des écoles chrétiennes), Kimpese (pour les protestants), Kisantu, Mbanza-Boma (pour les pères jésuites), Mangembo dans le Manianga, Kangu dans le Bas-Fleuve ont eu un grand rayonnement sur la population et la région. Dans le domaine de la formation professionnelle, il faut citer l'école d'agriculture de Gombe-Matadi, les Instituts Techniques Agricoles de Kimbongo à Boko, de Ngiende à Gombe-sud, à Kolo-Fuma, et l'Institut Technique de Vulgarisation Agricole Masamba à Kola. La zone bénéficie également d'un Institut d'enseignement supérieur pédagogique (ISP/Mbanza-Ngungu), de l'institut supérieur des techniques appliquées (ISTA) à Gombe-Matadi, de l'Université de développement et d'excellence revérend Luntandila (UDERL) et d'une institution universitaire communautaire : l'Université Kongo (UK). D'une manière générale, la scolarisation en milieu rural dans la zone et dans l'ensemble du pays constitue un problème crucial. Les élèves en bas âge doivent parfois parcourir une moyenne de 20 km par jour à pied pour se rendre à l'école. La réhabilitation des infrastructures scolaires de la zone s'avère urgente.

2. SANTE PUBLIQUE

On dispose dans la zone de 7 hôpitaux installés à Gombe-Matadi, Mbanza-Ngungu, Kwilu-Ngongo, Lufu-Toto et Kimpangu, sans oublier la proximité des hôpitaux de Kimpese et Kisantu. Il existe aussi 43 dispensaires de l'Etat dont l'action est très réduite, suite à une insuffisance de moyens, et quelques dispensaires privés. Les problèmes des hôpitaux sont ceux-ci : insuffisance d'équipements, manque de médicaments et insuffisance de personnel médical qualifié. En ce qui concerne les médecins, la zone compte 45 médecins, soit 1 médecin pour 16.617 habitants. Comme partout ailleurs, la zone doit faire face à des endémies liées à la précarité des conditions d'hygiène, à l'insuffisance des soins et de l'alimentation. L'objectif « SANTE POUR TOUS » au Congo a délimité la zone de Mbanza-Ngungu en cinq zones de santé qui sont supervisées par l'UNICEF, à savoir la zone de santé de Mbanza-Ngungu (711 km²), de Gombe-Matadi (1.600 km²), de Kwilu-Ngongo (2.500 km²), de Kimpangu (1.600 km²) et de Boko Kivula (2.400 km²).

3. INFRASTRUCTURE DE COMMUNICATION

Le Bas-Congo est doté de bureaux de poste jusqu'au niveau des territoires. On peut comprendre l'importance et le rôle de la poste dans le développement du pays, de la province et de la zone. Il y a à souhaiter que la réhabilitation de la poste puisse être inscrite parmi les urgences du développement du pays. En ce qui concerne les télécommunications, la zone est dotée des stations de radio et de télévision privées comme RTBC, Radio Kintuadi, Radio Ntemo, GKV network TV, Radio Vuvu Kieto installées à Mbanza-Ngungu. A côté de ces stations, le Bas-congo est doté d'une mini station terrienne de télécommunication installée à Matadi et qui permet à la région de capter les programmes de télévision nationale et d'améliorer le réseau téléphonique.

1.1.3.8. <u>DEMOGRAPHIE</u>

Les données démographiques sont à interpréter avec prudence, car, dans notre pays, il n'est pas facile d'effectuer les opérations de recensement avec précision[1]. Selon le rapport annuel 2006 de la zone, la population de la zone était estimée à 473.421 habitants, dont 415.234 congolais (87.71%) et 58.187 étrangers (12,29%). Elle se répartit de la manière suivante[2] suivant les tableaux I.1 et I.2 ci-dessous:

---

[1]   Faute des données statistiques fiables, nous donnons ces chiffres à titre indicatif.

[2]   Rapport Annuel 2006, Territoire de Mbanza-Ngungu, document inedit, p.130.

TABLEAU I.I
STATISTIQUES DE LA POPULATION CONGOLAISE DU TERRITOIRE DE MBANZA-NGUNGU PAR SECTEUR

SECTEURS	Hommes	%	Femmes	%	Garçons	%	Filles	%	Total	%
Boko	32311	6,8	38641	8,2	51254	10,8	53017	11,2	175223	37
Gombe-Matadi	6166	1,3	8091	1,7	10934	2,3	14291	3	39482	8,3
Gombe-Sud	10439	2,2	13453	2,8	19607	4,1	19495	4,1	62994	13,3
Lunzadi	2758	0,6	3044	0,6	4131	0,9	4624	1	14557	3,1
Kivulu	5807	1,2	7664	1,6	22453	4,7	25044	5,3	60968	12,9
Kwilu-Ngongo	18265	3,9	19887	4,2	22888	4,8	22824	4,8	83864	17,7
Timansi	7536	1,6	8860	1,9	9787	2,1	10150	2,1	36333	7,7
TOTAL	**83282**	**17,6**	**99640**	**21**	**141054**	**29,8**	**149445**	**31,6**	**473421**	**100**

Le chiffre de la population congolaise est en progression au regard des statistiques des années antérieures. La population urbaine de la zone est de 142.275 (30,1%) qui se structure de la manière suivante:

Hommes	:	31.504 habitants (6,7%)
Femmes	:	33.713 habitants (7,1%)
Garçons	:	37.453 habitants (7,9%)
Filles	:	39.623 habitants (8,4%)

La population urbaine est celle des cités de Mbanza-Ngungu, Lukala et Kwilu-Ngongo

TABLEAU I.2
STRUCTURE DE LA POPULATION CONGOLAISE
ZONE DE MBANZA-NGUNGU

Ages	Masculine	%	Feminine	%	Total	%
Moins 1 an	30.194	6,4	38.694	8,2	68.888	14,6
1 - 4 ans	40.307	8,5	31.306	6,6	71.613	15,1
5 - 9 ans	31.798	6,7	35.603	7,5	67.401	14,2
10 - 14 ans	21.061	4,4	22.107	4,7	43.166	9,1
15 - 19 ans	17.697	3,7	21.735	4,6	39.432	8,3
20 - 24 ans	12.561	2,7	12.205	2,5	24.768	5,2
25 - 29 ans	11.938	2,5	13.898	3,0	25.838	5,5
30 - 34 ans	12.722	2,7	12.76	2,7	25.482	5,4
35 - 39 ans	11.693	2,5	11.902	2,5	23.599	5,0
40 - 44 ans	10.704	2,3	9.511	2,0	20.215	4,3
45 - 49 ans	8.841	1,9	7.471	1,5	16.312	3,4
50 - 54 ans	3.286	0,7	8.659	1,8	11.949	2,5
55 - 59 ans	3.132	0,7	7.904	1,6	11.036	2,3
60 - 64 ans	2.336	0,5	4.305	0,9	6.641	1,4
65 - 69 ans	2.352	0,5	4.212	0,9	6.564	1,4
70 - 74 ans	1.026	0,2	3.083	0,7	4.111	0,9
75 - 79 ans	1.693	0,4	2.626	0,5	4.319	0,9
80 - 84 ans	971	0,2	1.068	0,2	2.041	0,4
85 - 89 ans	16	0,003	22	0,01	38	0,01
90 - 94 ans	7	0,001	9	0,002	16	0,003
95 - 99 ans	3	0,0006	4	0,0009	7	0,0015
100 – plus	0	0	0	0	0	0
TOTAL	**224.336**	**47,5**	**249.085**	**52,6**	**473.421**	**100**

La population est très jeune. Elle implique un grand effort d'investissement pour assurer un meilleur avenir de la jeunesse.

Actuellement, la population du territoire est rurale pour environ 70 %. Le reste de la population, urbanisée ou en voie d'urbanisation, se localise dans les cités de Mbanza-Ngungu, Lukala, Kwilu-Ngongo,

Kolo, Gombe-Matadi, etc. L'exode rural, remarquable en ce qui concerne les jeunes, ne paraît pas s'orienter particulièrement vers ces centres précités, mais plutôt vers Kinshasa et Matadi, qui réunissent un certain nombre de facteurs classiques d'attraction des grandes villes. Les populations originaires de la zone appartiennent à l'ethnie Bakongo : les Bandibu, en forte majorité, occupent la plus grande partie de la zone ; les Besingombe sont surtout localisés dans les collectivités de Ntimansi et de Gombe-Matadi ; les Bazombo vivent dans le Sud. En général, ces peuplades n'ont qu'une seule et unique origine : « *Kongo dia Ntotila* » de l'ancien Royaume Kongo.

1.1.3.9. ASPECTS SOCIOLOGIQUES

La zone est caractérisée par l'homogénéité ethnique des Kongo, qui se répartissent en plusieurs tribus ayant chacune ses particularités culturelles. Les tribus dominantes sont :
- les Bandibu, qui occupent les zones de Songololo et de Mbanza-Ngungu. Ils habitent le centre de la province au même titre que leurs ancêtres, qui faisaient partie de la province Mpemba, noyau central de l'ancien royaume Kongo. La localité de Tumba, situé au centre de la région des bandibu, fut, au début de l'ère coloniale, un centre administratif important;
- les Manyanga: essentiellement installés sur la rive gauche du fleuve. La région des banyanga couvre la province nsundi de l'ancien royaume Kongo;
- les Besingombe, habitant le Nord de la zone.

Les relations familiales Kongo appartiennent à deux sphères différentes mais étroitement associées, à savoir le matrilignage (*kingudi*), c'est l'ensemble de ceux auxquels on se rattache par les femmes et le patrilignage (*kitata*), ensemble de ceux qui se rattache par les pères. Le groupe familial nucléaire n'est pas le couple et ses enfants mais le matrilignage minimal constitué d'un frère et d'une ou plusieurs soeurs et des enfants de celles-ci. Plusieurs groupes nucléaires rassemblés sous l'autorité de l'aîné, forment le matrilignage. Les matrilignages étendus se réclament d'un même ancêtre et forment un clan. Celui-ci constitue la ceinture protectrice de la famille et de ses membres en leur assurant l'exploitation des ressources naturelles et l'appui des ancêtres.

L'organisation sociale au niveau de la famille et du clan assure l'harmonie sociale de la communauté; elle est un facteur important pour le maintien de l'équilibre social. Il nous paraît important de décrire le phénomène traditionnel de la sorcellerie et ses implications dans le processus de développement (M.Kimpianga) : Le mukongo croit que l'univers est composé de deux mondes dont l'un est visible et l'autre invisible. Ces deux mondes sont en interaction. La solidarité entre les habitants de ces deux mondes continue même au-delà de la mort. Le mukongo croit que le monde visible est peuplé par les êtres vivants (hommes, plantes, animaux, minéraux). Pour agir sur ce monde, l'être humain a besoin d'un savoir appelé « *Mayela ma mwini* » (le savoir ou l'intelligence diurne). Le monde invisible est habité par les esprits, les ancêtres dont les « *bakulu* » (bons ancêtres) et les « *minkuyu* » (mauvais ancêtres). Les « *bakulu* » visitent les vivants dans leurs rêves, bénissent et renforcent les clans et la famille, tandis que les « *minkuyu* », éléments anti-sociaux pendant leur vie dans le monde visible, ne sont pas acceptés dans la communauté des morts, ils vivent dans l'isolement et hantent les communautés des vivants en leur causant des ennuis. Le mukongo, dans sa croyance, distingue deux types de personnes (*bantu*):

- les « *bantu bampamba* » (personnes ordinaires) : sont sans « *mayela mampimpa* » (intelligence nocturne) ou « *kindoki* »

83

(sorcellerie). Ils sont sans connaissances nocturnes, ni techniques mystiques. Ils ne possèdent que les « *mayela ma mwini* » (intelligence de jour), c'est-à-dire le savoir diurne et ne sont pas initiées aux sciences nocturnes (*mayela ma mpimpa*).

- les « *bantu bazibuka meso* » (personnes aux yeux clairs, mystiques) : sont des personnes initiées aux sciences nocturnes. Elles ont les techniques d'agir sur les deux mondes. Ce sont des « *ndoki* » (sorciers), féticheurs, magiciens, prophètes (*mbikudi*), guérisseurs (*nganga nkisi*), prêtres (*nganga Nzambi*). Les « sciences nocturnes » sont des pouvoirs surnaturels (*mpandu*) qui peuvent être utilisés positivement lorsqu'il s'agit, par exemple, de protéger la famille etc. et négativement, lorsqu'il s'agit de nuire en jetant par exemple un mauvais sort ; en causant la mort, la maladie, la malchance etc. Ainsi, le « *kindoki* » (sorcellerie), le « *mpandu* » ou « *kimpandu* » (savoir nocturne) sont souvent à la base des conflits sociaux et du déséquilibre dans les communautés. Une société (clan, famille, village...) en déséquilibre est caractérisée par des conflits sociaux, des morts non-naturelles, l'infertilité, l'infécondité, la rareté des biens matériels et des désastres naturels divers...

La présence de ces maux provoque un déséquilibre et une rupture dans l'ensemble des structures sociales, politiques, religieuses et économiques de la communauté, qui se trouve acablée par des angoisses, des frustrations et des contradictions. Devant une telle situation, la communauté est contrainte de trouver une solution. Ainsi, le chef du clan, de la famille ou du village et toute la communauté doivent se mobiliser et recourir parfois aux rites pour rétablir l'équilibre et l'harmonie sociale qui avaient été rompus. En général, chaque famille doit avoir ses « *ndoki* » (sorciers) pour se défendre contre les autres mauvais esprits. Une famille qui manque des gens intelligents (personnes initiées) est qualifiée de « *Nzo ya mazowa* » (maison ou famille des personnes non intelligentes). Et il est entendu que ce savoir se transmet de génération en génération par une initiation secrète appelée « *vandusua* » où, quelquefois, il est demandé au nouveau initié de sacrifier un membre de famille. Si cette tractation nocturne est dénoncée par l'initié, elle crée des zizanies et tant d'autres mésententes en famille. L'initiateur de l'action développementale qui ignore et ne tient pas compte de ce fait social dans la région risquerait de se heurter à des problèmes qui entraveront son action. D'une façon ou d'une autre chacun se sent menacé par un sorcier dans ses activités. Cette conception n'est pas seulement perçue en milieu rural mais aussi en milieu urbain dans les communautés bakongo. Le mukongo a souvent peur d'investir ou de se rendre au village parce qu'il s'imagine que les sorciers finiront par lui causer du tort. Mieux vaut garder secrètes ses affaires (biens matériels, fortune en général) que de les étaler au grand jour, au risque de s'attirer la jalousie des sorciers. Ainsi, la croyance au « *Kindoki* » n'encourage pas l'esprit d'endurance, de persévérance et de combativité. L'individu se décourage vite pour avoir été convaincu d'être l'objet de sortilège. Pour tout changement et amélioration de sa vie, l'individu attend l'intervention divine[1], ce qui est bien contraire au processus de développement.

1.1.4. FACTEURS ET CONTRAINTES ECONOMIQUES

Les facteurs et contraintes économiques portent sur les questions suivantes : les secteurs de production ; le secteur agricole ; la commercialisation des produits vivriers ; le secteur de l'élevage ;

---

[1]   M. KIMPIANGA., op.cit. p.167.

le secteur agro-industriel dans la zone ; et les infrastructures économiques.

1.1.4.1. <u>LES SECTEURS DE PRODUCTION</u>

De trois secteurs de production, seul le secteur primaire reste dominant ; le secteur tertiaire se développe, tandis que le secteur secondaire reste toujours d'un niveau faible. Néanmoins, quelques implantations majeures sont à signaler : la cimenterie de Lukala, la cimenterie nationale, la compagnie Sucrière de Kwilu-Ngongo, Orgaman à Kolo, L'Elevage de Kitobola. L'importance économique de ces implantations se situe plus au niveau national qu'au niveau local. Sur le plan artisanal, le développement est très remarquable : les meubles fabriqués par les menuisiers locaux sont fort demandés ; les métiers du bâtiment sont fort développés et de nombreux mécaniciens se sont installés à leur propre compte ; et d'autres petits métiers tels que la menuiserie métallique, la réparation des pneus (quado), la cordonnerie, etc. prospèrent également. Par ailleurs, le développement agricole, lié à la croissance du marché de Kinshasa, a entraîné un accroissement marqué des activités commerciales et de transport.

De nombreux commerçants, originaires ou non de la zone, assurent la collecte et la commercialisation des produits agricoles au départ des villages et leur évacuation vers les centres de consommation. A titre indicatif, une étude de l'IRES, avait noté les constatations suivantes à propos de la structure des prix des produits vivriers du Bas-Congo. Pour la période de 1961-1968, le coût du transport représentait en moyenne 7,3 % du prix de vente en détail à Kinshasa ; le producteur recevait 34,8 % et le commerçant conservait 57,9 %, soit 18,6 % pour le commerce de gros et 39,3 % pour le commerce de détail. Mais nous savons qu'en 1999, par exemple, la location d'un camion de 8 tonnes vers le Bas-Congo pour le transport des marchandises (manioc par exemple) revenait à un coût total de +/- 2.243 USD; d'où un prix de revient de +/- 22,43 USD par sac rendu Kinshasa auquel il faudra ajouter la marge bénéficiaire variable selon le prix du marché. En Mai 2007, le coût total était évalué à +/-3.330 USD. En comparant avec la structure des prix de la période de 1968, il s'avère que le coût de transport a très sensiblement augmenté (7,3% en 1968 contre 20,3% en 1999 et 33,3% en 2007) ; diminution de la part du producteur (34,8% en 1968 contre 20,0% en 2007).

La location des camions est de plus en plus chère et ces derniers sont de plus en plus rares (manque des pièces de rechange, conditions difficiles de voyages (tracasseries diverses), mauvais état des routes, difficulté d'approvionnement en carburant...). Un fait important est que la part du paysan producteur a baissé de 14,8%. La détérioration importante des routes, surtout en milieu rural, oblige le paysan à accepter le prix qui lui est proposé par le rare commerçant, qui a pris le risque d'arriver jusque chez lui au village pour acheter sa production. Le rapport de force étant en faveur du commerçant, ce dernier impose les prix au paysan, qui est obligé de les accepter au risque de voir pourrir sa marchandise, faute d'acheteur. La part du commerçant est pratiquement le double de celle du paysan (54.3% contre 23,4%). Le secteur primaire, avec les activités agricoles et d'élevage, occupe environ 39,5 % de la population active de la zone, le secteur secondaire 8,2 % et le tertiaire, c'est-à-dire le plus important de la zone avec 50,43 % de la population active. Il y a une diminution sensible de la population active du secteur primaire au profit du secteur tertiaire, ce qui explique en partie la tendance actuelle de la baisse de la production vivrière. Cette diminution de la population active devrait se compenser normalement par un apport technologique dans les méthodes de production de ce secteur (mécanisation, intensification). L'analyse des données statistiques de la production[1] permet d'émettre l'hypothèse selon laquelle le niveau actuel de l'économie de la zone et de sa situation monétaire est inférieur à celui d'il y a une vingtaine d'années. Avec la crise socio-économique multisectorielle, aggravée par la destruction du tissu économique de la région par les actes de pillage de septembre et octobre 1991 et de janvier 1993, ainsi que par les pillages successifs pendant la guerre d'agression rwando-ougando-burundaise d'août 1998, le niveau de production de la zone a sensiblement regressé. Une deuxième hypothèse peut être émise à ce stade : le niveau actuel des revenus est en nette diminution par rapport à ce qu'il était il y a une trentaine d'années ; 76.9% des enquêtés confirment gagner moins d'argent par rapport aux années antérieures. Beaucoup d'éléments concourent à l'affirmation de ces hypothèses, notamment une tendance à la baisse de la production ; 70,8% des enquêtés disent produire moins par rapport aux années antérieures. Cette baisse de la production est liée à différentes causes, à savoir les difficultés socio-économiques diverses liées à la conjoncture économique du pays en général, l'exode rural, etc. Cette tendance à la diminution se confirme de plus en plus aujourd'hui.

1.1.4.2. <u>LE SECTEUR AGRICOLE</u>

La section sur le secteur agricole examine les points ci-après : l'aperçu général du secteur agricole ; les systèmes de cultures itinérantes et jachères de savanes ; les méthodes et techniques culturales ; et les saisons culturales.

---

[1]   Faute des statistiques fiables, les statistiques démographiques et de la production dans cette partie sont données à titre indicatif.

1. <u>APERÇU GENERAL DU SECTEUR AGRICOLE</u>

Toute l'activité agricole de la zone doit être étudiée dans un contexte précis, celui qui la conditionne. Il s'agit de la situation géographique et de l'environnement physique et écologique. La situation géographique détermine les conditions d'accès de la production agricole de la zone aux marchés régional et national. Les facilités offertes par la zone et les coûts de transport jouent un rôle déterminant : soit la zone offre une rente de situation favorable, soit elle présente un handicap. Par ailleurs, l'écologie de la zone et, plus précisément, les facteurs physiques et bioclimatiques peuvent influencer le choix des orientations dans le cadre de la détermination d'une politique de la mise en valeur des ressources agricoles. La région de Mbanza-Ngungu a depuis toujours produit des vivres pour le ravitaillement de Kinshasa et des centres secondaires de la région. Sa vocation est donc déterminée par la proximité relative de la ville de Kinshasa et les facilités de communication existantes. Malgré l'exode rural, cette vocation de producteur de produits vivriers s'affirmera de plus en plus avec la croissance démographique dans la région même et dans la capitale Kinshasa (y compris Brazzaville) ainsi qu'avec l'industrialisation progressive du Bas-Congo (bassin d'Inga). La population urbaine de la province du Bas-Congo estimée aujourd'hui à 900.000 habitants, était inférieure à 100.000 habitants en 1958. Le rapport de 9 ruraux pour 1 citadin en 1958 est tombé à 1,8 rural pour 1 citadin. Ce constat est confirmé par l'explosion démographique de Kinshasa, qui est passée de 367.879 habitants en 1958 à une population de près de 10.000.000 d'habitants aujourd'hui à la suite des derniers événements qu'à connu le pays : la guerre de libération (octobre 1996), l'agression des armées rwandaises, ougandaises et burundaises (août 1998), la guerre de Brazzaville (1998-1999) et la guerre à l'Est du pays, qui perdure toujours.

Une telle expansion urbaine n'est pas sans incidences déterminantes sur le développement de la production agricole de la zone, qui est si favorablement bien située à proximité des marchés de Kinshasa et de plus en plus de Brazzaville. Cette poussée urbaine régionale constitue le facteur le plus porteur des changements et des transformations profondes sur le développement du secteur agricole de la zone. Face à ces profondes transformations, dominées par un accroissement de la population, plus particulièrement urbaine, il convient d'étudier la manière dont le secteur agricole, base de l'économie de la zone et de la région, va s'adapter à ce nouveau contexte, qui mène l'agriculture d'hier vers un système de production agricole répondant au marché urbain en croissance. Cela revient à étudier les structures de production en amont et en aval. Les mêmes conditions (l'existence des grandes étendues de savanes, etc.), qui sont moins propices à l'agriculture, font par contre de la zone de Mbanza-Ngungu une région d'élevage. Malheureusement, bien que la zone se trouve située au coeur de ce grand pôle de développement qu'est le Bas-Congo, et où les conditions humaines et économiques sont plus favorables à une intensification de la production vivrière que partout ailleurs, on en est toujours, chez la grande masse des agriculteurs, au système primitif du nomadisme agricole, c'est-à-dire de l'agriculture itinérante[1]. Drachoussoff estimait que toute augmentation de la production, selon les méthodes traditionnelles dans la zone du rail, risquait de rompre l'équilibre « production/reconstitution du sol ». Or, nous constatons que cette production a connu une augmentation spectaculaire particulièrement depuis 1960 ; c'est le cas, par exemple,

---

[1]   BEAU, op.cit., p.25.

du manioc (141.287 tonnes en 1961 contre 820.069 tonnes en 1990 et 436.802,41 tonnes en 2006) bien qu'actuellement, la tendance soit à la baisse. Avec la pression démographique dans certaine partie de la zone, la période de jachère est très raccourcie, ce qui entraîne une diminution de la productivité du sol, qui est très sollicité surtout dans les parties de la zone à forte densité de population. Les paysans se plaignent que le rendement a beaucoup diminué par rapport aux années passées et cela nous a été confirmé par les opérateurs (ONG) rencontrés pendant nos investigations. Cette baisse de rendement et de la productivité des sols est à la base de beaucoup de conflits de terres, car la pression démographique aidant, tout le monde est à la recherche de bonnes terres. A titre illustratif, en 2006, on note les réalisations suivantes des principales cultures vivrières et maraîchères:

TABLEAU 2. PRINCIPALES CULTURES VIVRIERES ET MARAICHERES DU TERRITOIRE DE MBANZA-NGUNGU

Cultures	Ménages agricoles	Superficies (ha)	Production (T)
Manioc	78.824	51.308	436.802
Arachide	55.637	12.529	9.397
Haricot	48.868	8.149	4.889
Maïs	25.700	3.349	2.013
Patate-Douce	25.448	1.924	8.657
Tarot	7.079	185	730
Riz Paddy	5.174	496	253
Banane Plantain	24.581	1.41	5.887
Banane de table	17.361	713	2.494
Poids-cajan	15.247	765	301
Oignons	11.008	346	2.321
Tomate	24.623	1.859	7.209
Choux divers	31.623	1.579	6.609
Ciboule	5.674	133	867
Pomme de terre	550	25	69
Carotte	880	16	61
Poireau	2.466	123	740
Légumes Divers	32.35	1.416	7.821

Source : Rapport Annuel 2006, Territoire de Mbanza-Ngungu, p.26.

Différentes sources ont confirmé cet accroissement de la production vivrière de la zone, qui provient d'une augmentation des étendues cultivées et du raccourcissement de la période de jachère normalement indispensable à la reconstitution du sol dans le système agricole traditionnel. Dans ces conditions et compte tenu de la crainte exprimée par Drachoussoff, il s'avère urgent d'intervenir pour arrêter et éviter la dégradation du capital sol qui, dans certaines parties de la zone, peut être déjà irréversible. A côté des cultures vivrières de base comme le manioc, l'arachide, le haricot et le maïs, les cultures maraîchères et les cultures fruitières ont pris une importance dans la zone. Les cultures maraîchères sont faites un peu partout, car la consommation des légumes est entrée dans les habitudes alimentaires de la population. Mais la production destinée à la commercialisation se fait surtout dans la vallée de l'Inkisi, sur la ceinture de Mbanza-Ngungu et dans la région de Bangu. Actuellement les cultures suivantes sont faites dans la zone sous l'encadrement de différents programmes et d'ONG de développement : ciboule, pomme de terre, riz, haricot, fraise, poivre, gingembre (tangawisi) et manioc.

Les agriculteurs se désintéressent de la culture du riz depuis le départ de la mission agricole chinoise à la suite de la destruction de son matériel et de ses installations, consécutive au pillage qu'a connu la région. La méthode d'approche utilisée par les différents programmes de développement dans la zone est la suivante : l'organisme ou le programme de développement fournit les semences au paysan qui en fait la demande, participe parfois aux labours du champ, étudie les conditions édaphiques et conseille le type de culture qui convient au champ indiqué par le paysan. La récolte sera partagée de moitié avec le programme pour financer le remboursement des frais de semences. La part qui revient au paysan sera soit achetée par le programme ou alors, le paysan a la liberté de la vendre à un commerçant. Cependant, après la première récolte, le paysan continue de bénéficier de l'encadrement du programme mais il assure seul les frais de semences. Le coût de la location du tracteur et l'achat du mazout étant élevé, le paysan peut recourir au système de location de main-d'oeuvre dont le coût s'élevait (mai 2007) entre 35fc par jour et la garantie de deux ou trois repas. Ce système de location de main-d'oeuvre est très en vogue à Mbanza-Ngungu et dans toute la zone. Il offre des facilités aux agriculteurs et permet une grande productivité à peu de frais. Ces maraîchers sont encadrés par différentes ONG

et autres programmes de développement. Des problèmes se posent cependant à l'encadrement des maraîchers :
- l'approvisionnement en semences et en plantes bien adaptés, de bonne qualité et de prix raisonnables ;
- l'approvisionnement en engrais, insecticides et fongicides ;
- les aménagements drainage-irrigations.

L'apport appréciable du SENAFIC (Service National pour les Fertilisants et Intrants Connexes), qui consistait à vendre ou à fournir gratuitement des engrais et autres matériels aux paysans, est allé à vau-l'eau. Ce service de l'Etat bénéficiait du financement du PNUD/FAO. Le pillage ne l'avait pas épargné : ce service avait été dépouillé de tous ses moyens. Les maraîchers constituent pourtant une classe d'agriculteurs beaucoup plus évolués que la moyenne; leurs champs sont mieux ordonnés et ils pratiquent une culture semi-intensive avec emploi de la fumure organique. Les arbres fruitiers sont très répandus dans la zone. Il s'agit surtout des espèces suivantes : manguiers, safoutiers, avocatiers et goyaviers. La plupart de ces arbres sont plantés sans ordre dans les « *Nkunku* » entourant les villages et autour des habitations. Ainsi apparaissent une tendance et une évolution intéressante: des véritables vergers entourent les villages. Ces arbres fruitiers, dont la plupart peuvent être considérés comme des arbres vivriers (tree-crops), protègent le sol et permettent, mieux que toute autre culture, une exploitation permanente même sans apport d'engrais. Les fruits de ces arbres constituent un complément de nourriture pour les villageois et, de plus, ils font l'objet d'un commerce important. L'arbre planté joue plusieurs fonctions, à savoir les fonctions commerciale, écologique, esthétique et juridique[1]. La sylviculture ne joue actuellement aucun rôle dans l'économie

---

[1] GUTU KIA ZIMI, « Arboriculture urbaine au Zaïre », dans Des forêts et des hommes, ENDA/DAKAR, n°1-2-3-4, Vol, I-IV, 1993, p.221.

de la zone étudiée. Depuis lors, aucun reboisement n'a été fait et plusieurs anciens boisements ont été détruits par les feux de brousse. Actuellement, le service de l'environnement de la zone essaie de protéger les « *Nkunku* » en punissant sévèrement celui qui est reconnu coupable d'avoir mis volontairement feu au « *Nkunku* ». Il encourage aussi la création des « *Nkunku* » dans les villages, leur extension et leur enrichissement avec des essences précieuses comme le Limba (*Terminalia superba*) et le Kambala (*Chlorophora excelsa*).

Pour compléter cet aperçu du secteur agricole, il convient de citer les cultures industrielles et vivrières des grandes sociétés et des particuliers :

- La compagnie sucrière de Kwilu-Ngongo, dont l'importance économique est primordiale pour l'ensemble du pays. Cette société réalise une culture continue grâce à l'emploi d'engrais minéraux et à la restitution au sol des matières organiques provenant des déchets de la culture. Cette compagnie cultive la canne à sucre.
- Orgaman à Kolo possède un troupeau d'élevage bovin occupant +/- 50.000 ha de savanes aménagées et un élevage important de porcs et de volaille. Elle s'intéresse aussi à des essais de cultures vivrières mécanisées et de légumineuses pour le besoin de ses élevages. Elle produit de l'huile de palme, de l'huile palmiste, des tourteaux palmistes, de l'huile végétale, de la graisse végétale ainsi que des savons de ménage.

2. SYSTEMES DE CULTURES ITINERANTES ET JACHERES DE SAVANES

Les cultures itinérantes constituent la base du système de production agricole dans la zone. Elles sont considérées comme un système d'agriculture primitif caractéristique des régions tropicales, un système gaspillant les ressources du sol pour les générations futures. Cependant, comme l'ont noté NYE et GREENLAND, ce système ne se limite pas aux seuls tropiques et les populations qui le pratiquent ne sont pas non plus primitives du point de vue de leur technologie ou de leur culture. On tend à considérer les cultures itinérantes comme un système dans lequel le paysan cultive une parcelle de terre jusqu'à l'épuiser. Les cultures itinérantes sont apparues comme une réponse naturelle au problème consistant à produire de la nourriture dans un environnement où les sols ne sont pas capables de supporter des cultures continues durant une période de temps illimitée. Les chercheurs qui s'intéressent au développement agricole et à l'utilisation rationnelle des ressources de sols dans les tropiques commencent actuellement à se rendre compte qu'il faut accorder une plus grande attention aux cultures itinérantes et tirer des leçons de leur rôle et des problèmes qu'elles soulèvent. Les critiques aussi bien que les innovateurs réalisent aujourd'hui que ce système de gestion traditionnel s'adapte harmonieusement à l'environnement tropical et qu'il est basé sur la longue expérience qu'ont les populations des conditions écologiques de la région.

3. <u>METHODES ET TECHNIQUES CULTURALES</u>

La combinaison actuelle des principaux facteurs agricoles, à savoir la densité de la population, le sol et le climat, les méthodes et techniques agricoles limitent le progrès de l'agriculture et favorisent l'appauvrissement des sols de la zone. Les méthodes agricoles actuelles doivent être appliquées et étudiées en fonction des impératifs actuels du climat et de la nature des sols de la zone. Toutefois, elles ne conviennent plus aux conditions écologiques, ni aux perspectives économiques d'avenir, car elles risquent d'accentuer le niveau de la dégradation des sols. Les méthodes culturales utilisées par les paysans dans la zone se distinguent et se différencient suivant qu'il s'agit de la savane (*nzanza*), de la vallée (*ndimba*), de la forêt (*mfinda*), ou du sol maraîcageux (*ntaka*). Les cultures se réalisent suivant trois techniques différentes, à savoir par l'écobuage (*mafuku*), les cultures à plat ou les semis à la volée (*kidodi*), en plate-bandes ou billons (*nkala*) ou par tuteurage (*nsumikina*).

a) __EN SAVANE (NZANZA)__

La technique de préparation du sol utilisée est l'écobuage (*mafuku*) qui consiste à défricher, à regrouper les herbes en tas, à mettre un peu de terre au-dessus de chaque tas et à incinérer les écobuages. Dès le début des pluies, les sémis, souvent d'arachides ou de haricots en ouverture, est effectuée sur ces « *mafuku* » (buttes incinérées). Il arrive que d'autres cultures soient plantées ou intersemées : le maïs, les tubercules et les courges; tandis que le manioc est toujours interplanté et termine l'assolement. « Les paysans s'adonnent à cette pratique sur les sols plus ou moins dégradés et plus particulièrement dans les savanes qui ne seraient plus à même de fournir une récolte satisfaisante si elles n'étaient soumises à un écobuage drastique ». Il serait intéressant de déterminer vers quelle époque cette technique culturale a été adoptée et de pouvoir ainsi apprécier l'importance du rôle joué par cette technique dans l'histoire de l'évolution régressive du couvert forestier de la zone. En effet, il est certain que cette pratique appliquée surtout dans les sites en voie d'appauvrissement, a largement contribué à la régression des surfaces boisées Une autre technique de préparation du sol s'appelle « *mbambu* ». Elle se pratique après le feu de brousse entre juillet et septembre (*mbangala*) et consiste à enlever les souches d'herbes, à labourer la terre et, enfin, à former les plates-bandes. Lorsque les terres sont lourdes, les arachides sont généralement plantées sur billons ou bandes de terre, et ensuite interplantées de courges et de manioc. Sur les terres qui ne conviennent qu'au manioc, celui-ci est bouturé à plat et ensuite butté ou planté directement sur buttes. Cette technique, très nuisible écologiquement, est la plus utilisée par les paysans.

b) EN VALLEE (NDIMBA)

La technique utilisée ici s'appelle « *giayika* ». Ce procédé est le contraire de « *mbambu* » et intervient avant le feu de brousse et peut être appliqué durant toute la saison. Elle consiste à débroussailler, ensuite, à brûler les herbes sèches ou à les laisser pourrir sur terrain pour la formation de l'humus. Dans ce cas, on réalise les plates-bandes ou on applique le semis à la volée. Ecologiquement, cette technique de préparation de sol est plus avantageuse car elle n'exige pas que le sol soit brûlé ; en outre, elle peut s'appliquer à n'importe quelle saison ou période de l'année.

c) EN FORÊT (MFINDA)

La préparation du sol exige seulement le déboisement, l'abattage de gros arbres, l'incinération et le débardage des débris ; ensuite interviennent la préparation des plates-bandes ou le semis en poquets.

d) EN SOL MARAÎCAGEUX (NTAKA)

Cette technique se pratique après défrichement, incinération, débardage des souches et, enfin, la préparation des plates-bandes.

D'une manière générale, c'est en saison sèche que se pratique le semis dans le « *ntaka* » pour profiter de l'humidité permanente du terrain. En cas de diminution de l'humidité, le paysan recourt à l'arrosage. C'est pourquoi le « *ntaka* » se pratique souvent près d'une rivière. Les pratiques culturales décrites plus haut deviennent de plus en plus dépassées car elles nécessitent des longues périodes de jachères au moment où les densités de population augmentent régulièrement et que les nouvelles terres deviennent rares à trouver. Il est donc impérieux d'arriver à un changement rapide mais progressif des techniques culturales afin d'améliorer la production agricole et les conditions de vie en milieu rural. Les moyens pour arriver à cette amélioration sont, d'une part, l'augmentation de la superficie cultivée par l'usage des animaux de traite, dans un premier temps, et des machines agricoles tel que préconisé par la nouvelle politique du gouvernement; et, d'autre part, l'augmentation des rendements par l'usage des variétés améliorées, des produits phytosanitaires et des engrais naturels.

4. SAISONS CULTURALES

On distingue cinq saisons (*nsungi*) culturales :
- « *Masanza* » (début octobre-début mars) : cette saison culturale est caractérisée par l'abondance des pluies, et est favorable aux cultures vivrières et maraîchères (cultures pluviales) ;
- « *Kianzu* » (fin janvier-début mars) : cette saison culturale est marquée par une rareté des pluies et une forte chaleur. Les cultures maraîchères se poursuivent. C'est aussi la période pour défricher et préparer les champs. Au mois de février et de mars, on fait aussi la récolte ;

- « *Kintombo* » (mi mars-mi mai) : c'est la saison de pluies abondantes et de vents violents. C'est la période de semis ;
- « *Sivu* » (fin mai-fin juillet) : cette saison est caractérisée par l'absence des pluies et la prédominance des cultures maraîchères.
- « *Mbangala* » (début août-début octobre) : au cours de cette saison marquée par des fortes chaleurs, et le tarissement de certains cours d'eau, on procède à la préparation des champs[1].

1.1.4.3. LA PRODUCTION AGRICOLE

L'étude de la production agricole traite des modes de production et du niveau de la production.

1. MODES DE PRODUCTION

On observe dans la zone trois modes de production : la paysannerie, les grandes concessions et les fermes. La paysannerie se distingue par la faiblesse des moyens de production et une intégration difficile et marginalisée dans l'économie monétarisée. Sa grande caractéristique est l'autoconsommation et l'approvisionnement de Kinshasa. En effet, l'évolution de cet important secteur, qui englobe la majeure partie de la population, est liée à son accessibilité par les moyens de communication. En effet, là où les routes sont accessibles, la production paysanne répond favorablement à la demande des marchés urbains, mais là où l'accès est difficile, elle se meurt et cela se remarque par le degré de paupérisation de la population. Il est évident et même souhaitable que son accès à l'économie monétaire favorise la transformation des comportements sociologiques, notamment la

---

[1]   GUTU KIA ZIMI, op.cit, p.32.

tendance à l'individualisation du revenu et au désir de la modernité. Les grandes concessions sont, pour la plupart, des concessions de grandes sociétés d'origine coloniale ou multinationale caractérisées par une grande superficie et une production spécialisée. Ces grandes concessions nécessitent de gros investissements compte tenu de leur caractère extensif et de la vétusté de leur matériel. Elles entretenaient jadis un paysannat périphérique mais connaissent actuellement des problèmes fonciers, avec les populations qui commencent à manquer des terres. La population, qui se voit interdire de cultiver les terres à l'intérieur des concessions, est frustrée devant cette réalité. C'est le cas de la compagnie sucrière à Kwilu-Ngongo et de l'Orgaman à Kolo. Les fermes sont des concessions de dimension moyenne, qui appartiennent aux personnes privées, aux missionnaires, etc. Les fermes constituent actuellement une forme de mise en exploitation des ressources agricoles la plus adaptée et à encourager dans la zone par un soutien technique et financier.

Généralement, elles nécessitent un capital initial moyen de départ, mais elles peuvent vite évoluer en s'adaptant progressivement aux conditions du marché. L'avenir et la dynamisation du secteur de production agricole de la région repose sur cette nouvelle forme d'investissement à laquelle s'intéresse de plus en plus les autochtones et les non originaires de la zone, malgré l'absence de tout soutien matériel du côté officiel, contrairement au soutien accordé jadis aux grandes concessions des sociétés d'origine coloniale. Avec le développement de ce mode de production agricole, il peut se développer une nouvelle catégorie d'entrepreneur capitaliste du genre américain et européen ou sud-africain. L'essor de ce mode de production constituerait l'espoir d'une amélioration des systèmes de production agricole dans la zone, qui peut déboucher sur l'agro-industrie.

2. <u>NIVEAU DE PRODUCTION</u>

La zone de Mbanza-Ngungu est vaste avec ses huits secteurs. Malheureusement, un tiers de sa population seulement est constitué d'agriculteurs. Leur nombre a sensiblement baissé pour diverses causes : le retour massif des Angolais dans leur pays, l'exode rural et les décès. Dans ces conditions, la production de la zone est en diminution constante. A titre d'exemple, en 1990, 820.069 tonnes de manioc ont été produites, tandis qu'en 2006, 436.802 tonnes de cossettes de manioc ont été produites dans la zone. Cette production est insignifiante par rapport au nombre de bouches à nourrir. En conséquence, la zone est devenue une grande importatrice des produits congelés et même agricoles en provenance des zones de Luozi et de Songololo et même de l'Angola, par la route de Kimpangu. Pour l'autosuffisance alimentaire, les habitants de la zone doivent beaucoup produire. Pour ce faire, il serait souhaitable que les propriétaires fonciers acceptent de mettre leurs terres en métayage aux chômeurs et agriculteurs, qui sont nombreux dans la zone pour la production des cultures vivrières. Cet arrangement peut se faire entre parties devant une autorité administrative compétente de l'entité. Malheureusement, deux phénomènes handicapent la concrétisation d'une telle démarche. Il s'agit des conflits de terres et du partage équitable des récoltes. L'autre cause de la faible productivité agricole de la zone réside dans le sol. La terre de la zone n'est pas la même partout (sol argileux, argilo-sablonneux, limoneux) et est caractérisé par des rendements différents. Selon les études menées par les agronomes de la zone, les cultures vivrières produisent plus en forêt qu'en savane ; cela est dû à la nature du sol forestier, qui est plus fertile que celui de la savane.

La pauvreté du sol de cette dernière est accentuée par des feux de brousse annuels, qui dénudent la terre. En cultivant des variétés locales ou améliorées telles que le R66 pour le riz et le F100 pour le manioc en forêt, on a toujours fait de meilleures récoltes qu'en savane. Ci-après, les rendements moyens en kg de manioc, maïs, arachide, haricot et riz sur un hectare en forêt et en savane tel qu'observés dans la zone de Mbanza-Ngungu (tableau 4):

TABLEAU 4. RENDEMENT MOYEN PAR HECTARE EN FORET ET EN SAVANE (Kg/Ha)

CULTURES	FORET	SAVANE
MANIOC	16.000	11.000
ARACHIDE	1.100	830
MAIS	1.010	500
HARICOT	1.000	910
RIZ	800	700

Un phénomène se développe intensément dans la zone, perturbant la production agricole : l'apparition des groupes de gens qu'on appelle « lutteurs ». Il s'agit des groupes de vagabonds qui se spécialisent dans le vol des produits agricoles dans les champs et les villages. Le paysan se retrouve un matin avec un champ de culture entièrement dévasté et la récolte emportée. Ces *« lutteurs »* volent aussi du bétail. Au regard des statistiques de la production données par les rapports annuels de la zone, les rendements agricoles pour les principales cultures vivrières (manioc, arachide, maïs, haricot) de ces sept dernières années ont d'une manière générale beaucoup baissé.

Les principales causes de cette baisse sont les suivantes :

a) Le manque ou l'insuffisance de l'encadrement des agriculteurs;

b) La défectuosité de l'infrastructure routière (routes de déserte agricole) ne permettant plus l'évacuation des récoltes produites par les populations, défavorisées par l'enclavement;

c) Le manque d'intrants agricoles (engrais, petit outillage agricole, semences sélectionnées, produits phytosanitaires ...);

d) Le non respect du calendrier agricole suite à l'irrégularité des précipitations;

e) L'absence d'une politique régionale de production agricole ;

f) Le coût élevé de la mécanisation agricole, contraignant les paysans à produire sur des surfaces réduites;

g) La non réglementation des circuits de distribution d'intrants et de commercialisation des produits;

h) L'appauvrissement des sols par des feux de brousse;

i) La non restauration de la fertilité du sol, le déboisement pour le besoin de l'exploitation de bois et du charbon de bois;

j) Le manque de motivation du personnel d'encadrement (moniteurs agricoles, vulgarisateurs) de l'administration publique (les quelques agents de terrain en activité abusent de leurs fonctions en se substituant aux agents de l'Etat civil, agents sanitaires, taxateurs d'amendes, etc.);

k) La forte pression démographique, qui se fait sentir dans certaines parties de la zone, créant de ce fait la rareté des terres cultivables;

Dans une de nos études antérieures[1], l'analyse statistique des données montre qu'il n'y a pas de corrélation entre la production vivrière et la superficie agricole (r = 0,01) ; par contre, il existe une faible corrélation entre la production vivrière et la population agricole (r = 0,47) ; on note cependant une très forte corrélation entre

---

[1]   GUTU KIA ZIMI, op.cit, p.38.

la production et le nombre d'années (r = 1). Par ailleurs, en estimant l'évolution future de la production vivrière par la droite d'ajustement linéaire (régression), il s'est avéré que la droite de régression (Y = - 96.11X + 1.095.749) est en baisse. Cela explique le fait que si les conditions actuelles de production ne changent pas et si les facteurs de production actuelle restent inchangés, la tendance de l'évolution future de la production est à la baisse. Ce résultat, bien que théorique, constitue quand même une indication pour une prise de conscience. Cette tendance à la baisse est d'ailleurs confirmée par les opérateurs sur le terrain, notamment par les responsables des différentes associations paysannes que nous avions contactés pendant l'enquête.

1.1.4.4. COMMERCIALISATION DES PRODUITS VIVRIERS

Par commercialisation des produits vivriers, nous entendons l'ensemble des opérations qui conduisent le produit du village producteur ou du champ jusque chez le consommateur local ou urbain. Il s'agit d'un flux difficilement dissociable de celui des produits manufacturés qui vont vers le consommateur rural, un flux qui accuse des faiblesses et des défaillances graves au niveau de son organisation dans la zone.

1. ORGANISATION DES MARCHES TRADITIONNELS RURAUX

Traditionnellement, le marché hebdomadaire en milieu rural ou, le plus souvent, dans un village donné, fournit le cadre d'échange; les producteurs ruraux offrent leurs produits agricoles à des commerçants citadins et achètent en retour de ces derniers des produits manufacturés. Le même marché hebdomadaire est organisé dans les grands centres urbains de la région tels que Mbanza-Ngungu (dimanche et mercredi), Inkisi (dimanche et jeudi) et Kimpese. Dans ce cas, ce sont les ruraux qui se déplacent vers le centre urbain. Les moyens de transport étant faibles dans la région, ces marchés sont complètement désorganisés. Les transporteurs et commerçants citadins dominent de plus en plus la commercialisation des produits vivriers et monopolisent l'organisation du commerce rural au détriment des intérêts de ruraux. Matezo Bacunda, dans sa thèse, « MBANZA-NGUNGU et son arrière-pays », donne la description actuelle du jour du marché : « *Le jour du marché continue de rythmer les opérations : la veille du jour du marché, des commerçants de Kinshasa, disposant du numéraire pour acheter les produits vivriers, affrètent un transporteur de Kinshasa avec qui ils organisent une collecte dans les villages environnant le marché. Ils terminent leur tournée sur le marché où ils complètent, le cas échéant, leurs achats et où certains d'entre eux écoulent des marchandises apportées de Kinshasa; ils repartent en fin d'après-midi à Kinshasa, le véhicule transportant en plus quelques villageois en ville* »[1].

A Kinshasa, il existe plusieurs modalités d'écoulement des produits ainsi collectés, selon que le commerçant revend sa marchandise au détail, en gros ou en demi-gros ou, ce qui est le plus courant, la confie à des revendeurs habituels, recrutés le plus souvent parmi les femmes commerçantes, les autres membres de famille (parents divers), ou le cercle d'amis et qui paieront plus tard, car le plus souvent, la vente de toute la marchandise ne peut s'effectuer le même jour ou dans les jours qui suivent. Il arrive que le commerçant reparte sans qu'il ait récolté tout l'argent de la vente, ce qui l'affaibli

---

[1]   B. MATEZO., cité par BEAU, op.cit, p.97.

parfois financièrement étant donné l'importance des frais auxquels il doit faire face (location du camion, achat des marchandises, entretien et réparation du véhicule s'il s'agit de son propre véhicule, etc.).

2. ROLE ET PLACE DES COMMERÇANTS LOCAUX

Jadis, dans les marchés ruraux, on rencontrait deux types de commerçants : le commerçant producteur, et le commerçant collecteur non producteur[1]. Le commerçant producteur était un paysan qui assurait à la fois la production et la commercialisation de ses produits. Il habitait le village et s'associait parfois à d'autres paysans commerçants pour louer un camion pour l'écoulement de leur production. Dans ce cas, il monopolisait sa production et quelquefois celle des membres de sa famille, s'assurant ainsi une quantité suffisante pour remplir la charge du camion prise en location et recouvrir les frais engagés. A Kinshasa, lieu d'écoulement par excellence des produits, un ou d'autres membres de famille recrutés dans le cercle des parents ou amis assuraient la vente. Ce ou ces derniers membres de famille habitaient la ville et constituaient le point de chute du commerçant producteur. Ainsi, le succès de l'individu était partagé par tous les autres membres de la famille dont nous découvrirons l'importance plus tard quand nous parlerons des structures sociales, car le prestige et la réputation grandissante qu'acquiert l'individu sert d'exemple aux autres paysans, à leurs enfants, neveux et constitue une source d'émulation au sein de différentes familles dans le village ou la région. En s'ouvrant aux idées nouvelles, le commerçant producteur, bien que paysan et villageois, peut améliorer son bien-être matériel ainsi que celui de sa famille en

---

[1]   BEAU, op. cit.,p.32.

réalisant des investissements en milieu urbain : achat d'une parcelle à Kinshasa, l'ouverture d'un magasin, d'une boutique ou d'un bar à Mbanza-Ngungu ou dans un autre centre urbain et, pourquoi pas, dans son village. Nous comptons beaucoup d'exemples à ce sujet. Parfois, dans la discrétion, des paysans ont acquis des biens durables et réalisés d'autres investissements en milieu urbain et en milieu rural (construction des maisons durables, achat d'un camion...). Le commerçant collecteur est souvent un paysan qui ne s'intéresse pas directement aux activités de production agricole mais qui s'est spécialisé dans le commerce.

Il peut s'agir d'un paysan habitant le village ou d'un commerçant habitant la ville mais qui s'est assuré une clientèle forte au village. Le commerçant collecteur peut être une personne étrangère au village ou d'une autre tribu. Son rôle dans le circuit de commercialisation est le même que celui des autres. Quelquefois, ils achètent des biens manufacturés qu'ils revendent au village ; parfois, ils servent d'intermédiaires en collectant des commandes de différents biens manufacturés des gens du village. L'évolution de tout un chacun peut les conduire à les rendre indépendants de l'intermédiaire commun, qui est le transporteur. Ce dernier est un commerçant ou un particulier spécialisé dans la fonction de transporteur, habitant souvent la ville, et qui met en location son véhicule à la demande des commerçants. Actuellement, ils sont devenus incontournables dans tout le circuit de commercialisation des produits vivriers compte tenu des conditions actuelles du marché (mauvais état des routes, coût d'entretien élevé des véhicules, difficultés d'avoir des pièces de rechange, etc.).

3. DIFFICULTES ACTUELLES DES COMMERÇANTS LOCAUX

La place des commerçants locaux dans l'organisation du commerce est en forte régression (disparition) par rapport aux années antérieures et cela est fort dommage compte tenu de leur rôle dans la société rurale tel que nous venons de le décrire ci-haut. Il y a, d'abord, la forte concurrence que leur imposent les commerçants collecteurs de Kinshasa. Il y a ensuite, la baisse des rendements de la production qui crée la rareté des quantités disponibles à acheter. Or, sur le terrain, c'est le plus offrant en prix qui gagne les marchandises. Les commerçants ruraux n'ont pas les moyens de leurs concurrents, à savoir :

a) La vétusté du matériel roulant : très souvent, leurs véhicules sont en très mauvais état et il s'agit, dans la plupart des cas, de vieux camions qui ont dépassés la trentaine, incapables de rouler sur des pistes rurales de la région totalement dégradées. Il faut les comparer à certains camions amortis qui roulent à Kinshasa et affectés au déchargement des baleinières aux ports ;

b) La faiblesse des capacités financières : leurs économies ont été ruinées par les différentes opérations de demonétisation, qui ont vu s'envoler leur fortune acquise patiemment pendant des années. Il faut rappeler qu'en milieu rural, il n'y a pas d'institutions bancaires et telles que les opérations de démonétisation ont été menées, c'était au plus grand détriment des commerçants ruraux. Que l'on ne s'étonne pas de la destruction totale de l'économie en milieu rural !

En plus, ceux qui ont pu s'intégrer au circuit bancaire n'ont pas eu de chance car, ils ont été assommés par le dérèglement du système bancaire.

c) Les tracasseries : nous ne pouvons terminer cette section sans parler des difficultés qu'endurent les paysans qui produisent et commercialisent leurs produits agricoles en décidant d'aller les vendre eux-mêmes à Kinshasa ou à Matadi.

L'enquête menée auprès de ces paysans a permis d'établir un constat sur la commercialisation des sacs de « fufu » (cossettes de manioc)[1]. Ce constat est le même pour les autres commerçants de la zone qui viennent à Kinshasa. La vente des sacs de fufu se fait à Kinshasa et, plus précisément, aux différents marchés tels que les marchés des avenues Lisala et Luozi, le marché Gambela dans la commune de Kasa-Vubu, le marché de Selembao, le marché de Bandalungua/Adoula. Pour chaque sac vendu, le paysan-commerçant devra faire face aux dépenses obligatoires ci-après[2] :

a) Frais de transport de la marchandise pour le gérant du camion ;

b) Frais à payer aux agents des Affaires Economiques, de l'hygiène, etc.;

c) Frais à payer aux femmes commissionnaires et vendeuses. Il s'agit des femmes qui livrent les marchandises aux clients. Il faut noter que le paysan commerçant qui arrive au parking est susceptible d'être tout le temps dérangé par les agents de l'ordre ou les militaires. Pour éviter ces tracasseries et les arrestations arbitraires au marché, ces femmes vendent les

---

[1]   D. MANKUNTUALA NZUNGA, La problématique de développement agricole dans la vallée de la Luala/Nkundi, Mémoire DS/STD, FCK, 1996, p.31.

[2]   D. MANKUNTUALA NZUNGA, Op. cit, p.32.

produits des paysans et ceux-ci ont l'obligation de les payer pour le service rendu ;

d) Frais à payer aux porteurs : il s'agit des jeunes très solides physiquement et qui ont la charge de décharger chaque camion qui arrive dans un parking. Aucun paysan commerçant ni aucun voyageur n'a le droit de décharger lui-même ses colis. Le travail de déchargement est assuré par ces jeunes porteurs qui doivent être payés pour leur service;

e) Frais à payer au propriétaire de la parcelle où se fait le déchargement du camion;

f) Frais à payer aux agents de sécurité, qui perçoivent un montant variable à chaque personne qui livre des marchandises;

g) Frais à payer aux anti-gangs : ce sont des jeunes chargés de la sécurité du parking; ils ont notamment pour mission de décourager les voleurs qui voudraient commettre des actes délictueux.

Enfin, chaque fois que la marchandise rentre au dépôt pour être gardée toute la nuit, il faudra payer le propriétaire du dépôt. De même, chaque matin, lorsque la marchandise sort du dépôt, il faudra de nouveau payer le porteur. Les dépenses liées au stockage et à la manutention des marchandises sont quotidiennes jusqu'à la fin de la vente. Ce tableau montre que pour chaque sac de fufu vendu, c'est le transporteur, c'est-à-dire le propriétaire du véhicule, qui reçoit la plus grande partie, soit 55 % du prix de vente du sac. Les autres affectations des dépenses sont faibles, à première vue, mais, comme elles sont nombreuses, elles pèsent finalement sur le revenu réel du paysan. Celui-ci, devant encore payer le ticket pour son propre transport, se retrouve presque dépouillé par des tiers et n'est plus capable de s'acheter des biens manufacturés qu'il ne peut facilement retrouver au village. Mais son voyage en ville l'a plus ruiné qu'il n'est réconforté.

Il se pose alors une question : combien de sacs devra-t-il vendre pour gagner un peu plus ? Il sait, de toute façon, que plus il a des sacs à faire transporter, plus cela lui coûte. Il peut se décourager et renoncer à produire des biens agricoles. Le développement agricole est dans une impasse et présente des difficultés à se réaliser, car évoluant dans un système de jungle « *Boma ngai, naboma yo, tobomana* » (*tue-moi, que je te tue, et que nous nous entretuons*) décrite par feu le chanteur Luambo Makiadi alias Franco[1].

4. LE PRIX D'ACHAT DES PRODUITS

Les paysans sont parfois contraints de céder leurs marchandises à un prix qui ne rencontre pas leur plein consentement, étant donné qu'ils ne disposent pas de moyens logistiques suffisants (camions) pour lutter contre la concurrence des commerçants collecteurs. Ils sont très rares les commerçants paysans qui peuvent disposer d'un moyen de transport pour apporter leur production sur le marché, où les termes de l'échange leur seraient plus favorables. Faute de moyen de transport, et au risque de voir pourrir leur marchandise, surtout qu'il s'agit pour la plupart des produits vivriers périssables (piments, légumes, tomates...), ils sont parfois obligés d'accepter n'importe quel prix.

Si les paysans pouvaient disposer des moyens propres de transport, ils ne seraient pas à la merci des transporteurs. Les paysans auraient intérêt à regrouper leur production sur un marché de gros, qui était jadis assurée par des commerçants portugais vivant dans la région. Cette perspective est pour le moment inaccessible. La

---

[1] "Boma ngai, naboma yo, tobomana » est une célèbre chanson du feu artiste musicien Luambo Makiadi de l'orchestre T.P.OK Jazz., qui se traduit : Tue moi, je te tue et on s'entretue.

zaïrianisation a eu à ce sujet un effet très négatif en faisant disparaître ces intermédiaires locaux. Cette emprise des opérateurs de Kinshasa sur la commercialisation des produits vivriers de la région est une forme sévère de l'intégration au marché urbain. A l'avenir, l'amélioration espérée du réseau des pistes rurales et des routes de déserte agricole risque de défavoriser le commerce local si l'organisation des autres intermédiaires proposées ne s'y intercale pas.

5. FONCTIONS DES MARCHES RURAUX

L'importance des marchés ruraux était telle qu'ils remplissaient plusieurs fonctions dans la structure du monde rural de la région, notamment la fonction économique, la fonction sociale et la fonction de loisir et de divertissement. La fonction économique était la plus importante. Les marchés ruraux servaient de trait d'union dans l'articulation de la structure économique (production, échange, répartition, consommation), lieux d'échanges et intermédiaires entre producteurs et consommateurs ruraux et urbains, mais aussi de répartition de revenus entre consommateurs et producteurs. La fonction sociale était non moins importante. Les marchés ruraux n'étaient pas seulement un lieu d'échanges commerciaux mais aussi un lieu de rencontres sociales. Beaucoup de relations humaines se sont développées dans ces lieux. Il s'agit, par exemple, des rencontres d'amitiés et des fiançailles. En effet, plusieurs liens de mariage ont eu comme origine le marché rural. Les jeunes filles et garçons mettaient toute leur attention à ces rencontres; des soins vestimentaires : une bonne présentation physique dans le but de plaire aux uns et aux autres. On se rendait au marché exactement avec les mêmes soins qu'à une fête. On se rendait en groupe mais le chemin de retour était quelque-fois partagé suivant qu'un jeune tenait de raccompagner sa copine (future fiancée) aux abords de son village situé parfois à une distance très éloigné du sien. A ce sujet, le marché offrait le cadre idéal de rencontres où certaines relations hypocrites trouvaient un terrain favorable pour s'exprimer; l'ambiance de fête du marché aidant, certains sentiments ne s'empêchaient pas d'exploser. La fonction de loisir et de divertissement caractérisait aussi le marché, car c'était aussi un lieu de divertissement.

Les joueurs de tam-tam, les prestidigitateurs, les joueurs de cartes et autres différents groupes folkloriques (*ngoma, masikulu*) organisaient des exhibitions, tandis que certaines rencontres sportives (football) inter-villages, où certaines équipes de la ville prenaient aussi part, étaient souvent organisées sous l'initiative des jeunes gens eux-mêmes ou des commerçants mécènes. L'émulation qui entourait ce genre de rencontres le jour du marché peut égaler ou même dépasser l'ambiance de certaines rencontres sportives en ville. Tout cela avait des raisons de maintenir les jeunes en milieu rural et de décourager l'exode rural.

6. <u>INITIATIVES D'INVESTISSEMENT</u>

D'autres intermédiaires doivent faire apparition dans le circuit de commercialisation des produits vivriers dans le cadre d'une action globale de développement de la zone. Il s'agit des débouchés nouveaux à créer dans le cadre des initiatives privées à encourager dans la région. Ainsi, nous proposerons, par exemple, des initiatives d'investissements dans la production, la transformation, la collecte, le stockage, l'entreposage, l'emballage, la distribution des produits agricoles. Nous assistons régulièrement à un drame de voir les produits agricoles abandonnés le long des voies par manque de véhicule ou que ce dernier n'a pas été au rendez-vous. Des perspectives d'investissements peu coûteux peuvent s'ouvrir dans la région dans les secteurs des services précités. Enfin, la restauration des marchés ruraux et leur redynamisation sont des actions de développement à entreprendre dans la région dans le cadre de la mise en place des infrastructures de base.

1.1.4.5. <u>LE SECTEUR DE L'ELEVAGE</u>

On distingue dans la zone deux types de structures d'élevages : l'élevage du gros bétail du secteur moderne et l'élevage du petit bétail du secteur traditionnel. L'élevage du gros bétail du secteur moderne concerne les ranchs du secteur moderne dont les superficies varient entre 10.000 et 50.000 ha. La charge moyenne en bétail est de 3 à 4 ha par tête. Le plus gros élevage de la zone est celui de l'Orgaman sur 50.000 ha. La race qui domine est la race Ndama introduite à la fin du siècle dernier et qui a été continuellement améliorée et sélectionnée. Une action importante avait été entreprise jadis par l'administration pour développer l'élevage en milieu coutumier. Cette action avait été jadis exécutée et supervisée par le GER (Groupe d'économie rurale) dans tout le district des Cataractes et avait connu un grand succès.

Cette action consistait à utiliser la formule de métayage pour développer l'élevage en milieu coutumier. Le candidat métayer qui satisfaisait aux conditions du GER recevait, pour une superficie de 50 ha, 10 génisses et 1 taureau. Le métayer devait rembourser, dans un délai de 3 à 5 ans, 10 génisses et 2 taurillons. Ce système fonctionna sans trop de difficultés et les remboursements se faisaient régulièrement. Malheureusement, depuis le départ de la mission AGRER (Société d'études agronomiques et des réalisations) en 1967, l'aide au métayer a pratiquement cessé. Il faut noter que jusqu'à ce jour, l'élevage dans la zone est encore extensif, soit deux à cinq hectares de savane pour une tête de bétail de 300 kgs. L'élevage du petit bétail du secteur traditionnel a trait à l'élevage de paysan souvent inorganisé, sans équipement et où le bétail est laissé en divagation. Cet élevage est actuellement en régression. Il a connu un succès avec le système de métayage qu'avait jadis mis en place le GER, qui en assurait aussi l'encadrement. Dans le secteur moderne, on pratique en général une gestion correcte des troupeaux avec un bon rendement mais le pâturage (contrôle des brûlis, rotation des parcelles) est quelque peu satisfaisant. Par contre, dans le secteur traditionnel, les techniques d'élevage sont rudimentaires (manque d'infrastructures, mauvaise gestion des troupeaux et du pâturage). D'une manière générale, le paysan mukongo est plus agriculteur qu'éleveur. Par ailleurs, l'efficacité des services d'appui aux productions animales est très réduite, hormis les grands ranchs des sociétés qui possèdent leurs infrastructures vétérinaires, leurs propres techniciens et autres intrants. Quant au secteur traditionnel, il est totalement livré à lui-même, les services régionaux de santé animale étant dépourvus de tout moyen d'intervention. Il convient aussi de signaler le cas de vol de bétail par les « *lutteurs* ». Ce phénomène est actuellement très répandu et risque de ruiner l'élevage de la région et de compromettre son développement. Dans les élevages du petit bétail, l'élevage porcin occupe la première place dans la zone. Il s'agit surtout des élevages intensifs en stabulation, aux mains des sociétés ou des particuliers employant des races améliorées. Dans les villages, les élevages sont presque tous en liberté. Il s'agit de porcs coureurs, haut sur pattes, noirs, rustiques, et fort parasités. Quelques efforts ont été entrepris aux environs de Mvuazi en vue d'introduire un élevage amélioré en milieu coutumier. L'élevage des moutons et des chèvres présente une grande importance en milieu coutumier pour l'auto-consommation et l'exploitation commerciale intensive. Dans la coutume de la région, le mouton ou la chèvre sont souvent demandés à chaque cérémonie de mariage (dot), de décès, et pour le paiement d'amendes. L'aviculture offre beaucoup d'intérêt dans la région. Il existe quelques exploitations avicoles importantes dans la zone et elles sont aux mains des sociétés, des missionnaires et des particuliers. L'élevage avicole dans les villages reste encore primitif mais il est susceptible de prendre une grande extension si les actions de vulgarisation y sont entreprises. L'élevage des lapins n'est pas sans importance dans la région et offre aussi de grandes possibilités, car la question des débouchés pour cet élevage ne se poserait pas. Il faut aussi signaler le développement de plus en plus croissant de l'apiculture dans les villages.

1.1.4.6. <u>LE SECTEUR AGRO-INDUSTRIEL DANS LA ZONE</u>

Une autre partie de la zone, à vocation agro-industrielle, est celle des schisto-calcaires, qui s'étend de part et d'autre de l'axe Kimpese-Mbanza-Ngungu à la vallée de l'INKISI. Cette région réunit d'excellentes conditions pour une intensification des cultures annuelles, essentiellement vivrières. On cite deux importantes sociétés agro-industrielles qui sont en activité dans la zone. Il s'agit de la société Orgaman à KOLO et de la Compagnie Sucrière de Kwilu-Ngongo. L'impact de cette dernière est plutôt national que régional.

1. <u>LA COMPAGNIE ORGAMAN</u>

Orgaman exploite à KOLO une concession de 50.000 hectares comprenant une palmeraie de 2.300 hectares dans la vallée du KWILU, meilleure zone de la concession. Sa principale activité est l'élevage bovin extensif, qui est pratiqué sur la quasi totalité du reste de la concession, ainsi que l'élevage porcin et la transformation de la viande (charcuterie industrielle). La palmeraie, d'une moyenne d'âge de plus de 50 ans, est associée à un complexe industriel de transformation équipé de matériel très ancien également et qui comprend [1]: - une huilerie de palme de fruits égrappés; une huilerie de palmiste d'amandes; une raffinerie d'huile ; une savonnerie; une fabrique de graisses végétales. Les coques de palmiste sont brûlées en chaudières pour les besoins du complexe industriel. Elles sont aussi utilisées pour l'usine de chaux qu'Orgaman exploite à Kolo. La palmeraie d'Orgaman est peu productive et très ancienne. Elle se trouve d'ailleurs dans une zone qu'on peut considérer comme marginale pour le palmier. Actuellement, elle se trouverait dans un état d'abandon.

Orgaman, comme dans le Mayumbe, rencontre d'extrêmes difficultés à recruter des coupeurs. En raison de la densité de population dans la zone, une proportion croissante de sa production de régimes est prélevée par la population pour la fabrication d'huile artisanale. La société Orgaman traite aussi des amandes de palmistes en provenance de la palmeraie que la société exploite à Kikwit dans le Bandundu et achète également des amandes en provenance d'autres palmeraies de la zone. Elle a passé un accord avec l'Armée du Salut en vue de la collecte par cette organisation d'amandes de palmeraie de la région de Gombe-Matadi. Ses besoins en tourteaux de palmiste sont limités. La plus grande partie de la production est exportée à des prix très peu rémunérateurs. Orgaman n'envisage pour le moment aucune action pour réhabiliter sa palmeraie qui est, à terme, condamnée à disparaître. C'est ainsi que la société a entrepris un programme de

---

[1]   Les statistiques sont données à titre illustratif, faute des données fiables récentes.

développement, sur sa concession, de cultures annuelles intensives d'arachide (la production d'huile de palme mentionnée dans le tableau précédent inclue déjà une petite proportion d'arachide traitée dans la même huilerie), de soja (mais les essais ont été un échec jusqu'à présent), de riz pluvial, de manioc et de maïs. Des essais sont également en cours pour l'utilisation des tourteaux de palmiste comme engrais dans les cultures vivrières précitées. La culture de l'arachide pourrait sans doute permettre de maintenir en activité le complexe huilier après la disparition de la palmeraie. On sait que l'huile du palmier *Elaies guineensis* fournit plus de 30 % du total des huiles végétales produites dans le monde. Comme un hectare planté en palmier à huile a le même rendement que 10 hectares de soja, l'implantation de palmeraies garde tout son attrait. Le jour où l'on pensera à relancer la culture du palmier à huile dans la zone rurale de Mbanza-Ngungu, il faudra concilier productivité et respect de l'environnement et des communautés locales. Il faudra éviter que les superficies plantées en palmier n'aient un impact négatif sur l'environnement (biodiversité et hydrologie) et ne créent des problèmes sociaux aux communautés locales (monoculture et rareté des terres). Le CIRAD (Centre de coopération internationale en recherche agronomique pour le développement, France) s'intéresse tout particulièrement aux connaissances et outils permettant aux producteurs d'optimiser leurs systèmes de culture du point de vue agronomique, économique et environnemental[1].

---

[1] http://www.maxisciences.com/huile-de-palme/, Palmier à huile : le cultiver en respectant l'environnement, c'est possible, 15/02/2010.

2. LA COMPAGNIE SUCRIERE DE KWILU NGONGO

La compagnie sucrière de Kwilu Ngongo exploite une concession de plus de 20.000 hectares. Elle dispose d'un complexe industriel constitué : d'une sucrerie, d'une distillerie d'alcool de mélasse, d'une unité de production d'oxygène et d'acétylène. La Compagnie Sucrière joue un rôle économique et social très important dans la région, à la fois par l'effectif employé et par son chiffre d'affaires. La société dispose aussi d'un élevage de volailles, essentiellement pour les besoins de ses employés. Cet élevage est en partie alimenté par des cultures de maïs et de soja pratiquées par cette compagnie sur sa concession. La canne à sucre produite est de qualité médiocre. Les rendements à l'hectare sont faibles (moins de 45 t/ha). Le rendement en sucre est de 7,75 % des cannes traitées, alors qu'une moyenne de 10 % est considérée comme normale dans l'industrie sucrière. C'est donc avant tout au niveau de la plantation que la Compagnie Sucrière devrait porter ses efforts de développement (irrigation, sélection des variétés de canne plus productives). La production de sucre de cette usine représente 80 % de la production nationale, le pays restant largement tributaire de l'importation pour la satisfaction de ses besoins.

1.1.4.7. INFRASTRUCTURES ECONOMIQUES

Les infrastructures économiques étudiées ici sont de trois types: l'infrastructure routière, l'infrastructure commerciale et l'infrastructure agricole.

1. <u>L'INFRASTRUCTURE ROUTIERE</u>

Du fait de son rôle de principale porte d'entrée et de sortie du pays, le Bas-Congo, en général, et la zone de Mbanza-Ngungu, en particulier, connaîssent une intense activité sur le plan des échanges. Selon la classification du réseau routier congolais, on distingue dans cette zone :

a) Les routes nationales (RN), c'est-à-dire, celles qui doivent permettre l'intégration des marchés régionaux aux grands marchés tant nationaux qu'internationaux. Par exemple, la nationale 15 (Songololo-Lovo) qui doit permettre au Bas-Congo de communiquer avec l'Angola; la nationale 16 (Inkisi-Ngidinga-Kimvula), elle facilite les échanges entre le Bas-congo et le Bandundu; Mbanza-Ngungu-Mpioka (RN 12); la nationale 2, qui relie Kinshasa au Bas-congo, fait jonction avec la nationale 1, la principale voie de communication routière entre Kinshasa et le Bandundu.

b) Les routes régionales prioritaires (RR1) : il s'agit des routes sur lesquelles le trafic moyen est évalué à +/- 20 véhicules par jour.

Le réseau prioritaire est celui qui assure la liaison des capitales régionales entre elles, d'une part et la liaison du reste du pays à la mer, d'autre part. On cite par exemple, la route Kwilu-Ngongo-Kimpangu (RR 115); la route Kunda-Mbanza-Nsundi-bifurcation RR 117; la route Mbanza-Ngungu-rivière-Inkisi (RR 117);

c) Les routes régionales secondaires (RR2) : sont des routes d'intérêt local dont le trafic est inférieur à 3 véhicules par jour. Ces routes servent à la collecte des produits agricoles et forestiers pour l'acheminement vers les axes principaux, les centres de consommation ou les ports d'exportation. On cite par exemple, la route Lufu-Kinganga-Kingimbi.

L'entretien de ce réseau routier est sous la responsabilité de l'Office des routes, direction provinciale du Bas-congo qui, sur le plan opérationnel, est subdivisé en trois unités de production : l'unité de production du district de la Lukaya est basée à Inkisi, celle des Cataractes à Mbanza-Ngungu et enfin, celle du Bas-fleuve à Boma. Le réseau routier est intensément exploité par les sociétés de transport privées et para-étatiques ainsi que par diverses sociétés industrielles et commerciales, et par des particuliers. En général, les particuliers s'occupent du transport des personnes et des produits vivriers, tandis que les sociétés se chargent du transport des produits lourds (ciment, bois, containers). La zone est traversée par le chemin de fer Matadi-Kinshasa. La voie ferrée est doublée sur toute la longueur du trajet par une route asphaltée. Ces deux grands axes sont alimentés par plusieurs axes secondaires sur lesquels viennent se greffer des voies de moindre importance. L'ensemble est bien conçu pour assurer l'évacuation et la commercialisation des productions de la zone et pour permettre les approvisionnements nécessaires. Mais, l'état du réseau laisse beaucoup à désirer et de nombreux villages sont actuellement isolés surtout en saison des pluies. Cette situation rend la commercialisation de la production agricole particulièrement difficile et contrarie considérablement le fonctionnement des services administratifs. De nombreux ponts sont à reconstruire ; l'entretien, jadis assuré par les cantonniers, a disparu avec ces derniers. Signalons que les nouvelles autorités du pays ont formulé l'intention de recréer le service de cantonage pour l'entretien des routes. Bien que la situation soit dans l'ensemble passable, un effort doit être envisagé pour réhabiliter les routes de desserte agricoles. Il est recommandé de faire un recensement de toutes ces routes et d'en dresser l'état actuel.

Deux priorités s'imposent[1] :

a) Améliorer la route Kimpese-Luozi pour désenclaver Luozi, zone réputée pour sa production agricole. Actuellement, l'économie de cette zone est presqu'entièrement extravertie, car le maximum de ces échanges se fait avec le Congo/ Brazza, profite des facilités offertes par le chemin de fer Congo Océan, qui est à 10 km de la frontière septentrionale. Economiquement et politiquement, il est urgent de réintégrer cette zone dans les circuits d'échanges du pays;

b) Réhabiliter la route Inkisi-Kimvula pour mettre fin à l'état d'isolement de la zone de Kimvula, qui pourra reprendre ses échanges avec les Cataractes. En ce qui concerne le réseau ferroviaire, il y a lieu d'activer et d'accélérer le projet d'électrification de la voie ferrée Matadi-Kinshasa pour baisser les coûts d'exploitation et les tarifs appliqués aux clients. Il faut également, songer à la remise en état de la voie ferrée du Mayumbe. Il y a tout un programme d'investissements à faire dans le cadre de la réhabilitation de l'économie régionale.

2. L'INFRASTRUCTURE COMMERCIALE

Celle-ci est basée sur les deux principaux axes d'évacuation, à savoir la route Matadi-Mbanza-Ngungu et le chemin de fer, mais les pillages de septembre et octobre 1991 ont sérieusement détruit l'infrastructure commerciale de la région dans les centres tels que Kimpese et Mbanza-Ngungu. Dix sept centres de commerce importants situés le long de la route macadamisée tels que Kimpese, Lukala, Mbanza-Ngungu, Inkisi, et du chemin de fer comme

---

[1]   Etude régionale de la planification agricole (Région du Bas-Congo), op. cit., p.270.

Kwilu-Ngongo, Lufu-Toto, Kolo, Muala-Kinsende, constituent des points de rassemblement des produits et d'échanges très actifs. L'écoulement des produits vers ces principaux centres s'effectue à partir des localités de l'intérieur, qui disposent de 42 marchés locaux importants tels que Gombe-Matadi, Kibentele, Luvaka, Gombe-Sud, Kimpangu, Mbanza-Nsundi et Mawunzi. Une partie importante de la production est achetée directement dans les villages par des commerçants transporteurs sans passer par le marché traditionnel comme nous l'avions dit ci-haut. Quelques coopératives ont vu le jour dans la région, mais leur fonctionnement a connu les difficultés classiques du mouvement coopératif en Afrique ; beaucoup d'entre elles ont disparu, quelques unes existent encore.

3. L'INFRASTRUCTURE AGRICOLE

Il s'agit essentiellement des infrastructures éducationnelles et scientifiques, qui ont toutes un rôle à jouer dans la formation technique des paysans et éleveurs. C'est le cas de la station de recherches de l'INERA à Mvuazi (programme manioc), du centre agricole de Mawunzi (programme riz) et des écoles techniques d'agriculture de Gombe-Matadi, Ngiende, Kolo-Fuma, Boko, Kola, etc. La région de Mbanza-Ngungu bénéficie et peut encore bénéficier davantage de l'acquis de ces deux centres (Mvuazi et Mawunzi) et ce, dans de nombreux domaines, à savoir l'agriculture, la culture fruitière, l'élevage, la sylviculture, la culture maraîchère, etc. Ces deux stations exercent déjà, directement ou indirectement, une influence sur le milieu rural qui les environne et projettent d'intensifier à l'avenir certaines actions pour promouvoir plus largement encore l'évolution de ce milieu rural. Ces deux centres de recherche constituent aussi des centres de documentation et de renseignements très intéressants;

du matériel sélectionné peut y être obtenu aussi. Par ailleurs, leurs spécialistes sont à la disposition des agronomes de la région et, de plus, ces stations acceptent des stages du personnel technique en vue du perfectionnement ou de la familiarisation avec certaines techniques.

1.1.5. FACTEURS ET CONTRAINTES SOCIO-CULTURELS

Les facteurs et contraintes socioculturels se rapportent aux thèmes ci-après : la place de la culture dans le développement de la zone ; les traits socioculturels dominants ; et la religion.

1.1.5.1. PLACE DE LA CULTURE DANS LE DEVELOPPEMENT DE LA ZONE

Traditionnellement, les projets de développement reposaient sur trois postulats majeurs :
  a) Une conception mécaniste et linéaire de l'histoire et du développement, selon laquelle chaque société passait par les mêmes stades avant de décoller;
  b) Une approche technologique de la gestion et du développement institutionnels, qui partait de l'idée que la modernisation passait obligatoirement par l'assimilation des méthodes et techniques de gestion occidentales;
  c) Une approche éthnocentrique de la culture fondée sur l'idée que toute société tendait en dernière instance à épouser les mêmes valeurs que les pays développés, à savoir l'esprit d'entreprise, la recherche du profit, la sécurité matérielle et l'intérêt personnel (Les pays ne partageant pas ces valeurs sont considérés comme primitifs et sous-développés).

Conclusion logique, le développement de nos régions devrait être stimulé de l'extérieur, il supposait, de la part des pays occidentaux, un transfert de culture, de méthodes et de technologies. Il y a lieu de mettre en doute aujourd'hui chacun de ces postulats, tout comme il nous faut dénoncer aujourd'hui, l'uniformisation des modes de vie qui tend à promouvoir tout ce qui lui est conforme et à détruire tout ce qui lui résiste. Cette politique d'uniformisation, tend à privilégier certains tracés du savoir au détriment des autres formes de connaissances; elle fait prévaloir certaines valeurs; suscite l'essor de certaines branches d'activités; encourage certains talents et certaines sensibilités mais ignore les autres, alors que la diversité, si elle est bien assumée au sein d'une société, est une source importante de vitalité et de fécondité. De plus en plus, l'idée s'est affirmée progressivement que le développement ne peut plus être conçu exclusivement sous l'angle de la croissance économique. Suivant l'approche de développement durable, les objectifs de croissance doivent être définis en termes de valorisation culturelle, d'épanouissement collectif et individuel, de bien-être général et de protection de l'environnement Un certain nombre de facteurs culturels, notamment l'identité culturelle et les relations interculturelles des communautés sont déterminants dans la réussite du processus de développement. L'aspect culturel du développement est aujourd'hui incontournable dans la conception et la réalisation des stratégies de développement. D'après Michel Maldague, quelques éléments doivent être pris en compte, notamment :

1. L'IDENTITE CULTURELLE

L'identité culturelle est le noyau vivant d'une culture, le principe dynamique par où la société, en s'appuyant sur son passé, en se nourrissant de ses propres virtualités et en accueillant sélectivement les apports éventuels, poursuit le processus continu de sa propre création. Toute culture représente un ensemble de valeurs uniques et irremplaçables puisque c'est par ses traditions et ses formes d'expression que chaque communauté peut manifester, de la façon la plus accomplie, sa présence dans le processus du développement. L'affirmation de l'identité culturelle des différentes communautés de la zone (Bandibu, Besingombe...) contribue donc à l'épanouissement de ces différentes communautés. Loin d'entraver la communion dans les valeurs qui unissent ces différentes communautés régionales, les particularités culturelles intrinsèques de chaque communauté doivent plutôt les favoriser et la richesse culturelle régionale s'appauvrirait si la culture d'un groupe ethnique ou tribale de la région venait à disparaître, méconnue ou détruite. Comme l'affirme Dr.Carter G.Woodson : « *If a race has no history, if it has no worthwhile traditions, it becomes a negligible factor in the thought of the world and stands in danger of being exterminated*[1]». Ainsi, il est important de reconnaître et de stimuler l'égalité de toutes les cultures et le droit de chaque communauté tribale ou sous tribale (bandibu de Mbanza-Ngungu, de Kimpese, de Kasi...) d'affirmer, de préserver et de voir respecter son identité culturelle. De plus en plus, sous l'influence néfaste des autres facteurs exogènes (séjour en milieu urbain...), l'identité culturelle des différentes communautés tribales de la région est en perdition; c'est le cas, par exemple, des spécificités au niveau des langues parlées par les sous-groupes ethniques ou tribales dans la zone.

---

[1] A.P.JACKSON, Foreword in Reference Library of Black America, Vol.I, Ed. Gate Group Inc, MI, USA, 2005, p.xv.

2. LA DIMENSION CULTURELLE

La culture constitue une dimension fondamentale du processus de développement, qui contribue à renforcer l'identité des communautés. Comme nous l'avions souligné ci-haut, le développement a été trop souvent conçu et perçu en termes de croissance quantitative sans que soit prise en compte sa nécessaire dimension qualitative. Ainsi, toute politique de développement doit converger vers la satisfaction spirituelle et culturelle des populations. Un développement équilibré de la zone ou de la région ne peut être assuré que par l'intégration, dans les stratégies du développement à mettre en place, des données culturelles spécifiques de chaque communauté.

3. LE PATRIMOINE CULTUREL

Il comprend les oeuvres matérielles et non matérielles qui expriment la créativité des différentes communautés de la région. Il s'agit des langues, rites, croyances, lieux et monuments historiques, oeuvres d'art,... Le folklore, les danses et les chansons véhiculaient jadis toute l'aspiration culturelle des communautés de la zone. A travers les danses et les chansons, toute la région vibrait. Actuellement, cela se manifeste de moins en moins et nous nous inquiétons que sous l'influence des religions et autres sectes, certaines manifestations culturelles sont en voie de disparition. C'est le cas, par exemple, du folklore. Actuellement, dans les villages, les gens vous chante et danse facilement le « *ndombolo* », « *mukongo ya koba* », « *mpunda* », « *bindenda* », « *kibindankoy*, «*enterrement* », « *kisanola* » ... de la musique dite moderne (de Zaïko, Bana OK, Victoria Eleison, Wenge Musica...) que le « *patenge* », « *masikulu* », « *wayila* », « *zuka* », « *biti* », « *ngongi* », « *nkwiti* », « *ngoyi-ngoyi* », de jadis. Loin d'arrêter l'évolution culturelle, nous devons sauvegarder certaines de nos valeurs culturelles.

4. LA CREATION CULTURELLE

Le développement global d'une société exige des politiques spécifiques dans le domaine de la culture, de l'éducation... afin d'établir un équilibre harmonieux entre le progrès technique et le niveau intellectuel de la société. Pour ce faire, le recours à une éducation de base (globale) est indispensable, car cette dernière est un moyen par excellence de transmission des valeurs culturelles. Il importe à cet égard que l'alphabétisation soit considérée comme une condition indispensable du développement culturel de la région et il importe aussi à cet effet de revaloriser les langues (dialectes) des différentes tribus comme véhicule du patrimoine culturel et du savoir. De tout ce qui précède, il n'est pas de notre avis de refuser les éléments des autres cultures, extérieures à la zone. Toutefois, cela ne puisse pas se transformer en source de dépendance culturelle et d'aliénation comme cela a tendance à le devenir.

1.1.5.2. TRAITS SOCIO-CULTURELS DOMINANTS

D'après J.Binet, La psychologie économique africaine se caractérise généralement par une relation forte entre les objets, les hommes et le surnaturel. Bien que l'importance accordée à chacun de ces éléments et leurs interrelations puissent varier d'une ethnie ou d'une tribu à l'autre, la recherche d'un équilibre avec autrui et avec le surnaturel est généralement le principe directeur dominant. La frontière entre les priorités collectives et individuelles est floue, sinon inexistante. On attache souvent plus d'importance aux relations interpersonnelles et à l'accomplissement ponctuel de certains actes sociaux, religieux ou mystiques qu'à la réussite individuelle. C'est pourquoi, dans la réalisation des travaux collectifs nécessaires pour la communauté, l'intérêt et l'urgence du besoin priment. Cette donnée doit être prise en compte dans la programmation des actions de développement à entreprendre dans la zone. C'est quand le malade est mourant qu'on se mobilise pour l'amener à l'hôpital. C'est ainsi que dans la programmation des actions de développement dans la zone, il ne faudrait pas négliger l'appréciation des urgences des besoins de la population. Les gens sont « habitués » à répondre d'abord au plus pressé (court terme) et négligent de construire pour le long terme.

C'est pourquoi les activités spéculatives (très court terme) qui sont préférées à celles de production de moyen et long termes ignorent que le développement est un processus long et patient. Par ailleurs, il n'est pas étonnant de constater que la construction d'un dispensaire pour répondre à un besoin futur sera retardé ou boudé jusqu'au moment où les cas de maladies (épidémies) ou des décès vont se déclarer ou que la situation va s'empirer pour que les gens se décident; alors qu'ils auraient pu le faire en prévision des situations futures. Enfin, des études et des travaux de recherches importantes (Mamadou Dia) donnent à penser que les valeurs occidentales ne correspondent pas toujours à nos motivations et aux modes de comportement traditionnels. L'allégeance au groupe ou à l'ethnie prévaut généralement sur l'autonomie et l'intérêt personnel. L'intérêt des communautés locales et ethniques prend généralement le pas sur ce que l'Etat peut déclarer objectif national ou régional. Aussi, il importe de prendre en compte dans la conception et la définition des politiques et programmes de développement, les spécificités des structures politiques et socio-culturelles.

1. <u>ATTITUDE A L'EGARD DE L'EPARGNE</u>

Le mukongo est réputé économe. On peut affirmer que dans nos mentalités, les seules richesses sont celles qui sont partagées avec la communauté et qui sont socialement visibles. La famille élargie est toujours présente et susceptible de s'imposer. Lorsqu'il est modeste, le surplus va d'abord aux proches parents, ensuite aux voisins et enfin à la tribu ou au clan. Ainsi, les surplus ne servent qu'à encourager les dépenses somptuaires et à élargir le cercle des bénéficiaires[1]. Le corollaire est que la réussite économique ne s'accompagne pas toujours d'une mobilité sociale ascendante. En fait, toute réussite en dehors du groupe peut conduire à l'ostracisme. Actuellement, la prise de conscience des dangers et l'exacerbation des conflits autour des ressources, de plus en plus rares telles que les terres cultivables, ont obligé les gens à s'allier avec des personnes de confiance. Ainsi, les ressources publiques deviennent la proie de groupes claniques ou ethniques et de la famille élargie, qui trouvent là les moyens de s'assurer, par le clientélisme, parfois par la corruption pure et simple, des appuis et une légitimité. Malheureusement, cette richesse se perd pour l'essentiel dans les dépenses ostentatoires au lieu de s'investir dans la production où elle gagnerait davantage ou du moins, rendrait service à la population. C'est ce que nous avons vécu pendant la deuxième république où 33% des dépenses publiques étaient consacrées aux dépenses de souveraineté. Il existe dans la zone des individus qui ont acquis une notabilité et qui disposeraient des moyens suffisants pour pallier l'insuffisance de l'Etat dans l'effort de développement et ce, dans plusieurs domaines d'intervention socio-économique. C'est le cas, jadis de la construction du stade de football

---

[1] MAMADOU DIA, ibid., p.29.

de Mbanza-Ngungu par un notable de cette cité : Kitemoko. Ce comportement pourrait être attribué au besoin de sécurité, car l'hôte, qui offre généreusement l'hospitalité et redistribue ses richesses, peut espérer compter sur ses obligés dans les moments difficiles même s'il s'y mêle inévitablement un sentiment de prestige. Il y a des raisons sociales que les occidentaux qualifient de gaspillage, des actes comme un sacrifice chez les Diola du Sénégal de 750 têtes de bétail pour célébrer une circoncision, et il n'est pas rare, dans notre région, que des agriculteurs pauvres et sous-alimentés, distribuent de grandes quantités de nourriture à l'occasion de mariage, de « *Nkinzi* » (fête des morts) après la construction des pierres tombales, des funé-railles...Le problème, du point de vue du développement, est que cette propension à déprécier la maîtrise de soi, qu'exige l'épargne, va à l'encontre du développement de l'investissement privé et de l'esprit d'entreprise.

2. <u>ATTITUDE A L'EGARD DE L'AUTORITE</u>

La société Kongo est généralement très paternaliste et hiérarchisée. Peu portée à l'individualisme, bien qu'il se manifeste de plus en plus, elle est égalitaire dans les limites d'un groupe d'âge, mais hiérarchisée dans les relations d'un groupe à l'autre, les plus jeunes étant nettement subordonnés aux anciens. Au sein de chaque groupe, les individus sont égaux et peuvent accomplir des actes spécifiques, mais ils ne peuvent aller au-delà de leur propre cercle sans l'autorisa-tion du père, de l'oncle, ou du chef de famille par exemple. Etant donné la prédominance du chef dans la société traditionnelle, les initiateurs des actions de développement dans la zone doivent plus nouer une collaboration avec différents niveaux de la hiérarchie de la société, à savoir les niveaux du chef de famille, de chef de clan, de chef du village ou de groupement, etc. Ce qui est commandé par ccs différents chefs est vite exécuté que les ordres reçus de l'autorité administrative ou politique. Les Occidentaux, qui valorisent la liberté individuelle et la responsabilité, considèrent ces structures paternalistes et hiérarchiques comme un frein au développement mais cela n'est pas corroboré par l'histoire.

Le paternalisme et la dépendance peuvent être un frein au changement et à l'évolution de la société tout entière, mais elles ne sont pas nécessairement une entrave au progrès, à la recherche et au développement.

3. <u>ATTITUDE VIS-A-VIS DE LA PAROLE DONNEE</u>

Une promesse ou un engagement, qui est une manifestation d'intention dans les actes juridiqucs, n'est pas une chose anodine dans le contexte mukongo. Souvent, plusieurs témoins doivent être présents et leur rôle va bien au-delà de celui de simples spectateurs. C'est le cas, dans les conflits de terres où le premier témoignage de l'ancêtre n'est jamais contredit par les successeurs. Ces derniers doivent garder en mémoire les faits dans l'éventualité où l'une des parties manquerait à la parole donnée ou disparaîtrait. Dans d'autres cas, leur présence et leur consentement, notamment s'ils sont chefs de famille ou de village, confèrent à l'acte sa légitimité.

4. <u>ADHESION AUX DECISIONS</u>

Dans la mentalité du mukongo, le juge traditionnel cherche davantage à rapprocher les points de vue qu'à trancher, par le livre ou l'écrit. En droit, comme en politique, les bakongo recherchent l'unanimité et sont prêts, pour cela, à engager des discussions interminables (kinzonzi). De même, les jugements visent à dégager un large terrain d'entente. Dans certaines circonstances, comme le cas de réconciliation, la coutume fait obligation de clore un différend par des chants et des danses, preuve que les parties sont d'accord pour préserver l'entente et l'harmonie. Le plus souvent, les décisions sont matérialisées par des signes matériels et quelques-fois, mais rarement, sur un document écrit. Pour que les décisions ne restent pas lettre morte, soit on plante un arbre, soit on fait une entaille sur un tronc d'arbre pour que les générations présentes et futures puissent s'en souvenir. L'esprit est radicalement différent de celui qui prévaut dans la culture occidentale, où le juge interprète la loi et rend un jugement auquel les parties doivent se soumettre.

5. ATTITUDE A L'EGARD DU TRAVAIL

La valorisation de la solidarité et de la sociabilité porte généralement les individus à accorder beaucoup d'importance aux loisirs et à la possibilité qu'ont les membres du groupe de participer à des cérémonies et à des activités sociales et récréatives. A méconnaître l'utilité sociale des loisirs et l'impact des modes de direction et d'organisation traditionnels sur la capacité de travail, on risque d'en surestimer l'offre[1]. Les étrangers se méprennent souvent sur l'attitude des africains vis-à-vis des loisirs qu'ils assimilent à la paresse. En réalité, les activités de loisirs servent au renforcement des liens sociaux qui fondent la société. Ainsi, le rendement marginal de ce qu'il est convenu d'appeler le travail improductif, c'est-à-dire les loisirs, est élevé et non pas nul car les conséquences (retombées) sont plus sociales qu'économiques. En conséquence, les paysans ne se

---

[1]   MAMADOU DIA, op.cit, p.29.

prêtent aux innovations que si les bénéfices économiques et sociaux attendus du travail supplémentaire sont sensiblement plus élevés que ceux qu'ils retirent de l'actuelle combinaison travail/loisirs. Il faut également tenir compte de la taille et de la nature de l'exploitation, du caractère saisonnier des pratiques culturales et de la division du travail entre hommes et femmes, chacun ayant ses propres terres, ses propres cultures et ses propres tâches.

6. L'UNITE ET LA SOLIDARITE

L'élan de l'unité et de la solidarité est inné dans la culture du peuple kongo. Cette solidarité peut se manifester à toutes les occasions : deuil, mariage, travaux des champs, etc. L'unité et la solidarité du peuple Kongo sont consolidées à travers les âges. C'est le cas, par exemple, des dirigeants de partis politiques tels que l'ABAKO (Alliance des Bakongo), dont la devise était « *Mika mia mbua mia lekila ku mosi, mia telema kua mosi*» (*Les poils du chien*) signifiant que les poils se couchent ensemble et se dressent ensemble. A travers la signification de cette devise se symbolise toute une action collective de l'unité d'un peuple à travers une mobilisation pour une action commune[1].

7. LA SAGESSE DANS LA PRISE DES DECISIONS

La sagesse kongo est symbolisée par l'emblème de l'ABAKO, le « *kodia* » (escargot) qui symbolise la discrétion. Un autre trait de caractère du mukongo est la patience devant la résolution d'un problème. La traditionnelle concertation (*Mfulu*) des membres avant de répondre à un problème posé est une marque de sagesse

---

[1]   devise de l'ABAKO inspire aussi notre stratégie de développement par initiatives des communautés de base.

et d'intelligence, car cela évite la précipitation et l'impulsivité. Les membres des sociétés d'autres régions du pays « se moquent » souvent des bakongo et de leur traditionnelle concertation dans les diverses négociations (mariage, deuil, achat, etc.). Cette sagesse a été matérialisée par la devise d'une association politique des années de l'indépendance appelée « AREBA » (Association des Ressortissants de Bandibu) dont la devise était « *NKUTU A ZOWA* », c'est-à-dire le « sac d'une bourrique ». La signification de cette devise est que « *dans le sac du baudet, on n'introduit la main qu'une seule fois, car la seconde fois, le baudet va se réveiller et attraper la main* ». Tous les traits socio-culturels évoqués ci-haut ont de l'importance dans la détermination des actions de développement à entreprendre dans la zone et des animateurs de ces actions.

1.1.5.3. <u>RELIGION</u>

L'aspiration religieuse du peuple kongo est exprimée par sa fécondité en mouvements religieux. On dénombre pas moins de dix principaux mouvement du 18è siècle à nos jours que l'on a regroupé sous la dénomination de messianisme qui les situe dans un contexte religieux, même si le terme messianisme a servi aussi à désigner tous les grands courants nationalistes du 19è siècle, lesquels ont eu leurs prophètes parmi les politiciens, poètes, philosophes[1]. En situant son contexte religieux, nous voudrions souligner le caractère religieux du messianisme kongo, quel que soit son engagement dans la lutte anti-colonialiste. Dans tous les cas, le messianisme kongo semble faire comprendre le drame d'un peuple, qui depuis des siècles, ne cesse

---

[1] NGIMBI NSEKA, Le messianisme Kongo comme mouvement de résistance aux méthodes d'évangélisation missionnaire, dans Sectes, Cultures et Sociétés, CERA/FCK, Kinshasa, 1994, p.147.

de réagir aux atteintes à son unité nationale et à sa dignité. Prenant position contre les méthodes d'acculturation en vigueur, le prophète (ngunza) réclame pour le peuple le droit de respecter sa mentalité, ses aspirations et sa culture. C'est le cas de Simon Kimbangu, fondateur de l'Eglise kimbanguiste à Kamba. Selon la présentation qu'on fait de lui, Kimbangu n'a été qu'un serviteur et témoin de Jésus-Christ dont il a reçu la mission (*ntumwa*) de prêcher l'Evangile. A l'instar de Kimbanguisme, on peut citer le matsouanisme, de son fondateur Matsoua, qui fut considéré comme un prophète-messie, modèle à l'instar de Kimbangu, d'une religion de rédemption terrestre. Plus tard, c'est le mpadisme, de son fondateur Simon Mpadi, qui nourrira le sentiment d'hostilité envers les missionnaires qu'il qualifie « d'alliés de la tribu de Judas ». De son histoire, le messianisme kongo se présente comme le fruit de la rencontre des civilisations, des contacts du pays Kongo avec l'Europe. De cette rencontre est né un sentiment de rejet par un violent mouvement d'antagonisme aux valeurs étrangères. Conscient de son originalité, le système traditionnel s'oppose dans un premier temps à la pénétration ; puis le groupe s'aperçoit que ses propres modèles culturels ne font plus le poids, que certaines couches sociales cèdent à la fascination de l'occupant en se mettant à son service. Sa naissance tient à la recherche de son identité perdue et d'un équilibre nouveau. Elle s'explique en grande partie par la réaction culturelle et sociale à l'envahissement de l'Occident. Il s'agit d'un ensemble de mouvements constituant une réaction normale d'une société menacée du dedans par ses propres transformations socio-culturelles ou agressée par une culture étrangère[1].

---

[1]   NGIMBI NSEKA, Op.cit., p.153.

1.2. ASPECTS FAVORABLES ET DEFAVORABLES AU DEVELOPPEMENT

L'analyse des facteurs et contraintes de développement de la zone permet de déterminer des aspects favorables et défavorables dont nous citons quelques uns :

1.2.1. ASPECTS FAVORABLES

Comme aspects favorables, il y a lieu de citer :
a) Une population laborieuse, dynamique, orientée vers le progrès et en pleine évolution, offrant des caractéristiques d'urbanisation avec une nette tendance à l'individualisme;
b) La présence d'un nombre important d'individualités, sortant nettement de la masse, manifestant la volonté de progresser et soucieuses d'accroître leurs revenus, d'élever leur niveau de vie et d'assurer à leurs enfants un sort meilleur;
c) Des signes d'évolution dans les coutumes vers le renforcement des droits du père de famille au détriment de ceux de l'oncle maternel avec tendance à l'héritage direct;
d) Un degré d'alphabétisation très élevé;
e) L'affirmation de la part des autorités coutumières et administratives ainsi que des notables de la province, de la volonté de promouvoir le développement avec la participation active des populations et des pouvoirs publics, cas de la création de l'Université Kongo;
f) Des cadres administratifs généralement d'un bon niveau de formation mais mal utilisés et ce dans tous les domaines;
g) Les énormes besoins des vastes marchés que constituent Kinshasa et les grands centres de la province du Bas-Congo;

h) La proximité du port de Matadi;

i) Un réseau routier bien conçu, malheureusement mal entretenu, basé sur les deux grands axes traversant la zone, que constituent le chemin de fer et la route asphaltée Matadi/ Kinshasa, en plus de l'existence d'une infrastructure socio-économique susceptible d'être restaurée et développée;

j) Une production agricole assez diversifiée;

k) De nombreux acquis scientifiques et techniques des centres de recherches agronomiques de Mawunzi et de Mvuazi qui s'efforcent de poursuivre les principes et les techniques de base de l'agriculture, adaptés aux conditions du milieu et, du matériel végétal de qualité, convenant à la région, et développé en vue de sa multiplication et de sa diffusion;

l) La présence de quelques importantes sociétés installées dans la région;

m) L'influence directement bénéfique des diverses actions de développement déjà entreprises par la coopération internationale et diverses institutions de développement;

n) La présence de plusieurs missions religieuses exerçant une action éducative et sociale de promotion humaine de haute valeur;

o) L'apparition d'une classe moyenne (artisans, commerçants, transporteurs,) et des investissements par des Bakongo résidant à Kinshasa et dans d'autres centres;

p) La présence d'un potentiel énergétique en exploitation constitué par le barrage d'Inga dans la province et de Zongo et Sanga dans la zone.

1.2.2. <u>ASPECTS DEFAVORABLES</u>

Au regard des constatations qui précèdent, il faut souligner plusieurs éléments défavorables:

a) La connaissance très insuffisante des techniques agricoles modernes et d'élevage d'exploitation intensive et diversifiée;

b) La persistance des structures ancestrales et coutumières pouvant parfois entraîner des effets de nivellement et s'opposer à des changements considérés comme susceptibles de saper les bases d'un mode de vie qui a fait ses preuves dans le passé;

c) Le sentiment très ancré chez les jeunes qui représentent plus de la moitié de la population, que l'agriculture est incapable d'assurer la promotion sociale des individus;

d) Les obstacles constitués par la pénurie de moyens adéquats et par des mutations nombreuses à l'action de l'administration et des services techniques de l'Etat caractérisés surtout par l'instabilité;

e) L'influence encore marquée des croyances superstitieuses et de la sorcellerie, et parfois une forte propension à des dépenses excessives à l'occasion de certaines cérémonies comme dans le cas de l'enterrement des membres ou de la commémoration des morts « Nkinzi »;

f) 'isolement de certaines régions de la zone et une insuffisance de coordination et d'intégration des diverses actions entreprises pour le développement;

g) La désorganisation de toute la vie rurale par la destruction totale des infrastructures de base (sanitaire, éducative, économique);

h) La fragilité des sols et le risque important de dégradation;

i) La latérisation des sols par l'action combinée des feux de brousse et des méthodes de cultures archaïques;

j) La faiblesse des institutions qui occasionne parfois la dispersion des actions entreprises.

1.2.3. COMPORTEMENT ET ATTITUDE DE LA POPULATION

Comme tous les milieux ruraux, celui de la zone étudiée est profondément attaché à ses traditions. De ce fait, le milieu est quelquefois méfiant à l'égard des innovations. Et pourtant, la population est avide de progrès, intéressée au gain et disposée à accepter les innovations quand elle en a compris l'intérêt. De ce fait, nous pouvons affirmer que les actions de développement trouveraient des dispositions favorables à conditions qu'elles y soient bien menées. Dans son ensemble, la population est très paisible et laborieuse. L'influence des religions africaines comme le Kimbanguisme et autres est très grande. A l'instar, des autres milieux ruraux, le milieu rural de la zone est emprisonné dans un ensemble des croyances mythiques *(kindoki ou la sorcellerie)*, qui sont autant d'entraves à son évolution culturelle et à son développement. Ce qui pose le problème de dualité entre l'ouverture et son attachement au progrès d'une part, et au patrimoine culturel d'autre part, dont il faudra concilier. Dans la société, l'individu a souvent peu d'influence, la famille lui dicte son rôle et sa place.

1.3. <u>DIAGNOSTIC DES BESOINS ESSENTIELS DE LA POPULATION</u>

Les besoins essentiels, étant à la base d'une vie décente, ils sont aussi reconnus comme des droits. L'objectif du développement est aussi de répondre aux besoins essentiels de la population. Il convient de s'interroger sur ces besoins d'une part, et d'envisager de la manière dont il faudra les satisfaire d'autre part. C'est dans la mesure où ces besoins seront satisfaits que les populations connaîtront des conditions de vie plus favorables pour améliorer leur cadre de vie et promouvoir leur développement. Quand nous examinons les conditions de vie actuelles de l'ensemble de la population de la zone, nous sommes au regret de constater que ces conditions de vie pour la majeure partie de la population deviennent de plus en plus difficiles par rapport au niveau de vie des années 72. A titre illustratif, il résulte de l'enquête que les populations du Bas-Congo ont un déficit énergétique de 20,44%. En ce qui concerne, les besoins nutritionnels, il s'avère que la production agricole de la zone permet généralement à sa population de s'assurer une alimentation suffisante quantitativement bien que qualitativement mal équilibrée. Du point de vue quantitatif, plus de 2/3 de l'alimentation dans la zone est composée des aliments à prédominance glucidique (80,74%). Les féculents, principalement le manioc, qui forme l'essentiel du bol alimentaire, constituent le poste le plus consommé dans la ration quotidienne prise dans la zone (78,5%) et dans la province (66,38%). Les légumes viennent en seconde position dans la consommation journalière dans la zone avec une moyenne de 9,92% contre 13,97% dans la province. Les céréales viennent en troisième position dans la consommation journalière dans la zone (8,99%) ; enfin, 2,59% pour les autres aliments glucidiques (fruits). Pour les aliments protéiques (12,45%), on note le poisson de mer

(43,02%), haricot (15,9%), viande de bœuf (9,31%), sésame (6,81%), courge (9,1%), poisson salé (7,16%). Pour les aliments lipidiques (6,81%), on note la prédominance de l'huile de palme (85,05%) et l'huile d'arachide (14,94%). Actuellement, il n'existe pas une crise alimentaire, mais l'état permanent de malnutrition n'est pas encore éloigné. Nous constatons avec amertume que les *mpiodi* (chinchard), poisson importé, reconnu de faible qualité, ont fait apparition dans les villages de la région et s'imposent dans l'alimentation journalière des paysans comme cela est de pratique dans les centres urbains.

1.3.2. DEGRE ACTUEL DE SATISFACTION DES BESOINS ESSENTIELS

L'amélioration des conditions de vie en milieu rural qu'urbain dans la zone est liée à la satisfaction préalable des besoins essentiels des populations. Cette satisfaction requiert sur la nécessité de disposer d'un environnement global (physique, socioéconomique, politique, etc.) de qualité. Cet environnement déterminera, la manière suivant laquelle les individus et les communautés pourront s'épanouir, inventer, innover, créer, améliorer le niveau et le cadre de vie, mettre en place des structures et des institutions, qui favorisent le développement. Le problème majeur dans la zone et dans la région réside dans l'édification de cet environnement favorable spécifique à chaque communauté. Cet environnement n'est pas un don du ciel, ni importable, mais le travail des populations concernées. On se trouve devant un cercle vicieux : un environnement de qualité est nécessaire à la satisfaction des besoins essentiels, or ces besoins ne sont pas satisfaits dans la plupart des cas parce que l'environnement ne le permet pas. Il revient aux communautés de rompre ce cercle vicieux en se mobilisant et en faisant appel à son ingéniosité, à son génie créateur, à l'esprit de créativité et d'initiative comme l'ont fait les autres peuples. Néanmoins, un premier constat est que, nous nous trouvons devant une population jeune et en forte expansion démographique, mais affectée par le phénomène d'exode rural. Une seule idée demeure dans les têtes des jeunes, c'est de s'exiler en Europe ou dans les pays voisins.

Par suite de l'extension des cultures vivrières en vue de la commercialisation, la durée des jachères est de plus en plus raccourcie. Il en résulte une détérioration rapide des terres de cultures. Ce problème deviendra de plus en plus contraignant, car les sols présentent des degrés de fertilité fort différents et ils sont exposés à une dégradation progressive et rapide. A ce sujet, on parle trop, mais rien ne se fait dans le sens de l'amélioration des techniques culturales dans la zone. L'habitat s'améliore de mieux en mieux dans certains villages de la zone et l'état de santé des populations est satisfaisant dans l'ensemble en comparaison des autres régions du pays. Le régime alimentaire est relativement satisfaisant quantitativement, mais il souffre d'une certaine pénurie de protéines animales. L'incorporation du lait, aliment complet, mais inexistant dans les habitudes alimentaires et, dans l'alimentation des populations de la zone s'avère nécessaire. La vulgarisation de « *kikalakasa* ou pois carré africain» (*psophocarpus scandens Endl.*), et tant d'autres aliments traditionnels, actuellement disparus tel que le « *Mpempo* » *(Sphenostylis Stenocarpa)*, s'avère aussi nécessaire compte tenu des vertus protéiques de ces plantes, mais aussi et surtout compte tenu des habitudes alimentaires de la population de la zone, qui mange plus de légume que de la viande. L'application des mesures élémentaires d'hygiène reste à généraliser. L'approvisionnement en eau potable laisse à désirer particulièrement dans le sud de la zone et dans les centres urbains. L'économie agricole est orienté sur la commercialisation. L'élevage du gros bétail chez les villageois ne joue pas encore un rôle important dans l'économie, mais il est susceptible de prendre une extension si les actions sont entreprises. La commercialisation des produits agricoles est contrariée par les difficultés de transport résultant surtout du mauvais état du réseau routier interieur. La productivité est très affectée par la dégradation des sols et la qualité du matériel employé, ainsi que par l'ignorance peut être des moyens efficaces. L'action des services administratifs est réduite si pas inexistante à cause des moyens logistiques appropriés. Jadis, l'agronome, le vétérinaire, l'agent sanitaire, etc., sillonnaient les villages, ce qui ne se fait plus actuellement.

1.3.3. ASPECTS DES NIVEAUX DE VIE DE LA POPULATION

Le niveau de vie est généralement considéré comme un facteur déterminant du bien-être individuel. En fait, le niveau de vie est le degré de bien-être matériel dont jouit une personne ou une communauté et, qui lui est nécessaire pour assurer sa subsistance et vivre convenablement. C'est aussi la capacité d'un homme de subvenir à ses besoins fondamentaux : alimentation, habillement, soins de santé, logement, services de base, etc. Il faut souligner que la satisfaction de ces besoins ne peut être observée non seulement sur le plan quantitatif mais aussi qualitatif. Nous pouvons évaluer le niveau de vie de la population,

- D'une part, par l'approche classique à partir des indicatifs suivants : le produit national brut (PNB/Hab), l'espérance de vie à la naissance (eo), le taux de mortalité infantile (TMI), le nombre des calories par jour en % des besoins, la population urbaine en % de la population totale, etc.

- D'autre part, par l'approche non classique, qui consiste à constituer un indicateur composite, qui intègre en son sein plusieurs autres variables. C'est le cas de l'indice de développement humain (IDH) développé par les nations unies (PNUD).

En ce qui concerne la zone, le niveau de vie, lié au développement économique régional est relativement satisfaisant. Comme souligné ci-haut : l'alimentation accuse un déficit en protéines d'origine animale, mais les cas de sous-nutrition sont peu répandus et mêmes rares. La situation sanitaire est relativement satisfaisante. Des mesures préventives comme l'usage des latrines sont largement appliquées dans les villages et des habitudes favorables sont de plus en plus adoptées dans les domaines de logement et de l'habillement ; par exemple, le port de chaussures, des maisons en tôles, etc. En matière de logement, un gros effort reste encore à faire. Si le nombre d'habitations en matériaux durables est en progression dans certains villages, les cases en pisé avec couverture en chaume restent encore nombreuses. Deux problèmes importants sont à signaler dans le domaine de la santé : la recrudescence de la trypanosomiase et de la tuberculose à partir de la frontière angolaise ainsi que les difficultés d'approvisionnement en eau potable. Si le Nord de la zone est relativement bien pourvu de cours d'eau et de sources, les populations du Sud rencontrent d'énormes difficultés surtout en saison sèche et partout les opérations de rouissage de manioc amer rencontrent des difficultés.

En matière d'enseignement, la situation est satisfaisante, l'analphabétisme est en forte régression et les effectifs scolaires dans l'enseignement primaire et secondaire sont élevés. Cependant, le taux de scolarisation au niveau secondaire semble assez faible (2,68%). Il est recommandé qu'une action urgente soit entreprise pour encourager les élèves de faire les études secondaires et aider les parents pauvres de faire face au sérieux problème de scolarité de leurs enfants. L'initiative privée est dynamique dans le secteur tertiaire mais encore très faible ou nulle dans le secteur primaire.

1.4. <u>POTENTIALITES ET POSSIBILITES DE DEVELOPPEMENT DE LA ZONE</u>

Selon L.J.Lebret, les *potentialités*, sont les ressources brutes, c'est-à-dire les ressources considérées comme utilisables dans l'état actuel des techniques dans le monde, tandis que les *possibilités* sont les ressources, qui seront, de fait, utilisables dans le court, moyen ou long terme de la période que l'on s'est fixée pour le plan de développement. Les possibilités peuvent être soit positives (augmentation ou amélioration) ou négatives (réduction ou dégradation). C'est ce caractère négatif de l'actualité, joint à une potentialité nulle ou très faible, qui indiquera que tel facteur constitue un frein ou un goulot d'étranglement. Potentialités et possibilités s'envisagent en regard du complexe sol-climat-relief (potentialités physiques) ; des infrastructures fondamentales ou de bases (transports et communications, énergie, etc.) ; éducationnelles et sanitaires ; des équipements de la situation psychologique, sociologique, culturelle et politique. Le potentiel de développement est une notion synthétique, qui combine les ressources naturelles, y compris les aspects climatiques, les ressources humaines et une appréciation des débouchés possibles dans un certain contexte de concurrence. Au regard des études antérieures (Geldhof), tout le monde s'accorde à dire, que le Bas-Congo ; par sa situation géographique, son infrastructure, ses énormes réserves énergétiques est destinée à devenir un des grands pôles de développement industriel et commercial du pays. Cette situation et cette infrastructure sont également favorables au développement agricole et compensent des conditions du climat et du sol, qui ne sont pas toujours idéales. Le climat de transition, entre climat équatorial type et climat guinéen type, est caractérisé par l'existence de deux saisons de pluies, séparées par une petite saison sèche de durée et d'intensité très variables. Malgré une pluviométrie totale de 1200 à 1400 mm, cette saison sèche intermédiaire aléatoire est un handicap à la culture de céréales et de diverses plantes. Chacun des deux cycles de pluies ne garantissant pas une durée suffisante et la saison sèche pouvant être trop longue pour que le cycle cultural la chevauche. La vocation naturelle de la zone est la culture des tubercules, qui restent en terre plus d'une saison. Le manioc est la culture traditionnelle dominante. La capacité de retention en eau du sol, meilleure sur les sols du schisto-calcaire que sur les dérivés sableux des compartiments voisins atténue quelque peu le handicap climatique, de même que l'altitude (500 à 700m) par l'effet de brumes matinales. L'élevage constitue également une vocation de la zone, sous réserve d'assurer la nourriture pendant la saison sèche, ce qui est en général obtenu naturellement par le pâturage de bas-fonds plus humides ou plus argileux. Les bas-fonds dont la superficie totale est faible soit 5% du territoire de la zone suivant la superficie révélée par la photo-interprétation, environ 10.000 ha ont été recensés pour une superficie de 200.000 ha (2.000 km2), offrent évidemment de multiples possibilités alternatives d'exploitation, avec ou sans irrigation (haricot, bananes, riz, maîs, canne à sucre, maraîchage, etc.). L'acidité des sols, leur sensibilité à l'érosion, au compactage par le piétinnement du bétail, constituent des limites ou des contraintes de mise en valeur intensive.

La zone convient enfin à l'arboriculture fruitière (mangues, agrumes, mangoustans, avocats, etc.). De telles caractéristiques naturelles peuvent être considérées comme relativement favorables en milieu intertropical. Elles expliquent la forte densité de peuplement. Elles offrent des possibilités de production commercialisée importante, face à une demande urbaine croissante, moyennant une évolution, une spécialisation des exploitations agricoles et pastorales en fonction du marché pour améliorer la productivité du travail, puis du sol, tout en assurant le maintien, l'amélioration de la fertilité naturelle[1]. Quant aux possibilités qu'offre la culture intensive dans la zone, elles sont illustrées par les réalisations de la compagnie sucrière, et de la CRAFOD à Kimpese, qui avait montré que cette intensification était à la portée des paysans bien formés. Cela est confirmé par les innombrables réalisations d'intensification de l'agriculture en milieu paysan dans d'autres régions tropicales, où les conditions sont d'ailleurs loin d'être toujours aussi favorables qu'au Bas-Congo. Les possibilités de développement de l'élevage bovin dans la région sont évidentes. Cependant, les disponibilités limitées en terre imposent également dans ce domaine une intensification.

L'INERA à Mvuazi a démontré qu'il est possible d'augmenter la productivité des pâturages. Si les possibilités de développement de l'élevage bovin sont grande, il en est de même du petit élevage, notamment de l'aviculture. L'intensification de l'agriculture et de l'élevage permettront d'entrevoir des possibilités de développement de l'agro-industrie et d'un commerce d'exportation de produits frais ou conservés. Rappelons que la mission Codenco-Socinco avait étudié et cartographié dans la zone, 68 gîtes agricoles ou d'élevage, totalisant 5 à 10% de la superficie totale, qui pourraient être développé. Cette mission avait rassemblé pour une partie de ces gîtes, un certain nombre de données de base notamment : des analyses pédologiques très complètes et indiquaient pour chacun d'eux

---

[1]   BEAU, op.cit.

leurs possibilités particulières. Il suffirait de mettre en pratique les données cette importante étude. L'ensemble de toutes ces possibilités peut s'appuyer valablement sur le potentiel humain de la zone. Il s'agit d'une population dynamique, mais cela n'affirme pas que toute action d'animation, de vulgarisation et d'innovation sera facile et aisée, raison pour laquelle nous justifions l'importance de l'action éducationelle proposée dans notre politique de développement.

1.5. <u>OBJECTIFS DE DEVELOPPEMENT A ATTEINDRE DANS LA ZONE</u>

L'objectif de développement que nous proposons est celui, qui vise un développement global intéressant tous les domaines, qui touchent au développement rural et urbain de la zone. Pour atteindre l'objectif du développement, l'action de développement devra mettre l'accent sur le développement de l'économie régionale, de manière à faire reposer sur des bases solides le processus de développement dans sa globalité. Le développement économique de la zone passe nécessairement par celui de l'agriculture puisque 70% de la population s'adonnent à celle-ci, mais avec une productivité toujours faible. Quatre objectifs majeurs s'imposent :

- Développer intensivement l'agriculture dans le double but d'abord, de donner à manger à la population et d'accroître ses revenus ;
- Modeler les structures humaines, sociales, économiques et mentales indispensables à la préparation d'une société moderne progressiste libérée de l'emprise traditionnelle ; bref, une transformation des structures sociales et mentales ;
- Préserver les ressources et la sauvegarde de l'environnement ;
- Développer l'artisanat

Pour atteindre ces objectifs, l'action de développement devra reposer sur le principe rigoureux d'une collaboration étroite entre les autorités politico-administratives, les communautés concernées et les divers intervenants ou institutions qui poursuivent des objectifs similaires. Il s'agit aussi :

- de faire prendre conscience à la population de sa situation réelle, de ses besoins, de la nécessité et de la possibilité pour elle d'améliorer son cadre de vie et d'aspirer au progrès, à des idées nouvelles et à une vie mcilleure ;
- Procurer à la population l'aide technique et certains services nécessaires pour encourager et soutenir leurs initiatives ;
- Tenir compte des intérêts et des aspirations des populations concernées.

Tout en visant le développement sur tous ses aspects, il est indispensable, d'accorder une priorité à l'élément économique, parce qu'il conditionne en fait, l'obtention des moyens de production, source des revenus. Globalement, l'action de développement devient une œuvre à trois dimensions. Elle agit sur le facteur humain (éducation), sur les facteurs naturels (protection de l'environnement et la sauvegarde des ressources) et sur les facteurs économiques (mise en valeur des ressources) en mettant particulièrement l'accent sur la prise de conscience en référence au concept de développement conscient.

Après ce diagnostic par l'analyse des facteurs et contraintes de développement de la zone, des facteurs favorables et défavorables, des potentialités et possibilités de la zone, nous proposons, notre politique, stratégies et programmes de développement dans la zone.

CHAPITRE II

POLITIQUE, STRATEGIES ET PROGRAMMES DE DEVELOPPEMENT DE LA ZONE DE MBANZA-NGUNGU

2.1. LA POLITIQUE DE DEVELOPPEMENT DANS LA ZONE DE MBANZA-NGUNGU

La politique de développement dans la zone de Mbanza-Ngungu s'articulera autour des points ci-après : la définition de la politique de développement ; le rôle et l'importance de l'éducation dans la zone de Mbanza-Ngungu .

2.1.1. DEFINITION DE LA POLITIQUE DE DEVELOPPEMENT

Le choix de la politique de développement étant souvent limité et difficile, la zone rurale de Mbanza-Ngungu éprouve, comme expliqué dans l'introduction, des difficultés particulières à instaurer un équilibre entre la population, l'environnement et le développement. Une densité de peuplement relativement élevée, jointe à la rareté des ressources naturelles (sol à faible valeur agricole), ne constituent pas des conditions idéales pour améliorer les conditions de vie des communautés surtout lorqu'il s'agit d'une population en expansion rapide. Dans le choix de notre politique de développement, il est question d'étudier comment on peut tirer parti des conditions particulièrement défavorables de la zone. La politique de développement que nous préconisons pour la zone de Mbanza-Ngungu est l'éducation. Néanmoins, compte tenu du caractère interdépendant des problèmes de développement évoqués dans la problématique, il sera nécessaire d'intégrer la politique de la population et la politique de l'environnement à la politique de développement. Cela est une nécessité, étant donné l'interdépendance de ces problèmes qui doivent être abordés d'une manière globale et cela, suivant une approche systémique et interdisciplinaire. Bien qu'il existe différentes politiques de développement (politique de santé, de logement, de revenu, etc.), notre choix de la politique est dicté par les impératifs actuels des problèmes de développement constatés. Toutefois, il n'est pas exclu que l'évolution des problèmes de développement dans la zone implique la nécessité d'envisager dans l'avenir une autre politique de développement. Comme l'a souligné John Stuart Mill, « *Aucun progrès majeur de la condition humaine n'est possible sans des changements majeurs dans la mentalité des hommes* ». Ce changement de mentalité ne peut provenir que de l'éducation, mais cela doit être bien comprise de la population. Comme l'indique A.P.Jackson : « *One of the most important freedoms earned by africans americans in 1865, followings 400 years of enslavement, was the right to a formal education. Through education, former slaves were empowered to make choices for and about their future and that of their families*[1] ». En ce qui concerne la zone de Mbanza-Ngungu, la politique de développement envisagée repose et s'appuie sur deux stratégies éducatives, à savoir l'éducation mésologique et l'éducation traditionnelle. Ces deux stratégies éducatives, pensons-nous, peuvent être à la base de la participation

---

[1]   A.P.JACKSON, op.cit., p.xv.

des populations et des communautés au développement. Il ne se fera pas sans la participation des populations, qui y sont directement impliquées, et sans leur consentement. Il faut aussi, pour que le développement se fasse valablement et à un rythme soutenu, que les populations concernées soient informées. Or, les résultats de l'enquête font apparaître que beaucoup de situations de dégradation du milieu sont imputables, soit à l'ignorance, soit à l'inconscience de la population. Par ailleurs, dans le cadre du développement, il faut insister sur le fait que « *l'éducation et la formation sont les domaines par excellence où il faut agir. Rien ne se fait sans un influx nerveux; c'est donc au niveau du cerveau qu'il faut intervenir par la formation et l'éducation, non pas par le conditionnement des idéologies politiques* »[1] comme sous la deuxième république avec le Mouvement Populaire de la Révolution (MPR), parti-Etat, ou comme dans le système communiste, qui a échoué dans la plupart des pays, ou encore par la coercition comme à l'époque coloniale. La matière grise de l'homme est la principale ressource à développer avant toute considération technique ou technologique; s'il est vrai qu'on ne peut pas la laisser en friche, on ne peut pas non plus la polluer (pollution mentale). Il faut accorder, dans les problèmes de développement, plus d'importance aux aspects qualitatifs, généralement trop subordonnés aux aspects quantitatifs[2]. La population de la zone rurale de Mbanza-Ngungu a ses problèmes, qui ont été décrits, diagnostiqués, analysés et expliqués au chapitre précédent. De ces problèmes, elle attend des solutions. La politique de développement a pour but de proposer des solutions aux problèmes de développement.

Pour être pertinentes, ces solutions doivent être proposées par la population elle-même ou emporter son entière adhésion. Ces

---

[1]   M. MALDAGUE, op,cit., p.130.
[2]   M. MALDAGUE, ibid,

conditions sont facilement réunies lorsqu'il y a à la base un facteur d'homogénéité : communauté d'intérêts, milieu géo-spatial, langue, culture, terres communautaires, spécificités socio-culturelles, etc. Grand apparaît ainsi le rôle du modèle monade de développement, qui privilégie, dans toute action de développement, les unités communautaires de base (unités monadiques) comme agents et bénéficiaires, et les villages où elles sont localisées comme lieux ou sites de prédilection. A l'étape suivante, qui consiste à trouver la manière de faire passer les solutions dans la réalité, c'est-à-dire à arrêter des stratégies pour la mise en œuvre des solutions, il faut impliquer les unités communautaires de base autrement que par la réflexion (politique de développement). Il s'agit de former leur conscience collective cohérente par l'éducation, c'est-à-dire de leur faire prendre conscience de bonnes connaissances à acquérir et de bonnes attitudes à adopter face aux problèmes de développement, afin de les amener à appliquer elles-mêmes (action de développement) les solutions qu'elles ont envisagées. Grand apparaît donc le rôle du développement conscient, qui forme la conscience collective cohérente par l'éducation. Ainsi s'explique notre choix de l'éducation (mésologique et traditionnelle) comme stratégie de développement pour la zone rurale de Mbanza-Ngungu. Dans les pages qui suivent et sauf indication contraire, les acteurs et les bénéficiaires des programmes et des projets de développement, de l'éducation mésologique, de l'éducation traditionnelle, des centres d'animation et de démonstration, des organisations paysannes (associations, regroupements), etc. sont les membres des unités communautaires de base (unités monadiques ou *zingudi za makanda*) vivant dans les villages de la zone rurale de Mbanza-Ngungu. Comme le souligne A.P.Jackson : *"Knowledge is a power... Education gave the word freedom meaning and significance. Education allowed the african americans to experience the liberty entitled to all human beings. This freedom came at a high cost. It would be maintained with constant struggle and vigilance"*[1].

2.1.2. MISE EN OEUVRE DE LA POLITIQUE DE DEVELOPPEMENT

La réalisation de la politique de développement de la zone préconisée aura comme but l'éducation sociale et professionnelle de la population par la démonstration, la vulgarisation et l'animation. Cela nécessite la mise en route d'un programme d'éducation et de formation professionnelle de la population à travers la zone de développement[2]. La zone de développement étudiée sera divisée en deux secteurs d'intervention[3]. Ils seront à leur tour subdivisés en différents sous-secteurs d'intervention, car les problèmes de développement et de l'environnement ne se posent pas de la même façon dans toutes les parties de la zone de développement compte tenu de leurs spécificités physiques et humaines (zone agricole, pastorale, schisto-calcaire, schisto-gréseux...). Dans le cas présent, deux secteurs d'intervention seront retenus, à savoir l'Est et l'Ouest de la zone de développement. Chaque secteur d'intervention et de développement disposerait de ses centres d'animation et de démonstration qui constitueront en même temps la base opérationnelle des actions de développement. Selon le cas, chaque secteur de développement et d'intervention se subdivise en deux sous-secteurs, qui seront soumis successivement à une action en profondeur d'animation et de vulgarisation en

---

[1]   A.P.JACKSON, op.cit., p.xv.
[2]   GUTU KIA ZIMI, op.cit.
[3]   Voir carte de la zone ci-dessus en annexe.

vue du développement global. Schématiquement, le programme d'intervention peut se dérouler de la manière suivante:

1. Le premier secteur d'intervention (Est)

Le premier secteur d'intervention (l'Est) de la zone de développement s'étendrait aux secteurs administratifs de Kivulu, Boko, Lunzadi et Gombe-Matadi. Le centre d'animation et de démonstration du secteur pourrait se situer à Boko, à proximité de Mbanza-Ngungu. La région Est de développement sera subdivisée en deux sous-secteurs (sous-régions) d'action, qui se présenteraient de la manière suivante :
- Le sous-secteur Nord englobant le restant du secteur administratif de Boko et les secteurs de Lunzadi et de Gombe-Matadi ;
- Le sous-secteur Sud comprenant le secteur administratif de Kivulu et la partie du secteur de Boko située au sud de l'axe routier Matadi-Kinshasa.

2. Le deuxième secteur d'intervention (Ouest)

Le second secteur d'intervention (Ouest) comprendrait les secteurs de Timansi, Kwilu-Ngongo et Gombe-Sud. Son centre d'animation et de démonstration pourrait se localiser à Tumba, par exemple. Cette région d'intervention se subdiviserait en deux sous-régions d'action suivantes :
- La sous-région du Nord, qui concernerait le secteur de Timansi et la partie du secteur de Kwilu-Ngongo située au Nord de l'axe routier Matadi/Kinshasa ;
- La sous-région du Sud, qui comprendrait le reste du secteur de Kwilu-Ngongo et le secteur de Gombe-Sud.

Cette subdivision des régions d'intervention est proposée en fonction des ressources inhérentes à chaque région et des caractéristiques physiques, économiques et écologiques, qui sont différentes dans chaque secteur ou région de développement. Ainsi, les actions à entreprendre se différencieront dans l'ordre de priorité et d'exécution. Par exemple, la région de développement sud pose un problème d'eau tel que nous l'avions décrit dans l'analyse des facteurs et contraintes de développement alors qu'elle se prête à l'élevage. En ce qui concerne la durée de l'action, l'expérience montre qu'il est utopique de vouloir fixer des délais rigides dans le domaine du développement parce que ces délais ne peuvent que très rarement être respectés à cause des facteurs divers tels que les conditions socio-économiques, l'instabilité politique ou la guerre. Les plans d'action doivent être revus périodiquement et réajustés selon l'évolution des actions sectorielles et de l'importance des résultats enregistrés, car le tout est fonction de la stabilité politique, économique et sociale du pays ou de la région de développement. Dans les régions où l'action de développement est contrariée, entre autres, par des obstacles d'ordre psychologique et social, il est impossible de fixer d'emblée la durée nécessaire aux opérations. Il est cependant impératif de fixer la durée des premières interventions et leur nature. Cette étude se limite à émettre des propositions sur la manière dont l'action de développement proposée dans la zone de développement pourrait être réalisée sans se préoccuper de sa préparation matérielle, financière et technique, qui exige une étude interdisciplinaire. Plus tard, il faudra adjoindre à cette étude, une évaluation financière, une étude de faisabilité et une analyse technique pour son exécution éventuelle. Néanmoins, on peut avancer que la mise en place du personnel d'animation et de démonstration, et des moyens de travail nécessaires, ainsi que la mise au point des études complémentaires indispensables pour l'implantation pourraient exiger une période de cinq ans (notre estimation personnelle). Au cours de cette première période, des actions sectorielles plus ou moins importantes doivent être entreprises et développées.

Ces actions, dont la rentabilité pourrait être immédiate, peuvent constituer d'excellents points d'impact pour amorcer une action de développement communautaire global. Cela se justifie particulièrement dans une zone où la complexité des problèmes est telle que ceux-ci ne peuvent être bien saisis et maîtrisés par l'équipe de développement constituée par l'organe institutionnel à créer[1] qu'après des contacts suffisants et fructueux avec le milieu et ses habitants. Il faudrait aussi que la population soit mise en confiance par des actions sectorielles réussies, qu'elle s'oriente sincèrement vers une collaboration étroite avec les techniciens et qu'elle adhère réellement au progrès. Dans la zone rurale de Mbanza-Ngungu, la nécessité des actions sectorielles s'impose d'autant plus que ces actions devraient conserver leur efficacité, même au cas où l'indisponibilité des moyens financiers pourrait ralentir ou même retarder la réalisation d'un plan global de la zone de développement. La seconde période, au cours de laquelle l'action de développement pourrait s'intensifier annuellement, peut être estimée à dix ans. Pendant cette période, divers frais de fonctionnement seront nécessaires, notamment pour la formation des cadres. Il faudra, si possible, recruter l'équipe d'encadrement parmi les ressortissants de chaque région de développement pour l'éducation professionnelle des paysans et l'amélioration de l'infrastructure sociale et économique de base de la région de développement concernée. Cette période sera mise à profit pour préparer la population aux changements.

---

[1]   Nous proposons la création de l'organe institutionel qu'on pourra appeler SOLADEM (Solidarité et Action pour le développement de Mbanza-Ngungu).

On s'occupera d'abord d'une fraction de la population, puis de la collectivité dans son ensemble pour obtenir, en lui faisant percevoir son intérêt, d'abord sa prise de conscience de sa situation réelle et ensuite son adhésion volontaire aux changements (stratégie du développement conscient). Enfin, la troisième période, dont la durée ne peut être évaluée, pendant laquelle les cadres autochtones formés au cours de la période précédente se substitueront progressivement aux agents extérieurs de l'équipe de développement (SOLADEM) ou une toute autre institution de développement. Dans le cadre de cette étude, nous avons proposé la création de l'ONG SOLADEM comme cadre institutionnel pour coordonner les actions (programmes) de la zone de développement. L'assistance ou l'aide extérieure est censée diminuer pendant que s'effectuera la prise en charge des réalisations par les populations de la zone à travers les organisations paysannes. Pendant cette période, le niveau de vie et les revenus de ces populations devront normalement être en amélioration progressive. La prise en charge des réalisations par la population doit être progressive, car un décrochage prématuré risquerait d'entraîner la perte de l'acquis résultant de longs mois d'efforts et parfois d'investissements coûteux.

Cette perte pourrait occasionner le découragement de la population, sa déception et finalement la chute dans une indifférence apathique difficilement réversible[1]. Le progrès souhaité peut tourner en désastre à cause des frustrations dans la population.

---

[1]   C'est le cas du départ de la mission chinoise (Programme Riz) de Mbanza-Ngungu par suite des actes de pillage de 1991.

2.2. <u>STRATEGIES DE DEVELOPPEMENT DE LA</u> <u>ZONE DE MBANZA-NGUNGU</u>

Dans les stratégies de développement de la zone de Mbanza-Ngungu, nous aborderons les sujets suivants : le choix des stratégies de développement dans la zone de Mbanza-Ngungu ; le développement par l'approche-programme ; et les stratégies éducatives envisagées.

2.2.1. INTRODUCTION

R. Calorie et T. Atamer ont défini la stratégie comme étant une réflexion avant la bataille. Si le développement est conçu comme une bataille, il y a lieu de réfléchir sur la manière d'aborder cette bataille, à savoir l'inventaire des moyens et des ressources dont on dispose et la manière dont ces ressources seront utilisées ou affectées pour une meilleure efficience. Pour sa part, Philippe de Woot définit la stratégie comme « ... *l'ensemble de manoeuvres qui permet de mener victorieusement ses luttes...* ». De par cette définition, le développement se traduirait par la capacité d'une communauté à concevoir des stratégies pour atteindre ses objectifs de développement. La capacité stratégique d'une communauté doit s'entendre comme le processus qui aide à concevoir, à conduire et à contrôler ces manoeuvres afin de mener victorieusement la bataille du développement. Enfin, la stratégie est aussi définie comme « ... *un ensemble de décisions conditionnelles définissant les actes à accomplir en fonction de toutes les circonstances susceptibles de se présenter dans le futur* »[1]. Il s'agit donc d'un processus de décision et d'action délibéré et anticipatif, car c'est par lui que le groupe ou la

---

[1]   H. TEZENAS du MONTCEL, op.cit, p.305.

communauté définit ses priorités et alloue ses ressources. C'est par ce processus aussi qu'il fixe la marche à suivre, les buts à atteindre et les limites (possibilités) du succès ou de la victoire. La stratégie implique une ouverture sur l'environnement tant interne qu'externe de la communauté concernée, une perspective de longue durée, la préparation de l'avenir et, enfin, la volonté de maîtriser son destin. La stratégie implique aussi le risque et l'incertitude sur le chemin à prendre sur la bataille du développement. La capacité stratégique d'une communauté devra ainsi développer des systèmes beaucoup plus complexes au niveau de l'ingéniosité (concept de technologie appropriée), de la gestion des ressources à moyen et long termes, et des réalités du milieu physique et socio-économique. La stratégie du développement comprend les moyens à mettre en oeuvre pour que le développement se fasse. C'est la manière de réaliser l'objectif du développement. Elle constitue l'élément-clé de la réussite ou de l'échec de la démarche vers le développement[1]. Le tableau 5 ci-dessous donne les opinions exprimées par les individus enquêtés.

---

[1]   S.B.KABATU., op.cit., p.51.

TABLEAU 5: <u>ATTITUDE ET CONNAISSANCE VIS-A-VIS</u>
<u>DE LA STRATEGIE DE DEVELOPPEMENT</u>

QUESTIONS	SECTEURS													
	Boko		Kivulu		KwNgo		Lunzadi		GbeMat		Gbe-Sud		Timansi	
	%		%		%		%		%		%		%	
1. Etes-vous satisfait des différents projets de développement dans la zone ou village?														
Non, il ya trop de projets	31	21	25	26	15	11	19	18	17	13	19	16	43	30
Non, parce que pas de continuation	43	30	37	38	62	46	28	26	31	24	27	23	51	36
Non, trop de confusion, sollicitation	37	25	13	13	22	16	37	34	25	20	32	27	23	16
Oui, il ya quelques idées nouvelles	23	16	12	12	28	21	10	9.3	30	23	22	19	17	12
Oui, mais pas un impact réel	12	8.2	10	10	9	6.6	14	13	25	20	17	15	9	6.3
TOTAL	146	100	97	100	136	100	108	100	128	100	117	100	143	100
2. Y-a-t-il beaucoup d'intervenants dans la zone?														
Oui, c'est une bonne chose	73	50	14	14	14	10	16	15	46	36	58	50	63	44
Oui, mais sans coordination	54	37	37	38	69	51	65	60	53	41	29	25	57	40
Non, il n'ya pas assez d'intervenants	19	13	46	47	53	39	27	25	29	23	30	26	23	16
TOTAL	146	100	97	100	136	100	108	100	128	100	117	100	143	100
3. Y-a-t-il un projet qui a eu plus d'impacts dans votre village ou zone?														
Néant, aucun projet	102	70	53	55	103	76	66	61	70	55	67	57	77	54
Oui, peu d'impacts	44	30	44	45	33	24	42	39	58	45	50	43	66	46
TOTAL	146	100	97	100	136	100	108	100	128	100	117	100	143	100
4. Les intervenants apportent-ils des solutions à vos problèmes?														
Oui, quelquefois	55	38	27	28	39	29	33	31	77	60	91	78	100	70
Non, pas vraiment satisfait	91	62	70	72	97	71	75	69	51	40	26	22	43	30
TOTAL	146	100	97	100	136	100	108	100	128	100	117	100	143	100
5. N'est-il pas urgent que vous preniez vous-mêmes le développement de votre village en charge?														
Oui, il faut de l'entente entre nous	10	6.8	22	23	37	27	33	31	35	27	56	48	47	33
Oui si l'Etat nous aide un peu	65	45	25	26	56	41	44	41	41	32	35	30	44	31
Non, nous n'avons pas les moyens	53	36	37	38	29	21	23	21	28	22	22	19	27	19
Non, trop de jalousie, pas d'entente	2	1.4	13	13	14	10	8	7.4	24	19	4	3.4	25	18
TOTAL	146	100	97	100	136	100	108	100	128	100	117	100	143	100
6. Ne pensez-vous pas qu'il y a un désordre et manque de coordination chez les intervenants?														
pas de coordination entre les projets	76	52	57	59	70	52	34	32	61	48	21	18	43	30
Oui, les projets ne durent pas	53	36	34	35	55	40	51	47	43	34	59	50	75	52
Non, il ya une coordination	17	12	6	6.2	11	8.1	23	21	24	19	37	32	25	18
TOTAL	146	100	97	100	136	100	108	100	128	100	117	100	143	100
7. Aviez-vous déjà réalisé vous-mêmes des actions pour le développement de votre village?														
Oui, les routes entre les villages	76	52	38	39	44	32	31	29	43	34	27	23	35	25
La réparation des batiments	18	12	29	30	33	24	26	24	23	18	31	27	37	26
La réhabilitation de nos maisons	30	21	11	11	22	16	13	12	31	24	26	22	21	15
Diverses opinions	22	15	19	20	37	27	38	35	31	24	33	28	50	35
TOTAL	146	100	97	100	136	100	108	100	128	100	117	100	143	100

Il ressort de ce tableau qu'il ya un manque de coordination entre les intervenants dans la zone
et aussi un manque coordination entre les différents projets de développement. Les projets n'ont pas
un impact solide mais apportent parfois quelques idées nouvelles dans la population.
La volonté d'action existe dans les communautés ("bana ngudi") mais ils manquent parfois des moyens
pour agir. Une bonne coordination entre les projets serait plus profitable.

2.2.2 <u>CHOIX DES STRATEGIES DE DEVELOPPEMENT DE LA ZONE DE MBANZA-NGUNGU</u>

Le choix des stratégies de développement dans la zone de Mbanza-Ngungu porte sur les thèmes suivants : les ressources et les stratégies ; le développement par les micro-foyers de développement ; le développement par les initiatives des communautés de base ; et le développement par l'approche-programme.

2.2.2.1. <u>RESSOURCES ET STRATEGIES</u>

De ce qui précède, on peut déduire que le développement socio-économique de la zone requiert la mise en route des stratégies de développement. Il s'agit de lignes d'action à suivre pour la réalisation des programmes de développement en vue de l'objectif à atteindre. Compte tenu des potentialités, des possibilités et des ressources de la zone, l'étude propose des stratégies de développement. Elles sont basées sur l'aménagement géographique ainsi que sur la mise en valeur spécifique des ressources à l'initiative des communautés de base afin de compenser les faiblesses de la première stratégie. Enfin, une dernière stratégie est celle du développement par « approche programme » pour répondre au mieux à la réalité socio-économique paysanne et suivant l'approche méthodologique globale.

Ci-après, les stratégies adoptées :
- l'organisation des micro-foyers de développement sur base des aménagements géographiques. Son application et sa mise en oeuvre exigent des gros moyens. C'est le cas, par exemple, du foyer de développement de l'Inkisi dans le District de la Lukaya,

suivant l'étude de BEAU (Bureau d'Etudes et d'Aménagements Urbains);

- les communautés de base telles que les groupements communautaires et les associations paysannes, c'est-à-dire les initiatives des communautés de base pour la mise en valeur spécifique des ressources de la zone;

- l'intégration de toutes les actions dans des programmes sectoriels, qui doivent, à leur tour, s'intégrer dans un plan global de développement de la zone, de manière à maximiser les chances d'atteindre et de réussir les objectifs, afin d'éviter le gaspillage des moyens disponibles (approche-programme).

Il ne s'agit pas seulement de concentrer les efforts sur les parties de la zone qui offrent plus de potentialités de développement que d'autres, mais aussi d'exploiter les spécificités des autres ressources qu'offrent d'autres parties de la zone, car il n'y a pas que l'agriculture comme ressource à exploiter dans la zone. En effet, chaque région ou partie de la zone et chaque groupe de villages doit être considérée comme un problème à part et traité en fonction de contingences particulières. La stratégie de développement de la zone, basée sur le concept d'îlot ou de foyer de développement, présente clairement des distorsions entre la réalité des objectifs à atteindre, et les moyens envisagés et disponibles. Par exemple, la mise en oeuvre du foyer de développement de l'INKISI dans le District de la Lukaya, exige un coût total d'investissement quinquennal de l'ordre de 22,5 millions de dollars[1] que la collectivité locale n'a pas. Le recours à un financement extérieur est aussi hypothétique qu'aléatoire en cette conjoncture socio-politique et économique néfaste pour le pays. Comme le développement de la zone doit s'appuyer sur une

---

[1] BEAU, Schéma régional d'aménagement du Bas-Congo, vol.IV, dossier 9, Foyer de développement d'Inkisi, Ministère des TP/AT, Kinshasa, p.71.

approche communautaire et endogène, compte tenu de la réalité socio-économique de la zone et du pays, la stratégie des micro-foyers de développement, dans sa conception actuelle, exige pour sa mise en oeuvre des moyens financiers et matériels très importants dont la zone ainsi que la population ne peuvent disposer actuellement. La stratégie de développement par initiatives des communautés de base, qui s'appuie sur les cellules et noyaux de développement, en l'occurrence les groupements et associations paysannes, répondrait ainsi mieux aux exigences d'un développement endogène appuyé par une approche écodéveloppementale. Celle-ci voudrait que des solutions locales soient trouvées aux problèmes locaux par des initiatives locales. Il convient de signaler que la stratégie de développement par initiatives des communautés de base trouverait sa meilleure application avec le modèle monade de développement proposé. Les membres d'une même famille, d'un village, etc., qui partagent les mêmes réalités, sont plus solidaires dans la recherche des solutions à leurs problèmes que ne le seraient des individus ou des communautés disparates et sans affinités.

2.2.2.2. <u>LE DEVELOPPEMENT PAR LES MICRO-FOYERS DE DEVELOPPEMENT</u>

L'analyse effectuée pour l'établissement du schéma d'aménagement régional de la zone étudiée a mis en évidence des régions potentiellement intéressantes de l'ensemble schisto-calcaire de cette zone. L'élément favorable consiste à focaliser des efforts dans une localisation géographique en fonction de ces potentialités. Dans le cas de la zone, il s'agit d'une orientation sélective de « gîtes agricoles » dont la mise en valeur paraît plus aisée du fait des potentialités naturelles et humaines. Les régions suivantes peuvent ainsi être aménagées en micro-foyers de développement[1] :

- la crête Mbanza-Ngungu-Kimpangu,
- les plateaux et pénéplaines de l'Est de Mbanza-Ngungu,
- la pénéplaine de Songa,
- les environs de Mvuazi,
- la basse vallée de la rivière Lukunga entre Kimpese et le Fleuve Congo où elle se jette,
- le plateau du Bangu,

Ces régions offrent physiquement et, parfois, humainement des ressources certaines à exploiter et qui ont d'ailleurs déjà fait l'objet de tentatives plus ou moins durables. Mais certaines de ces régions de développement, telles que la basse vallée de la Lukunga et de la Luala, ne peuvent être retenues comme localisation prioritaire de la mise en oeuvre d'une stratégie de mutation agricole à cause de leur éloignement des majeurs (principaux) marchés urbains de la province du Bas-Congo (Kinshasa, Matadi). La tendance de leur évolution se poursuivra dans le contexte général d'intégration aux différents marchés. Cette conception du Ministère du Plan confirme notre analyse que la mise en valeur de ces régions est déterminée par la localisation et la maximisation des facteurs. Et pourtant, le foyer de développement doit contribuer à la promotion du progrès social de l'espace physique et géographique. A l'intérieur des micro-foyers de développement précités peuvent se développer des foyers de rayonnement culturel, artistique, spirituel et religieux, éducatif,

---

[1] L'analyse exhaustive et détaillée des micro-foyers de développement de la zone dépasse largement l'objectif de cette étude. Elle exige une approche interdisciplinaire et multisectorielle. D'autres chercheurs viendront nous compléter à ce sujet.

sportif, etc. Des interactions naissent entre ces différents foyers et leur milieu environnant.

2.2.2.3. LE DEVELOPPEMENT PAR LES INITIATIVES DES COMMUNAUTES DE BASE

Par communautés de base, on entend des regroupements de paysans d'un même village ou des villages voisins qui mettent ensemble leurs intelligences, leurs coeurs, leurs forces de travail et leurs moyens afin d'apporter des conditions meilleures à leur vie dans la production, la commercialisation, l'alimentation et le bien-être. Il s'agit de la prise en charge du développement du village par la communauté elle-même. Toutefois, cela exige de l'entente entre les membres (33%) et avec l'aide de l'Etat (31%).

Certains enquêtés affirment que la jalousie et le manque d'entente (18%) ainsi que le manque de moyens (19%) empêchent cette prise en charge. Il s'agit d'une mise en valeur des ressources de la zone ou de la région dont nous formulons les grandes lignes. En effet, contrairement à la théorie de foyer de développement, qui préconise de concentrer les efforts de développement sur quelques lieux qui feront tâche d'huile, la stratégie de développement par les initiatives des communautés de base préconise d'encourager le développement spatial de la région ou de la zone en tenant compte des spécificités de chaque partie de la zone, de la région ou du pays. Le but est d'éviter un développement spatial inégal, dont les répercussions peuvent dangereusement affecter les institutions politique (sécession, rébellion, division tribale...), économique (inégalité des revenus, clivage économique, désarticulation, ...) et sociale. Cette stratégie préconise le regroupement des populations par centre d'intérêts (initiatives des communautés de base) pour la mise en exploitation des ressources disponibles, car il est certain que chaque région, si pauvre soit-elle, a toujours quelque chose à offrir aux autres. Un sol sablonneux peut toujours être exploité à des fins économiques (verrerie, construction...). Une région abandonnée est vouée au dépeuplement. La stratégie de développement par les initiatives des communautés de base tire son fondement de l'approche écodéveloppementale, qui veut qu'on trouve d'abord des solutions locales aux problèmes locaux. Cette stratégie repose sur l'approche du développement endogène qui consiste à recourir d'abord aux ressources internes de la population. Dans la perspective du développement endogène, les populations s'organisent elles-mêmes pour promouvoir leur bien-être. Il n'est pas évident que la concentration des efforts sur quelques endroits, selon la stratégie de développement par foyer, aura nécessairement des effets d'entraînement sur les autres parties de la zone ou de la région. La stratégie préconisée ici concrétise donc l'importance accordée aux actions locales de développement. Dans ce cas, la localité ou le regroupement des villages est le noyau ou la cellule de base des actions du développement.

Cela rejoint le modèle monade de développement qui préconise la monade comme unité communautaire de base. Comme on dit « *Small is beautifull – sometimes* ». Et dans un pays comme les USA, « *In the last two decades the assertion has often been made that most of the jobs in America are being created by small businesses and that, as a result ; such business should be seen as engines of national economic success* »(*R.Heilbroner and L.Throw*). Ces associations et regroupements constituent aussi le cadre de transmission et d'exécution des actions d'encadrement des populations par la valorisation des organisations paysannes. Compte tenu de l'allocation inégale des ressources, il n'est peut être pas possible d'éviter le développement inégal des terroirs, même si nous nous appuyons sur le modèle monade de développement. Au moins, nous aurons donné à chaque terroir l'occasion de se développer ou de se prendre en charge et à l'ensemble un facteur d'émulation ou de compétitivité. En effet, étant concernées par leur propre développement, ces organisations paysannes transmettront verticalement leurs aspirations et exécuteront horizontalement diverses directives : diffusion de nouvelles semences ; application des règles d'hygiène et de santé ; création des routes et des sources d'eau potable ; organisation des campagnes de vaccination ; ou toute autre action développementale. Il est inconcevable d'entrevoir une action quelconque sans se référer à ces regroupements comme représentants et porte-paroles de la population, comme l'exige l'approche du développement rural intégré, qui veut l'implication et une participation effective des masses rurales. Incontestablement, les regroupements paysans de la zone et d'autres organisations paysannes offrent un cadre et un milieu favorable à la participation. Leur engagement actif, qui doit être encouragé, constitue un élément essentiel et primordial pour une stratégie de stimulation et de mobilisation des ressources humaines et financières comme le veut le développement endogène. Les enquêtés affirment que des actions de développement pour le développement du village, comme l'aménagement des routes entre les villages (25%), la réparation des bâtiments (26%) et la réhabilitation des maisons (15%), ont été entreprises par les membres des communautés. La stratégie de développement par les initiatives des communautés de base exige des facteurs nouveaux et des acteurs nouveaux. Les facteurs nouveaux doivent être définis par la majorité de la population, à savoir les besoins, la volonté de mieux-être et de développement et le savoir technique, tandis que les acteurs nouveaux doivent être spécifiques : il faut éduquer et former dans cet esprit les personnes chargées d'assister la population dans sa démarche, qu'il s'agisse d'agents de développement, d'agents administratifs, d'ONG, de dirigeants politiques ou d'intervenants étrangers. Les dirigeants politiques doivent faire preuve d'une détermination pour ne pas céder aux pressions des groupes d'intérêt locaux ou étrangers hostiles à leur stratégie non ouvertement libérale par rapport à leurs intérêts. C'est à la population participante à définir ses objectifs, ses valeurs et les critères d'appréciation de ses actions. L'expérience des associations et regroupements paysans engagés dans la voie du développement dans la zone étudiée se matérialise par la sagesse africaine exprimée plusieurs fois par des proverbes et constitue la base de la philosophie de la stratégie de développement par les initiatives des communautés de base. La solidarité africaine, de plus en plus délaissée et méconnue, constitue un atout important pour le développement, car avec elle, on peut mobiliser les masses communautaires pour un objectif visé. L'esprit de solidarité constitue actuellement la base et le moteur des actions entreprises par les communautés de base à travers les différentes formules d'entraide traditionnelle. Cette solidarité est plusieurs fois exprimée dans la sagesse africaine sous forme de proverbes, réflexions ou pensées ci-après:

a) *« La faim est devenue un maître qui nous a appris à réfléchir »* (Dondo Péliaba, chef du village de Minti, Mali);

b) *« Compter sur soi-même commence avec soi, en entreprenant quelque chose et en réussissant. Alors ton amie viendra te demander comment tu as fait et se joindra à toi, puis une autre amie, puis encore une autre et un jour vous aurez un mouvement. »* (Susan Kusema, Gweshe township, Zimbabwe);

c) *« Ne nous donne pas de l'argent, on le dépense tout de suite, donne-nous des idées »* (Bakary Macalou, président des groupements de la région de Badumbé, Mali);

d) « *Le malheur pousse à l'innovation. C'est à cause des difficultés que les initiatives paysannes sont nées. Ces difficultés ont même été une bonne chose, car sans elles nous dormirions encore en nous reposant dans la dépendance.* » (Un paysan de la région de Tivaouane au Sénégal);

e) « *Ensemble nous pouvons trouver des solutions. Nous ne comptons que sur nos propres forces.* » (Alpha Sall, Coordonnateur de l'Entente paysanne de Malem-Hodar, Sénégal);

g) « *Si les bouches des fourmis s'unissaient, elles transporteraient un éléphant.* » (Proverbe mossi);

h) « *Le plus grand problème de l'Afrique est que trop de gens parcourent le continent avec des solutions toutes faites à des problèmes qu'ils ne comprennent pas. Beaucoup de ces solutions sont mal étudiées.* » (Djibril Diallo, porte-parole du Bureau des Nations Unies pour les opérations d'urgence en Afrique);

i) « *Nous voulons un autre développement, notre propre développement, revenir aux sources, nous baser sur nos propres valeurs.* » (Un paysan sénégalais);

j) « Nos pays sont endettés, certains ne rembourseront même pas leurs dettes d'ici la résurrection! Et cela pour se payer un développement à l'occidentale. Il y a un proverbe Mossi qui dit : « *Ce sont ceux qui ont du mil (les riches) qui s'entraident* » (Alidou Sawadogo, Séguénéga, Burkina-Faso);

k) « *L'aide alimentaire rend paresseux. On a toujours tendance à se reposer sur l'aide. L'aide alimentaire a été utilisée pour créer des marchés pour le blé occidental. Avant, on n'était pas habitué à le consommer. C'est la même chose avec le lait en poudre.* » (Mohamed Cissé, Diennah-Bâ, Sénégal);

l) « *L'aide alimentaire pousse les gens à dormir, alors que dans les pays donateurs les gens travaillent comme des machines. Ils stockent, ils ne savent que faire des excédents... En fin de compte, l'aide augmente la dépendance.* » (Un paysan Mossi du Yatenga.);

m) « *Le paysan est le gardien de la vie. Il est comme les racines d'un arbre. Si quelqu'un passe, il voit les feuilles, les fleurs, les branches. Mais quelque chose soutient l'arbre. Ce sont les racines. Les racines, c'est le paysan.* » (Alidou Sawadogo);

n) « *Une fois réunies, nous sommes fortes. Fortes, nous vaincrons même la famine. « Un seul doigt ne peut ramasser une pierre », dit un proverbe. Nous allons travailler, nous former, encore mieux travailler, et cela nous permettra de trouver des solutions.* » (Groupement des femmes Naam de Séguénéga au Burkina-Faso)[1]. Actuellement, selon les constatations du terrain, la naissance de groupements villageois dans la zone est un besoin suscité par les ONG à travers leurs programmes de sensibilisation auprès de la population.

2.2.2.4. LE DEVELOPPEMENT PAR L'APPROCHE-PROGRAMME

L'approche du développement axée sur les projets n'a pas toujours débouché dans la plupart des cas sur les niveaux de développement escomptés, comme l'a constaté le PNUD. Une des principales raisons de cette défaillance est que la réalisation des objectifs de développement s'effectue par la mise en oeuvre des projets autonomes conçus pour répondre à des besoins de développement particuliers.

---

[1] P. PRADERVAND, op,cit., p. 27.

L'intégration de ces projets aux objectifs nationaux et régionaux est très souvent faible, si pas inexistante. L'approche axée sur les projets répond principalement aux priorités de développement définies par des partenaires et bailleurs de fonds internationaux et ce, aux dépens des plans nationaux et régionaux de développement. Il y a beaucoup d'intervenants dans la zone, ce qui est une bonne chose (44%), mais ils agissent sans coordination (40%). Dans sa forme multinationale, la coopération internationale donne de plus en plus une préférence à la collaboration directe avec les ONG. Cette politique accuse certaines faiblesses, car en privilégiant la coopération avec les ONG, on oublie un élément important : seul l'Etat peut garantir l'équilibre du cadre macro-économique. En négligeant la coopération avec l'Etat ou en privant celui-ci des moyens pouvant lui permettre de rétablir et de soutenir les équilibres macro-économiques, comme la stabilité de la monnaie, le niveau de l'emploi, la consommation, etc., il est difficile que les ONG évoluent efficacement et atteignent les objectifs de leur action.

Au-délà de toutes considérations politiques conditionnant la coopération internationale, multinationale ou bilatérale, l'appui à l'Etat est indispensable pour la réussite des interventions des ONG. Depuis le « *catch up model* », « *small is beautifull* » préconisé par Schumacher, la tendance au niveau international est de vouloir favoriser la coopération directe avec les ONG par le financement de différents projets. La stratégie de développement par projets est devenue le chemin privilégié de la nouvelle forme de coopération entre le Nord et le Sud. Il y a lieu de reveler ici de graves inconvénients qui rendent cette coopération inéfficace. Il s'agit notamment, d'une part, des problèmes de gestion interne des ONG qui ont la charge des projets sur le terrain et, d'autre part, de la tendance à vouloir remplacer l'Etat par des intervenants privés au lieu de l'associer.

Par exemple, dans la zone de Mbanza-Ngungu, on compte un grand nombre d'intervenants comme l'UNICEF, la FAO, l'OMS, le PNUD, la Banque Mondiale, le PRONAM, le CRAFOD, etc. Ces intervenants évolue chacun selon ses priorités, sans coordination dans les actions qui se font sur le terrain, comme l'affirment les enquêtés (30%). D'autre part, les projets ne durent pas (52%). A la longue, nous assistons à un foisonnement des actions qui s'avèrent inefficaces et parfois contradictoires tant pour la population que pour le pays. On note dans la zone que le paysan se trouve parfois engagé dans quatre ou sept projets avec des approches méthodologiques différentes et mêmes contradictoires. Les projets exécutés sont très souvent ceux qui ont été retenus par les instances supérieures des intervenants au détriment de ceux exprimés et souhaités par la population. Dans le cas de la zone de Mbanza-Ngungu, les besoins de la population sont connus, mais on y voit des interventions sur les projets d'apiculture par exemple, alors que, dans le secteur routier, le vide est total parce que ce secteur ne rencontre pas le consentement des partenaires et des bailleurs de fonds, souvent extérieurs. Les intervenants n'apportent pas souvent des solutions aux problèmes de la population (30%), même si la majorité des enquêtés (70%) confirment l'intervention efficace des projets dans la zone. L'Etat, garant de l'équilibre des ensembles (cadre) macro-économiques, ne doit pas être mis à l'écart ni affaîbli : il doit être associé aux actions de développement. Un programme-cadre national est entendu comme un ensemble cohérent de politiques, de stratégies, d'activités et d'investissements interdépendants visant à réaliser un objectif ou un ensemble d'objectifs nationaux ou régionaux définis dans le cadre d'un calendrier précis. Il est souvent représenté par un document officiel du gouvernement comme le DSRP, qui décrit toutes les ressources nécessaires ainsi que des arrangements de mise en oeuvre et de gestion. Il peut aussi être sectoriel, géographique ou thématique. Dans ce cas, il se composerait d'une série de sous-programmes, de volets et d'éléments.

Dans le cadre de la zone de Mbanza-Ngungu, la stratégie de développement par les foyers de développement préconisée laisse entrevoir des problèmes : d'une part, il est difficile de mobiliser d'importantes ressources financières et matérielles pour sa mise en oeuvre, et, d'autre part, elle a une logique qui consiste à ne s'intéresser qu'à des parties de la zone (gîtes) qui offrent une grande potentialité de ressources pour le développement. Aussi la présente étude préfère-t-elle la stratégie de développement par les initiatives des communautés de base, qui se fonde sur les groupements paysans pour la mise en valeur des ressources spécifiques de la zone et qui ne nécessite pas de très gros moyens financiers et matériels pour entamer la réalisation des actions de développement. Cependant, la mise en oeuvre de ces réalisations doit être coordonnée et planifiée suivant le concept du développement conscient, car la réalisation ne doit pas se faire en désordre mais plutôt de manière cohérente, suivant les besoins exprimés par les populations. Ainsi proposons-nous aussi la stratégie de développement par programmes (projets) pour mieux cerner les besoins de la population. La préférence est accordée d'abord aux petits projets compte tenu de la mobilisation des ressources nécessaires. Toutefois, ces petits projets doivent être intègrés dans un programme cohérent au lieu d'envisager des grands projets comme cela a toujours été le cas. Pour le moment, ces petits projets ne s'intègrent même pas dans la structure socio-économique de la région, ils sont quelque fois inarticulés et ne tiennent pas compte de besoins réels exprimés par la population. A la question de savoir si la population est satisfaite de différents projets dans la zone, la réponse est négative pour diverses raisons : multitude de projets (30%), manque de continuation (36%), trop de confusion et de sollicitation (16%). Au-déla des quelques idées nouvelles (12%) qu'apportent les projets, il n'y a pas vraiment un impact réel (6,3%). Cela n'exclut pas, comme nous l'avons souligné, que l'Etat soit pris en compte comme le garant du cadre macro-économique indispensable devant permettre aux différents intervenants d'oeuvrer pour le développement : « *What is beautiful in an economy is not smallness as such, any more than bigness. It is a mix of firms of many sizes, each performing the task that suits its size best* »[1]. Pour nous, les actions de développement à entreprendre dans la zone doivent être organisées dans un ensemble cohérent des projets qui doivent s'intégrer tant dans leur but que dans leur exécution dans un programme, lui-même obéissant à un plan global de développement.

L'utilisation du programme (projet) en tant qu'instrument de développement de la zone apparaît pour le moment comme le procédé idéal pour atteindre les objectifs poursuivis, mais à condition que le cadre macro-économique soit stable et assaini. Beaucoup de facteurs militent en sa faveur :

a) Le programme permet de circonscrire l'action, d'en échafauder le mécanisme et, par conséquent, d'en assurer la maîtrise;

b) On n'avance pas à l'aveuglette, on sait où l'on va, et on peut, autant que possible, prévoir les réactions ou, au besoin, faire intervenir les correctifs nécessaires afin d'obtenir l'effet d'entraînement que l'on attend d'un inducteur;

c) Enfin, le programme permet de mieux contrôler l'utilisation de l'argent du financeur (association paysanne, ONG...).

Cependant, le risque de faire échouer le programme est aussi réel parce que le paysan, pour lequel on prétend travailler, peut

---

[1] R. HEILBRONER and L. Throw, op.cit., p.172.

avoir une autre conception du développement. C'est peut être pour lui l'élimination de tel problème ou le renforcement de tel acquis. Encore faut-il que ses intérêts rencontrent ceux de la communauté et convergent vers le même objectif, ce qui n'est toujours pas le cas. Apprendre au paysan à maîtriser les éléments de son milieu pour arriver à ses fins peut, pour lui, être suffisant mais procéder autrement, c'est le mettre en dehors du coup et l'amener à la conviction qu'il n'est pas concerné. Le développement en Afrique, affirmait quelqu'un avec humour, c'est le cimetière de projets. Les techniciens de tous bords, qui l'ont conçu, étaient convaincus qu'ils possédaient l'unique vérité qui sauverait le monde. Ces techniciens débarquent à la demande de nos dirigeants, qui préfèrent souvent l'investissement de plusieurs millions à la réalisation des petits projets qui répondraient aux aspirations des populations. Mais le plus souvent, au départ de ces techniciens, les populations bénéficiaires pour lesquelles tant de sollicitude a été déployée, continuent de s'interroger sur le pourquoi et le comment de certains de ces projets (L.Banga). « *Que de projets ne sont-ils pas étrangers au milieu dans lequel ils sont insérés? Combien ne sont-ils pas enclavés ou rigides au point de ne pouvoir s'adapter aux conditions du milieu parce que leur conception technique sont généralement exogènes. Très souvent, à l'origine du diagnostic du mal à combattre et du choix de la thérapeutique se trouvent des étrangers. Il est, par ailleurs, rare que ceux-ci n'arrivent pas avec leurs principes et leurs règles qui les conduisent à ignorer ceux en cours sur le terrain, à s'enfermer dans une tour d'ivoire* »[1].

A la question de savoir, s'il y a un projet qui a eu un impact dans le village, 54% des enquêtés ont déclaré n'avoir eu aucun impact avec un projet et 46% d'entre eux ont déclaré avoir eu quelques

---

[1]   L. BANGA, op,cit., p.8.

impacts avec des projets. L'essentiel de notre réflexion est d'être plus attentif aux considérations des populations bénéficiaires et d'en faire des partenaires depuis la conception jusqu'à la réalisation des programmes, sans oublier d'y associer l'Etat.

2.2.3. STRATEGIES EDUCATIVES ENVISAGEES

Les stratégies éducatives envisagées sont celles-ci : l'éducation mésologique et l'éducation traditionnelle.

2.2.3.1. INTRODUCTION

L'action éducative à entreprendre dans la zone doit se matérialiser par la démonstration, la conscientisation, la vulgarisation, la sensibilisation et l'animation. C'est dire que l'action développementale à entreprendre doit se faire dans tous les domaines de la zone. En effet, la population doit d'abord comprendre ce qu'on attend d'elle avant de lui exiger sa participation. Il ne sert à rien de mettre en place une structure de production (infrastructure économique, éducative, et sanitaire) sans savoir au préalable si cette structure sera bien comprise de la part de la population. Il ne sert à rien d'introduire une innovation dans la production agricole si la population n'en réalise pas le bien-fondé. C'est quand la population de la zone aura compris le bien-fondé des actions à entreprendre dans son milieu qu'elle saura s'engager pleinement dans la production, la défense et la protection de son milieu, l'amélioration de son état sanitaire et de son bien-être. Aussi, c'est quand la population de la zone aura bien comprit les forces et les faiblesses de son milieu que les actes qu'elle posera au quotidien détermineront sans doute la prise de conscience du danger réel qu'ils font courir sur l'environnement, par exemple. La population prend conscience du fait que la pratique de feux de brousse fragilise la savane, affecte le climat, détruit la végétation, érode les sols, déséquilibre la biodiversité des écosystèmes savanicole et forestier, perturbe le régime hydrographique, etc. L'éducation a été choisie comme base principale du processus de développement de la zone parce que nous sommes convaincus que le développement est avant tout une affaire de l'individu lui-même qui doit prendre conscience de son état. Et comme l'a dit Marshall, « *... de tous les capitaux, le plus important est celui qui a été investi dans l'homme* ». Or, l'éducation semble être l'un des facteurs fondamentaux du développement qui aide l'individu à s'auto-épanouir et à prendre conscience de son état. C'est par l'éducation et la formation que l'individu sera en mesure de réaliser ses potentialités.

Dans le cas de la zone étudiée, la stratégie éducative proposée prend en compte non seulement l'éducation de base (mésologique), mais aussi le système éducatif traditionnel (l'éducation traditionnelle). Pour la première (éducation mésologique), il ne s'agit pas seulement d'envoyer la population apprendre l'algèbre ou la géométrie, mais aussi de l'amener à avoir une meilleure connaissance du milieu (afin de mieux le défendre et le protéger), des techniques et méthodes (en vue d'accroître la production sans porter préjudice à l'environnement et aux ressources). Dans le second cas (éducation traditionnelle), il s'agit de recourir aux valeurs morales qui ont guidé les communautés dans la société traditionnelle. Actuellement, ces valeurs commencent à faire défaut dans l'ensemble de la société Kongo. Nous sommes convaincus de l'impact du système éducatif traditionnel sur le comportement des individus dans la société. Ce système faisait jadis d'eux des êtres responsables, entreprenant et se prenant en charge. Ils étaient sous l'emprise d'un système des valeurs morales qui est aujourd'hui de plus en plus méconnu à la suite de la turbulence des influences exogènes et même endogènes.

2.2.3.2. L'EDUCATION MESOLOGIQUE

L'adjectif mésologique signifie qui a rapport à la mésologie ou aux milieux. Pour le CIEM (Conseil International d'Education Mésologique des pays de langue française), l'expression « *éducation mésologique* » a le même sens que « *l'éducation relative à l'environnement* » utilisée par l'UNESCO. L'équivalent anglais de l'éducation mésologique est « *environmental education* ». Parmi les problèmes qui se posent dans la zone de Mbanza-Ngungu et qui exigent une intervention rapide, il y a ceux-ci : la dégradation des sols, la dégradation de l'écosystème savanicole, une agriculture archaïque et le recours aux feux de brousse. Il s'agit là d'un ensemble de problèmes qui touchent la production et l'environnement et qui nécessitent une connaissance de cet environnement pour mieux le défendre et le protéger. Agir autrement risque de compromettre toute chance de développement de la zone.

Si l'environnement (le milieu physique et humain) n'est pas protégé, il n'y aura pas de développement durable.

TABLEAU 6: ATTITUDE ET CONNAISSANCE VIS-A-VIS DE L'EDUCATION MESOLOGIQUE

QUESTIONS	Boko	%	Kivulu	%	KwNgongo	%	Lunzadi	%	GbeMatadi	%	GbeSud	%	Timansi	%
1 Le commerce du bois et du charbon est-t-il à la base de la destruction des forêts dans les villages?														
Oui, c'est l'une des causes principales	28	19.2	16	16.5	46	33.8	41	38	58	45.3	25	21.4	23	16.1
Oui, mais pas la cause principale	77	52.7	51	52.6	57	41.9	43	39.8	52	40.6	63	53.8	58	40.6
Non, on n'a pas ce problème	32	21.9	23	23.7	29	21.3	19	17.6	16	8.6	12	10.3	47	32.9
Diverses opinions	9	6.2	7	7.2	4	2.9	5	4.6	7	5.5	17	14.5	15	10.5
TOTAL	146	100	97	100	136	100	108	100	128	100	117	100	143	100
2 La pratique des "nkunku" contribue-t-elle à la protection des terres dans les villages?														
Oui, mais pas totalement	87	59.6	73	75.3	61	44.9	57	52.8	74	57.8	34	29.1	18	12.6
Oui, mais elle crée des conflits internes	51	34.9	22	22.7	67	49.3	43	39.8	37	28.9	67	57.3	72	50.3
Non, on n'a pas ce problème	8	5.5	2	2.1	8	5.9	8	7.4	17	13.3	16	13.7	53	37.1
TOTAL	146	100	97	100	136	100	108	100	128	100	117	100	143	100
3 Pourquoi le vin de "mbulu" est-il interdit dans certains villages?														
Parce qu'il détruit les palmiers	7	73.3	40	41.2	59	43.4	52	48.2	63	49.2	89	76.1	93	65
Parce qu'il rend les gens malades	8	5.5	18	18.6	4	2.9	8	7.4	4	3.1	11	9.4	17	11.9
Inconnu dans le village	31	21.2	39	40.2	73	53.7	48	44.4	61	47.7	17	14.5	33	23.1
TOTAL	146	100	97	100	136	100	108	100	128	100	117	100	143	100
4 Avez-vous un problème de tarissement des rivières dans votre village?														
Oui, avec acuité	13	8.9	32	33	87	64	23	21.3	29	22.7	67	57.3	55	38.5
Oui, mais passable	36	24.7	14	11.3	38	27.9	71	65.7	56	43.8	21	17.9	66	46.2
Non, pas dans le village	87	59.6	47	48.5	11	8.1	10	9.3	39	30.5	23	19.7	19	13.3
Diverses opinions	10	6.8	7	7.2	0	0	4	3.7	4	3.1	6	5.1	3	2.1
TOTAL	146	100	97	100	136	100	108	100	128	100	117	100	143	100
5 Comment mettre fin à la pratique de couper les arbres fruitiers pour le charbonnage?														
Punir sévèrement les coupables	117	80.1	60	61.9	79	58.1	88	81.5	55	43	73	62.4	76	53.1
C'est au chef du village d'agir	26	17.8	33	34	48	35.3	11	10.2	57	44.5	7	6	11	7.7
Il faut éduquer les gens	3	2.1	4	4.1	9	6.6	9	8.3	16	12.5	37	31.6	56	39.2
TOTAL	146	100	97	100	136	100	108	100	128	100	117	100	143	100
6 Quel est l'inconvénient de la pratique des "nkunku"?														
Monopolise les terres à un seul "ngudi"	17	11.6	35	36.1	16	11.8	31	28.7	49	38.3	38	32.5	39	27.3
Exige parfois une très longue jachère	120	88.2	52	53.6	83	61	67	62	69	53.9	69	59	87	60.8
Parfois source de conflits dans le village	9	6.2	10	10.3	37	27.2	10	9.3	10	7.8	10	8.5	17	11.9
TOTAL	146	100	97	100	136	100	108	100	128	100	117	100	143	100
7 Comment expliquer la disparution de certaines cultures et aliments traditionnels ?														
Causes non connues	6	4.1	16	16.5	56	41.2	25	23.1	41	32	28	23.9	32	22.4
Manque des semences naturelles	64	43.8	37	38.1	61	44.9	80	74.1	77	60.2	83	70.9	97	67.8
Manque d'intérêt, culture abandonnée...	76	52.1	44	45.4	19	14	3	2.8	10	7.8	6	5.1	14	9.8
TOTAL	146	100	97	100	136	100	108	100	128	100	117	100	143	100

L'éducation mésologique vise surtout la conservation du milieu et la préservation des ressources des "bana ngudi". Nous voyons dans ce tableau que certaines pratiques comme le vin de "mbulu", l'abattage des arbres fruitiers, les "nkunku" ont un impact négatif ou positif sur le milieu physique (ressources) et humain des unités monadiques. L'éducation mésologique est une nécessité pour la zone.

Dans la perspective de notre politique de développement, l'action éducative mésologique doit être au centre de toutes les actions développementales à entreprendre. L'éducation mésologique est entendue comme le besoin essentiel à satisfaire dans la zone de développement à court, moyen et long termes et ce, d'une manière permanente. La solution des problèmes aigus qui sont à l'origine de la dégradation de l'environnement (feu de brousse, dégradation des sols, destruction de l'écosystème savanicole, etc.) exige une large prise de conscience de la gravité de la situation dans la population toute entière, et une volonté d'action. Il le faut afin que par l'effort concerté de tous, il devienne possible de trouver des solutions pour l'intérêt de la communauté afin d'assurer le progrès véritable de la population, principal bénéficiaire des acquis du développement. Dans la zone, la pratique des « nkunku » est l'une des solutions à la protection des terres, mais pas totalement (12.6%). Selon les enquêtés (50,3%), elle crée des conflits internes dans les villages. La pratique des « nkunku » selon les enquêtés monopolise les terres (27,3) % et exige une longue période de jachère (60,8%), et elle est une source de conflits dans les villages (11,9%). De véritables solutions ne peuvent être apportées aux problèmes de l'environnement et du développement en partant de bases strictement économiques et techniques. Les résultats de l'enquête ont révélé la prédominance des besoins physiques exprimés par la population, qui ne se soucie guère de la sauvegarde du milieu physique dans lequel elle vit et dont elle est censée tirer profit pour sa jouissance matérielle. Le commerce de bois et de charbon n'est pas reconnu comme la cause principale de la destruction des forêts (40,6%) mais comme l'une des causes seulement (16,1%). Le développement rural intégré, comme l'amélioration de la qualité de l'environnement, indispensable au bien-être de la population, implique que l'on puisse faire naître dans l'esprit de celle-ci, grâce à l'éducation mésologique, un profond changement d'attitudes et de comportements. Ce changement doit s'opérer dans un vaste esprit de responsabilité et de solidarité, car comment justifier la pratique inconsciente de feux de brousse si la population était réellement convaincue de ses effets néfastes sur son environnement. On s'est demandé comment les gens pouvaient s'attaquer aux arbres fruitiers sans se soucier de leurs besoins futurs d'alimentation et mêmes commerciaux. Les enquêtés proposent de punir sévèrement les coupables (53,1%) et d'éduquer les gens (39,2%) pour mettre fin à la coupe d'arbres fruitiers. Actuellement, la densification des arbres dans la savane affiche une nette régression de la savane arbustive vers la savane herbeuse. Seules des mesures concertées, prises sur le plan éducatif au sens large, paraissent à même d'assurer, à long terme, le développement intégral et harmonieux de la population de la zone de développement et de lui garantir un équilibre physique, social et mental.

Pour le développement de la zone en particulier, et du pays en général, il est temps de se choisir un modèle de développement privilégiant avant tout l'éducation de la population, car la détérioration des valeurs éthiques, morales, sociales dans notre société est une inquiétude permanente pour tout le monde : cadres, dirigeants et ressortissants de la zone, de la région et du pays. Il suffit de mesurer la montée en puissance du degré d'immoralité et autres antivaleurs dans la société pour évoquer le sens de notre responsabilité commune. A côté du problème de dégradation des terres dans la zone de développement, et en particulier des systèmes entretenant la production, il est aussi nécessaire de faire le diagnostic de la crise morale qui marque la déstabilisation des structures socio-économiques et culturelles de la zone de développement. Il s'agit de savoir si la population de la zone de développement est consciente de son avenir, c'est-à-dire de son environnement ou de son développement. Dans la prise de conscience, le vin de « *mbulu* » obtenu à partir des palmiers coupés est interdi dans certains villages, parce qu'il détruit les palmiers selon les enquêtés (65%). Il s'agit là d'une question importante, de l'objectif que chaque individu ou chaque communauté doit s'efforcer de réaliser dans la zone de développement. Le constat témoigne que la majorité de la population de la zone de développement n'est pas en mesure de réaliser ses potentialités. Les problèmes de stricte survie physiologique, les maladies psychosomatiques, etc., empêchent une grande proportion de gens de réaliser ne fût-ce que très partiellement leurs potentialités. Le souci quotidien de la population, tant rurale qu'urbaine, de la zone de développement[1], c'est de trouver de quoi manger (*Ndilu yekina mpasi*). Elle néglige les préoccupations mentales et intellectuelles. Selon les enquêtés, la disparition, de certains aliments traditionnels qui contribuent à sa bonne alimentation, est attribuée au manque de semences naturelles (67,8%). Il s'agit là d'un problème d'environnement aussi sensible que celui de la dégradation du milieu physique, par exemple, car il touche un domaine important, celui de la dégradation mentale de la population avec toutes ses conséquences. Devant cette situation de crise aiguë et croissante, on conviendra que quelque chose de majeur doit changer dans la région. Un changement conséquent doit être apporté dans les relations des populations et des groupes communautaires entre eux ainsi que dans les rapports de la population avec l'environnement et ce, grâce à l'éducation mésologique.

2.2.3.3. L'EDUCATION TRADITIONNELLE

L'éducation traditionnelle est caractérisée par différentes formes d'initiations pour permettre à l'individu d'affronter la réalité de la

---

[1]   Voir à titre indicatif l'enquête de l'UNICEF « ENSEF-ZAIRE 95, op.cit, p.21.

vie et d'assumer ses responsabilités futures dans la société. Les initiations traditionnelles ont incontestablement véhiculé une vision de l'homme et de la société qui peut constituer des lignes forces d'un projet de société pour les sociétés africaines d'aujourd'hui et de demain, surtout en cette période de crise que traverse nos sociétés sur les plans moral, économique, environnemental... Dans la société Kongo, l'éducation traditionnelle se transmettait par des proverbes « *bingana* », des rites, des contes « *bisavu* », des initiations, des récits, etc., soit un ensemble de valeurs qui semblent être de plus en plus méconnues et dont nous recommandons vivement la redynamisation. Il y a cependant, un choix à faire pour certaines attitudes et valeurs culturelles traditionnelles.

TABLEAU 7. ATTITUDE ET CONNAISSANCE DES INDIVIDUS VIS-A-VIS DE L'EDUCATION TRADITIONNELLE

QUESTIONS	Boko		Kivulu		KwNgon		Lunzadi		Gbe-Mat		Gbe-Sud		Timansi	
	%		%		%		%		%		%		%	
1. Quelles sont les causes de la dépravation des moeurs dans la zone?														
On n'a pas ce problème dans le village	3	2.1	5	5.2	6	4.4	5	3.7	9	7	13	11	16	11
On voudrait imiter les citadins	7	49	26	27	56	41	23	17	22	17	23	20	27	19
Une crise de culture, le monde évolue	21	14	8	8.2	13	9.6	11	8.1	36	28	41	35	33	23
C'est l'irresponsabilité des adultes	44	30	54	56	49	36	61	45	48	38	31	27	63	44
Diverses réponses	7	4.8	4	4.1	12	8.8	8	5.9	13	10	9	7.7	4	2.8
TOTAL	146	100	97	100	136	100	108	100	128	100	117	100	143	100
2. Pourquoi l'enfant Kongo n'appelle pas son aîné par son nom?														
C'est par respect aux adultes	76	52	52	54	68	50	33	31	56	44	63	54	66	46
C'est un signe de politesse	67	46	39	40	53	39	72	67	63	49	45	39	73	51
Diverses réponses	3	2	6	6.2	15	11	3	2.8	9	7	9	7.7	4	2.8
TOTAL	146	100	97	100	136	100	108	100	128	100	117	100	143	100
3. Comment punir "muana Kivingi"														
Il faut le chasser	58	40	43	44	60	44	53	49	61	47	63	54	56	39
Ne pas lui donner la nourriture	83	57	51	53	56	41	46	43	57	45	47	40	83	58
Diverses réponses	5	3.4	3	3.1	20	15	9	8.3	10	7.8	7	6	4	2.8
TOTAL	146	100	97	100	136	100	108	100	128	100	117	100	143	100
4. Pourquoi dit-on "muana Nkongo longela mu bingana"?														
C'est la base de la sagesse kongo	41	28	3	3.1	8	5.9	16	15	21	16	16	14	9	6.3
Pour le préparer au "Kinzonzi" (palabre)	31	21	43	44	56	41	38	35	33	26	27	23	52	36
Pour lui transmettre le savoir	72	49	49	51	62	46	43	40	59	46	67	57	77	54
Diverses réponses	2	1.4	2	2.1	10	7.4	11	10	15	12	7	6	5	3.5
TOTAL	146	100	97	100	136	100	108	100	128	100	117	100	143	100
5. Pourquoi il est interdit de couper les arbres fruitiers dans les "Nkunku"?														
Pour protéger les arbres fruitiers	53	36	48	50	33	24	13	12	59	46	43	37	24	17
Pour les besoins alimentaires	49	34	37	38	51	38	51	47	31	24	32	27	59	41
Pour les besoins commerciaux	37	25	10	10	43	32	36	33	29	23	35	30	52	36
Diverses réponses	7	4.8	2	2.1	9	6.6	8	7.4	9	7	7	6	8	5.6
TOTAL	146	100	97	100	136	100	108	100	128	100	117	100	143	100
6. Savez vous comment préparer le"Kindungu" et les "makende"?														
Oui	77	53	42	43	91	67	36	33	81	63	23	20	87	61
Non	69	47	55	57	45	33	72	67	47	37	94	80	56	39
TOTAL	146	100	97	100	136	100	108	100	128	100	117	100	143	100
7. Qu'est ce que les vieux bakongo nous enseignent dans les "Bisavu" (contes)?														
Les expériences de la vie	41	28	11	11	31	23	39	36	43	34	32	27	61	43
La sagesse et l'intélligence	102	70	78	80	87	64	67	62	78	61	83	71	79	55
Diverses réponses	3	2	8	8.2	18	13	2	1.9	7	5.5	2	1.7	3	2.1
TOTAL	146	100	97	100	136	100	108	100	128	100	117	100	143	100
8. Les jeux traditionnels sont-ils d'application (en vigueur) dans votre village?														
Oui, fréquemment	47	32	37	38	53	39	26	24	49	38	56	48	59	41
Oui, mais pas comme à l'époque	87	60	53	55	63	46	78	72	63	49	53	45	74	52
Non, de moins en moins	12	8.2	7	7.2	20	15	4	3.7	16	13	8	6.8	10	7
TOTAL	146	100	97	100	136	100	108	100	128	100	117	100	143	100

Ce tableau nous donne une idée sur la perception de l'éducation traditionnelle en milieu rural.

Il serait intéressant de voir la perception de l'éducation traditionnelle en milieu urbain de la zone.

Il s'avère que le problème de l'éducation traditionnelle est abordé différemment dans les deux milieux.

A la question de savoir ce que les vieux bakongo nous enseignent dans les « *bisavu* » et les « *bingana* », 55,2% des enquêtés disent la sagesse et l'intelligence, d'autres répondent les expériences de la vie (42,7%). Certains auteurs, comme Etounga Manguelle cité par Berna Miller dans son livre « *Does Africa Need a Cultural Adjustment Program ?* » , attribuent le sous-développement de l'Afrique à certaines attitudes et valeurs traditionnelles comme « *the highly centralized, vertical traditions of authority ; a focus on the past and the present, not the future ; a rejection of « the tyranny of time » ; a distaste for work, a believe in sorcery that nurtures irrationality and fatalism* »[1]. Dans son livre, Etounga conclut que « *Africa must change or perish. A cultural adjustment is not enough. What is needed is a cultural revolution that transforms traditional authoritarian child-rearing practices; transform education through emphasis on the individual.* Le meilleur moyen de promouvoir cette révolution culturelle est l'éducation. A la question de Stephen Smith : « *Pourquoi l'Afrique meurt-elle ?* », on peut être tenté de répondre comme lui : *c'est « parce qu'elle se suicide »*. Mais, il semble qu'il faut plûtôt dire, selon J.Ki-Zerbo, « *c'est parce qu'elle a des comportements suicidaires »*. En d'autres termes, elle a, de ses propres mains, rompu « le cordon ombilical » qui la relie à toute la lignée de ses ancêtres. Si l'Afrique n'arrive pas à décoller, c'est parce que selon J.Ki-Zerbo, elle s'appuie, pour son développement, sur une école piégée culturellement, désintégrée, clonée, transplantée... En un mot, c'est parce que l'école en Afrique est restée « dans le moule des pays occidentaux, des pays colonisateurs ». Pour que l'école redevienne « une école du développement », il faut qu'elle dénonce ce pacte colonial des intelligences, il faut qu'elle s'intègre

---

[1]   B.MILLER and J.D.TORR : Developing Nations, Greenhaven press, USA, 2003, p.161.

culturellement, qu'elle « puise sa force dans l'Afrique elle-même », qu'elle redevienne africaine, qu'elle redevienne ce qu'elle aurait dû ne pas cesser d'être[1]. Dans le contexte Kongo, écrit Ngoma Ngambu, « *...l'initiation avait un message positif et profond. Elle exprimait, en dépit des paradoxes et des abus, l'aspect total de la société, la recherche souple de l'équilibre ainsi que sa préoccupation de la qualité aux dépens de la quantité. Grâce à cette richesse, l'unité de l'ethnie s'est maintenue et s'est affermie au cours des siècles encore que, à l'instar d'un phasme, elle a apparut comme masquée sous un mimétisme de formes et de formules apparemment déroutantes pour un observateur superficiel* ».

Et l'auteur ajoute aussi : « *Force nous fut de nous inscrire en faux contre l'application arbitraire aux écoles kongo de certains concepts occidentaux comme corporation, secte, franc-maçonnerie et société secrète. En définitive, l'initiation a été reléguée par l'ethnocentrisme colonial au domaine du passé. Or, elle pourrait revêtir un intérêt d'actualité si l'on pouvait ou si l'on voulait sérieusement utiliser sa méthode et son esprit dans la formation des citoyens aux techniques du monde moderne. Hier, comme aujourd'hui, le dialogue reste plus que jamais indispensable mais ce dialogue, pour être efficace, doit s'enraciner dans les soubassements des réalités sociales de chaque participant à la culture nouvelle* ». La réflexion de Ngoma Ngambu est très profonde, car le recours aux techniques et méthodes d'éducation traditionnelle se révèle d'une extrême nécessité compte tenu de la dégradation de l'environnement humain et social dans la zone et la région du développement. Toutefois, la bonne volonté ne

---

[1] D. MUSA SORO G.A, De l'exigence d'une école culturellement intégrée et la problématique du développement de l'Afrique chez J. KI-ZERBO, Ethiopiques n°77- Revue negro-africaine de littérature et de philosophie, 2ème semestre 2006, p.1526.

suffit pas. On ne peut pas éduquer n'importe comment et s'attendre à réussir la tâche de l'éducation. A la question de savoir pourquoi on dit « *muana nkongo longela mu bisamu* » (*Eduquer l'enfant mukongo par des proverbes*), les enquêtés répondent que les contes et les proverbes sont la base de la sagesse kongo (6,3%), mais 36,4% disent que c'est pour le préparer au « *kinzonzi* » (l'art de palabrer) et surtout pour lui transmettre le savoir (53,8%). L'éducation traditionnelle, quant à elle, tire son fondement du milieu culturel. Après l'irruption de la modernité dans nos populations, nos traditions ancestrales subirent une certaine désintégration. Les jeux traditionnels, (comme le « nkaba »), un autre moyen d'éducation sont toujours en vigueur dans certains villages (41,3%), mais de moins en moins dans d'autres villages, pas comme à l'époque disent les enquêtés (51,7%). Il en est ainsi parce que les sociétés coloniales et post-coloniales prétendaient créer une nouvelle civilisation par l'éducation et l'assimilation de la jeunesse. Aujourd'hui, les jeunes et les adultes ne peuvent continuer à être éduqués en dehors de leur milieu culturel et professionnel. L'épiscopat du Congo souligne à son tour que « ... *l'éducation scolaire des jeunes doit être fondée sur l'héritage des ancêtres et considérée comme une aide et un complément à celle donnée par les parents et les communautés des adultes. Il s'agit d'une nouvelle civilisation et d'une nouvelle synthèse culturelle à créer* ».

1. FORMES TRADITIONNELLES DE L'EDUCATION KONGO

Pour mieux comprendre l'intérêt que suscite l'éducation traditionnelle Kongo dans la zone étudiée et la région de développement, nous allons nous référer encore une fois à Ferdinand Ngoma Ngambu pour analyser les formes de l'éducation traditionnelle et saisir les aspects positifs de cette forme d'éducation et son incidence sur le développement.

L'auteur commence par déterminer les rapports entre l'initiation et l'éducation et écrit ce qui suit : « *Le transfert des connaissances n'a pas lieu en un seul et unique instant. Il se fait tout au long de l'enfance depuis la prise de conscience jusqu'à l'âge adulte et même au-delà. C'est cette longue période d'éducation que couronnera l'initiation, qui n'est qu'un moment, c'est-à-dire, la phase qui couronne le processus des apprentissages* ». Entendue sous cet angle, l'initiation se confond avec l'éducation. L'auteur décrit les aspects de l'éducation Kongo de la manière suivante : « *L'éducation chez les Kongo vise à assimiler les individus aux données sociales issues tant de l'expérience que de l'écologie. Les caractères de cette éducation se retrouvent dans la société elle-même, d'une part, et dans les buts poursuivis, d'autre part. Sociocentrique, l'ethnie Kongo tend à former des sujets tout dévoués à la cause du clan, ne pensant que clan dans toute entreprise. Aristocratique, elle contrôlera jalousement cette formation même si, par une sorte de division de travail, elle délègue pour un temps son autorité à une minorité, voire à un seul membre. Les buts sont essentiellement l'homogénéité et l'équilibre de la société. L'éducation doit être homogène : la société veut ses membres égaux sans en être identiques pour autant* ». Elle veut par là préserver sa cohésion. Pour être aussi équilibrée, l'éducation comportera des contrepoids : les changements sont accueillis avec prudence, on évite toute nouveauté inutile. Aussi la tradition, mais une tradition évolutive reste l'idéal. Pour atteindre ses buts, l'auteur écrit ce qui suit : « *Il n'y a pas d'instituteur ni de tableau noir. Mais il y a une école et des maîtres d'école typiquement Kongo. Par exemple, Les jeunes gens qui veulent exercer un métier (tireur de vin, forgeron...) se font instruire par un homme compétent et paient l'écolage. En outre, l'ancien du clan, ou à son défaut, le chef de village, ou un ancien quelconque, instruit les jeunes gens dans l'histoire du clan (lusansu) et dans la science des palabres (kinzonzi). Mais cet enseignement dépend du bon vouloir des vieux et de la curiosité des jeunes; il est purement occasionnel ».* Bien que cet enseignement soit jugé, à tort, occasionnel, il y a lieu de savoir que « *les parents, les traditions qu'ils rapportent et tous les milieux traditionnels constituent bel et bien, aujourd'hui, ou plutôt ont constitué, les institutions spécifiques d'éducation Kongo ».* L'éducation traditionnelle Kongo viserait la transmission de l'ensemble des connaissances et des comportements attendus de tout membre. Les connaissances portent non pas sur la lecture ou l'écriture européenne, ni sur les théorèmes géométriques, mais sur les techniques nécessaires et efficaces pour assurer à la société, non industrialisée, sa survie matérielle et culturelle. L'ensemble des habiletés issues de l'expérience et organisées dans le milieu est transmis progressivement à l'enfant. L'enfant doit connaître le travail efficace et en avoir une bonne méthode.

L'enfant « *kivingi* », reconnu mendiant, est puni par la privation de nourriture (58%). La mendicité est une anti-valeur et un mauvais exemple pour les autres enfants ; c'est la raison pour laquelle il faut chasser l'enfant « *kivingi* » (39,2%). Pour le punir l'enfant « kivingi », souvent on dit « *muana kivingi unietikina mfundi ya tiya va koko* », c'est-à-dire lui servir un fufu chaud sur la main. En ce qui concerne certains aliments traditionnels, les enquêtés (60,8%) disent savoir préparer le « *kindungu* » et le « *makende* », et, 39,2% d'entre eux l'ignorent. Comme les autres phénomènes, l'économie y constitue un « fait social total » : tout membre sera un industriel, à sa manière, dans les techniques de l'alimentation, et, à la fois, dans les techniques du bâtiment. Il recevra une formation générale et il sera polyvalent : agriculteur, éleveur, cuisinier, boucher, menuisier, etc. Chaque individu doit savoir exploiter le domaine commun sous ces divers aspects. La production est immédiate. Il y a peu d'opérations intermédiaires entre l'objet du travail et la production des biens de consommation, peu d'instruments de transformation entre le producteur et le produit. Et comme outil, il y a la houe, la hâche, la machette, etc. Habitué, dès son jeune âge au partage de ces biens, l'individu en acquerra également les responsabilités et le sens de l'organisation. Et dans la mesure où cette économie sera une économie d'échange, l'individu devra acquérir les techniques du commerce à l'intérieur du groupe comme à l'extérieur avec les étrangers. Concernant les personnes qui éduquent, l'auteur écrit ce qui suit : « *Chez les kongo, il y a séparation entre hommes et femmes. L'homogénéité recherchée dans l'éducation s'adaptera à cette division de travail au fur et à mesure de leur croissance. Les garçons devront être formés par les hommes, et les filles par les femmes. Comme ils en sont les plus proches, père et mère seront évidemment les premiers formateurs, tout l'entourage les relaiera petit à petit, au fur et à mesure de la croissance. Avant cinq ou six ans, la coutume laisse la garde de l'enfant à la mère* ». Par respect à un adulte, l'enfant kongo n'appelle pas ce dernier par son nom (46,2%). C'est aussi un signe de respect ou de politesse comme 51% des enquêtés l'affirment. Ce n'est qu'à partir de l'adolescence que le père lui apprendra ce qu'un homme doit connaître : la fabrication des outils de pêche, de chasse, de labour; le nom des plantes, des herbes et leur emploi. Il lui apprendra également les noms des animaux et leurs moeurs. L'enfant saura qu'il lui est interdit de couper les arbres fruitiers ; pour les besoins alimentaires (41,3%), pour les besoins commerciaux (36,4%) et surtout pour les protéger (16,8%). Dans cette éducation, l'esprit d'observation de l'enfant est mesuré, contrôlé, puis développé par des questions et des réponses, et même, souvent aussi, par des attrapes, des paradoxes, des cas concrets. Selon ses réussites, l'enfant recevra un surnom agréable ou désagréable. Ces préférences sont autant des promotions...

La mère, à son tour, mettra tout son honneur à initier les filles aux travaux ménagers et à ceux des champs. Les Kongo présument qu'une fille qui ne sait pas faire le ménage ou qui est paresseuse (*molo*) le doit à sa mère... Les parents ne sont pas les seuls éducateurs : ils seront relayés par le clan tout entier, qui veille à la survie et à la prospérité de l'enfant. L'éducation de ce dernier est ainsi menée par un ensemble de personnes désignées par la coutume (oncles, tantes, etc.), qui lui enseignent les règles de conduite, ce qui lui est permis ou défendu ainsi que les bonnes manières. L'action des aînés mérite d'être soulignée, car dans une grande mesure, les enfants s'éduquent entre eux. Enfin, tous les éducateurs inculquent à l'enfant la connaissance des droits et devoirs réciproques, ainsi que le système des alliances avec les clans voisins. La formation est équilibrée et hiérarchisée du fait non seulement des relais successifs de différents éducateurs, mais aussi du principe du respect des plus âgés. La société se compose de divers échelons et, partant, des devoirs familiaux, qui tirent leurs fondements dans l'attachement des enfants à leurs parents, oncles, tantes, frères et soeurs. Cette soumission à la règle de la tradition et à ses mandataires exprime quelque chose de positif qu'est l'obéissance aux normes de la société. Si, après avertissements et sanctions, l'enfant ne se soumet pas, la société prononcera un anathème à son égard et, par ses sanctions collectives, se désintéressera de lui. L'enfant ainsi exclu sera un véritable raté. L'éducation est aussi renforcée par un système de sanctions et de récompenses, dont la contrainte sociale. Etant donné que l'ordre existant s'impose à tous, s'en écarter signifie être exclu de la communauté; s'y conformer, au contraire, c'est se faire accepter de tous et bénéficier de toutes leurs faveurs. Quand il s'agit d'un têtu, on utilisera la menace, le jeûne, le poivre dans les yeux ou dans les fesses, la malédiction dans les cas vraiment extrêmes, comme porter la main sur son père, son oncle ou sa tante, par exemple. Par ailleurs, des récompenses non seulement morales mais aussi matérielles renforcent le système d'éducation (une poule, un habit, la nourriture..). Enfin, ce long processus d'éducation, qui part de l'enfance à la puberté (adolescence), trouvera son couronnement par l'initiation, c'est-à-dire par les rites, qui marquaient jadis le passage d'un état à un autre dont ci-dessous une description succincte.

2. APPORT DE L'EDUCATION TRADITIONNELLE DANS LE DEVELOPPEMENT DE LA ZONE

Malgré la perception négativiste que certains auteurs occidentaux, tels que Balandier, Van Wing et Van Overbergh, avaient de l'éducation traditionnelle, elle a contribué efficacement à la formation des hommes et femmes dont la société Kongo avait besoin. Il suffit de penser aux médecins, juristes, gouvernants, et autres grands personnages de l'époque. Le souci qui nous habite, en proposant le modèle du système d'éducation traditionnelle dans la politique préconisée pour le développement de la zone, est de sauvegarder autant que possible l'apport coutumier de ce mode d'éducation, de l'exploiter au mieux des intérêts collectifs et individuels des populations de la zone et surtout de l'adapter aux conditions de notre époque, plutôt que de l'abandonner. Des pays asiatiques comme la Chine ont su réaliser la symbiose entre la tradition et la modernité pour assurer leur développement. C'est aussi le cas de l'Inde. Cela rejoint la démarche de l'approche écodéveloppementale. Actuellement, sous l'influence religieuse et d'autres dans la région, cette forme d'éducation a pratiquement disparu. Pourtant, nos sociétés coutumières n'ont pas mal fonctionné durant des siècles avec ce système d'éducation. Elles ont subsisté malgré les conditions du milieu naturel parfois peu favorables. Le Ministre R. Godding, parlant du Congolais, disait qu'il ne fallait pas « *un déracinement brutal et une transplantation, d'un jour à l'autre, dans un terrain social et mental qui lui est étranger. Il est essentiel aussi qu'on lui donne l'assurance que ce qui est bon dans ses propres traditions et ce qui s'est révélé sage dans ses coutumes soit reconnu comme tel et intégré dans son avenir, au lieu d'être rejeté dans un aveuglement volontaire* ». Et Malengreau d'ajouter : « *Nous devons aider les Africains à découvrir leur vérité en relation avec leurs aspirations et besoins et non pas en rapport avec nos conceptions et convictions. N'imaginons pas que nos besoins seront nécessairement les leurs ou, comme Condorcet, qu'une bonne loi est bonne pour tous comme une proposition vraie est vraie pour tous* ». Ces citations soulignent à souhait le climat nouveau que doivent créer non seulement les élites africaines, par leur action quotidienne, mais aussi et surtout les maîtres et enseignants, cadres et dirigeants politiques, religieux et autres... quels qu'ils soient, chargés de l'éducation morale de la jeunesse congolaise. Enfin, comme cela a été souligné : « *Peu à peu, l'école devra s'acheminer vers un enseignement qui, sur le plan supérieur, donnera une place importante aux philosophies africaines* »[1].

Il faut en effet éviter que la mise en valeur des notions morales ne se fasse constamment non en vue des intérêts locaux, mais par rapport aux nations occidentales. La dépravation des moeurs dans la zone est imputée à la crise de culture (23,1%), parce qu'on voudrait aussi imiter les citadins (18,9%) ; mais 44,1% des enquêtés accusent l'irresponsabilité des adultes comme cause de la dépravation des moeurs

---

[1]   M. GRIAULE, Le problème de la culture noire, dans L'originalité des Cultures, p.400 cité par F. NGOMA NGAMBU, op.cit., p.46.

dans la zone. Il ne faut point vouloir forcer la réalité africaine à se plier à certains de nos désirs, à certaines de nos convictions. Il est préférable d'abandonner une sorte d'idéalisme moral si le but que l'on se propose est de comprendre et d'aider. Il est souhaitable que dans le cadre d'une approche interdisciplinaire, d'autres chercheurs puissent nous compléter dans la recherche des valeurs morales coutumières indispensables pour notre développement. Ils auront à déterminer : quelles valeurs morales coutumières faut-il retenir? Quelles valeurs morales nouvelles (modernes) faut-il proposer et comment le faire? En effet, certaines pratiques coutumières sont révolues : par exemple, la pratique de la « couverture chaude » qu'on offre à un visiteur de marque, une pratique qui n'existe pas chez les kongo mais qui est encore en vigueur dans certaines tribus du pays et, qui consiste à offrir une jeune fille (couverture chaude) à l'hôte pour passer la nuit avec elle. Cette pratique avait tendance à s'institutionaliser dans le protocole d'accueil des autorités administratives ou politiques de la deuxième république.

Le système traditionnel *Kongo* comprend un ensemble de proverbes *(bingana),* de contes *(bimpa)* et de pratiques dont on se sert pour transmettre la sagesse ou le savoir à l'enfant. Cela se traduit par l'expression suivante : « *Muana muntu longoluanga mu bisamu, muana nsa mu minga* » (L'enfant d'une personne apprend par les proverbes et les contes, tandis que l'enfant de l'antilope apprend par la paille). La richesse d'un homme dans la société Kongo est exprimée non seulement par la quantité de biens matériels dont il dispose, mais aussi et surtout par la qualité d'hommes qu'il a en famille. Cela se remarque lors du déroulement de la palabre *(kinzonzi),* c'est-à-dire la manière dont le « *nzonzi* » (orateur) s'y prend pour faire et défaire les pièges ou la manière dont il s'y prend, avec toute la sagesse, pour faire aboutir l'affaire en cause ou le « *kinzonzi* » à la grande satisfaction des parties. Une famille qui dispose de grands « *nzonzi* » (orateurs) est plus appréciée que celle qui dispose de grandes richesses matérielles sans avoir de bons orateurs. Il en est de même de la transmission du savoir. Par exemple, quand on fait route avec quelqu'un qui vous précède, il prendra soin d'indiquer le lieu de rencontre convenu, qui peut être une bifurcation, une rivière, un signe, etc. Ce signe peut être une touffe d'herbes ou d'arbustes déposée à l'endroit de rencontre ou du rendez-vous pour indiquer son passage. L'enfant *Kongo*, dans son éducation traditionnelle, a appris à faire attention sur tout ce qu'il voit sur la route.

Il lui est souvent demandé de ne pas déplacer un tel signe (touffe d'herbes, branche d'arbre, ...) qui n'a aucun sens pour un novice. L'enfant *Kongo* qui a le savoir-faire traditionnel peut aider la personne à qui un renseignement est destiné, en signalant à toute personne qu'il va rencontrer en route le signe qu'il a vu et l'endroit précis où il l'a vu. Il existe aussi en kikongo beaucoup d'expressions pour décrire ou désigner le comportement anti-social et des anti-valeurs, c'est-à-dire un comportement non conforme à la communauté :[1] « *mwivi* » (voleur, brigand); « *mvuni* » (menteur, trompeur); « *kimpumbulu* » (crapuleux, bandit, mauvais sujet); etc. La société traditionnelle *kongo* réprimait très sévèrement à travers ses lois et sa morale toute personne qui affichait un comportement d'anti-valeur. Une telle personne était condamnée soit à être vendue comme esclave, soit à être enterrée vivante sur un lieu public (marché). Pour éviter une telle humiliation, la famille du coupable devait négocier avec la famille de la victime en vue d'un compromis, qui consistait souvent au payement d'une amende ou à un dédommagement en nature. La population, habituée au système religieux de « *nkisi* » (fétiche), se servait de ce dernier pour neutraliser tout individu qui violait les lois. En vue de protéger ses biens contre les « *bimpumbulu* » (voleurs, bandits...), l'individu

---

[1]   M. KIMPIANGA, op.cit., p.125.

y attachait un « *nkisi* » souvent pour faire peur mais, quelquefois, pour neutraliser le « *kimpumbulu* » en lui jetant un mauvais sort qui se manifestait par toutes sortes de maladies. Pour guérir la maladie ou se débarrasser du mauvais sort, le « *kimpumbulu* » (voleur ou bandit) devrait confesser publiquement son forfait à un « *nganga* » (psycho-thérapeute), qui organisait des rites pour neutraliser le sortilège. Le « *kimpumbulu* » était vilipendé et humilié par toute la communauté soit en jetant des ordures devant sa maison, pratique désignée sous le nom de « *mbandaba* », soit en chantant devant sa maison, partout où il passait (champs, rivières, en cours de route...), et des chansons spéciales de moqueries étaient composées et chantées pour son déshonneur. Quelqu'un qui a été humilié de la sorte avait des difficultés pour se marier ou se faire accepter par les siens. Pour les personnes mariées, c'était l'occasion de demander le divorce et le coupable était indexé, c'est-à-dire devenu la risée de tout le monde. Les cas de vol et d'adultère, qui sont devenus des habitudes normales, dans la société actuelle, étaient très sévèrement punis dans la société kongo. Si le système d'éducation traditionnelle détestait l'escroquerie, la tricherie et autres anti-valeurs, il recommandait aussi d'avoir un comportement correct dans les affaires. Le respect de la parole donnée, le remboursement à temps des dettes et autres crédits reçus en nature ou en espèces était de rigueur.

Il va sans dire que le démantèlement des institutions sociales, religieuses, politiques et économiques traditionnelles sous l'influence de l'évangélisation, d'abord, et de la colonisation, ensuite, a eu des répercussions sur le système de contrôle social de la société. Le régime colonial a remplacé le système juridique traditionnel par la prison. Si le voleur était incarcéré pour les crimes commis, le capital volé par contre n'était pas souvent remboursé ou restitué, contrairement au système traditionnel où le créancier n'était jamais perdant, car c'est toute sa famille qui était mise en cause. Le détournement de fonds, la corruption, la fraude et la tricherie, le mensonge et la prostitution n'ont pas disparu après l'indépendance. Ces comportements d'anti-valeur sont montés en puissance dans nos sociétés post-coloniales. Ces anti-valeurs donnent le sens aux expressions aussi riches que variées ci-dessous :

- « nasanoli ye » (je l'ai coiffé),
- « *miso ga* » (yeux clairs),
- « *sala ngolo zaku* » (débrouilles- toi),
- « *kusadi kizoba ko* » (ne sois pas dupe),
- « *madeso ma bana* » (les haricots pour les enfants, corruption),
- « article 15 », « débrouillez-vous »,
- « coopération » ou « coop »,
- « *bula virgule* » (dribler ou tromper quelqu'un),
- « *est-ce-que ngeye yi dia* »; (est ce que c'est toi que je vais manger),
- « *nkangia nguba kataluanga mu nua ko* » (on ne regarde pas la bouche de quelqu'un qui grille des arachides)...,
- « *mbongo va moko, mataku ku mfulu* » (*l'argent en mains, les fesses au lit*).

Ces expressions, qui expriment et traduisent les anti-valeurs, ont pénétré dans les langages et comportements de la société kongo.

2.3. <u>LES PROGRAMMES DE DEVELOPPEMENT DE LA ZONE DE MBANZA-NGUNGU</u>

Nous étudierons les programmes de développement de la zone de Mbanza-Ngungu en nous concentrant sur les deux points ci-après : hiérarchisation des secteurs de développement et réalisation du programme de développement de Mbanza-Ngungu.

TABLEAU 8: <u>ATTITUDE ET CONNAISSANCE VIS-A-VIS DU PROGRAMME DE DEVELOPPEMENT</u>

QUESTIONS	SECTEURS													
	Boko		Kivulu		KwNgongo		Lunzadi		GbeMatadi		Gbe-Sud		Timansi	
		%		%		%		%		%		%		%
1. Les infrastructures actuelles sont-elles suffisantes dans la zone?														
Non. Pas du tout suffisantes	37	25.3	19	19.6	31	22.8	32	29.6	34	26.6	29	24.8	29	20.3
Oui, sont suffisantes mais abandonnées	20	13.7	11	11.3	17	12.5	21	19.4	19	14.8	13	11.1	12	8.4
Il est urgent de créer d'autres	66	45.2	41	42.3	79	58.1	43	39.8	64	50	54	46.2	76	53.1
Elles ne sont plus adaptées	23	15.8	26	26.8	9	6.6	12	11.1	11	8.6	11	9.4	26	18.2
TOTAL	146	100	97	100	136	100	108	100	128	100	117	100	143	100
2. Les infrastructures actuelles dans la zone sont-elles en bon état de fonctionnement?														
Non, presque à l'abandon	77	52.7	48	49.5	66	48.5	41	38	53	41.4	62	53	74	51.7
Oui, quelques infrastructures seulement	18	12.3	12	12.4	24	17.6	29	26.9	27	21.1	20	17.1	22	15.4
Toutes sont à refaire, équipement	51	34.9	37	38.1	46	33.8	38	35	48	37.5	35	29.9	47	32.9
TOTAL	146	100	97	100	136	100	108	100	128	100	117	100	143	100
3. Quelles sont les priorités pour le développement de votre village ou de la zone?														
Transport, écoles, dispensaires, hôpitaux	107	73.3	58	59.8	89	63.4	71	65.7	91	71.1	58	49.6	91	63.6
l'agriculture, le commerce	39	26.7	39	40.2	47	34.6	37	34.3	37	28.9	59	50.4	52	36.4
TOTAL	146	100	97	100	136	100	108	100	128	100	117	100	143	100
4. Pourriez-vous accepter un programme de distribution de vos produits agricoles?														
Oui, d'abord refaire les routes et les ponts	111	76	55	56.7	91	66.9	76	70.4	68	53.1	51	43.6	80	55.9
Il faut trouver les moyens de transport	35	24	42	43.3	45	33	32	29.6	60	46.9	66	56.4	63	44
TOTAL	146	100	97	100	136	100	108	100	128	100	117	100	143	100
5. Pourriez-vous vous-mêmes construire une école ou un dispensaire dans votre village ou groupement?														
Oui, mais il faut de l'entente entre nous	10	6.8	22	22.7	37	27.2	33	30.6	35	27.3	56	47.9	47	32.9
Oui si l'Etat nous aide un peu	65	44.5	25	25.8	56	41.2	44	40.7	41	32	35	29.9	44	30.7
Non, nous n'avons pas les moyens	53	36.3	37	38.1	29	21.3	23	21.3	28	21.9	22	18.8	27	18.9
Non, il y a trop de jalousie, pas d'entente	2	1.4	13	13.4	14	10.3	8	7.4	24	18.8	4	3.4	25	17.5
TOTAL	146	100	97	100	136	100	108	100	128	100	117	100	143	100
6. Pourriez-vous participer à un programme de construction des routes et des écoles dans votre groupement?														
Oui, les routes, les écoles manquent	61	41.8	33	34	53	39	38	35.2	49	38.3	48	41	61	42.7
Il y a aussi d'autres infrastructures	68	46.6	43	44.3	66	48.5	57	52.8	60	46.9	53	45.3	75	52.4
C'est question de s'entendre avec l'Etat	17	11.6	21	21.6	17	12.5	13	12	19	14.8	16	13.7	7	5
TOTAL	146	100	97	100	136	100	108	100	128	100	117	100	143	100
7. Aviez-vous déjà participé à un programme de développement dans votre zone ou groupement?														
Oui, les routes entre les villages voisins	76	52.1	38	39.2	44	32.4	31	28.7	43	33.6	27	23.1	35	24.5
La réparation des batiments scolaires	18	12.3	29	29.9	33	24.3	26	24.1	23	18	31	26.5	37	25.9
La réhabilitation de nos maisons en tôles	30	20.5	11	11.3	22	16.2	13	12	31	24.2	26	22.2	21	14.7
Diverses opinions	22	15.1	19	19.6	37	27.2	38	35.2	31	24.2	33	28.2	50	35
TOTAL	146	100	97	100	136	100	108	100	128	100	117	100	143	100

Il ressort de ce tableau que les individus accordent la priorité à la création et la réhabilitation des infrastructures. La seconde priorité est accordée à l'agriculture et au commerce.

Il est intéressant de constater que les individus manifestent la disponibilité de participer au programme de développement. Les infrastructures de transport et communication, scolaires et sanitaires jouent un rôle déterminant pour le développement de la zone.

2.3.1. HIERARCHISATION DES SECTEURS DE DEVELOPPEMENT

Les problèmes complexes tels que ceux que l'on rencontre dans la zone étudiée, doivent être abordés par une approche méthodologique systémique et interdisciplinaire. Suivant D.M.KABALA, « *Une entité territoriale, quelles que soient ses dimensions, peut être considérée comme un système auquel s'appliquent les concepts de l'analyse systémique* ». Toute intervention visant à promouvoir le développement doit tenir compte du fait que les différents secteurs de développement sont solidaires et que les efforts qui seraient entrepris de manière sectorielle ne pourraient aboutir à un développement véritable. Mener à bien un programme de développement implique par conséquent une coordination efficace entre les différents secteurs (système) de développement impliqués ainsi qu'entre les différents paliers de chaque secteur (systèmes). Pour réaliser efficacement un programme de développement, différents secteurs de développement impliqués doivent interagir aussi bien verticalement qu'horizontalement dans une approche globale, systémique. La réalisation du programme de la zone de développement tel que nous la concevons[1] repose ainsi sur le modèle de la hiérarchie des secteurs de développement dont le tout constitue et forme un système. Chaque secteur de développement constitue en fait un sous-système. Dans cette perspective, le processus de développement repose sur trois secteurs (systèmes) de base prioritaires, à savoir LES INFRASTRUCTURES, LA SANTE et L'EDUCATION, que nous appelons sous-systèmes de premier niveau et, qui sont indispensables pour amorcer le développement global de la zone, de la région ou du pays. Un programme de développement ne

---

[1] Notre proposition pour la zone de Mbanza-Ngungu compte tenu de ses réalités.

prétend pas avancer sur tous les fronts, mais il choisit et porte l'effort sur certains secteurs prioritaires et stratégiques de base du processus de développement. Le choix des secteurs prioritaires est fonction de la satisfaction des besoins essentiels exprimés par la communauté concernée. La démarche repose sur l'identification, le choix judicieux et le diagnostic des besoins exprimés, besoins qui sont variables dans le temps et dans l'espace. Les enquêtés estiment que les priorités pour le développement du village ou de la zone sont les transports, les écoles, les hôpitaux et dispensaires (63,6%), l'agriculture et le commerce (36,4%). La mise en place et le développement de ces secteurs (systèmes) prioritaires de premier niveau détermineront et favoriseront le développement par effets d'entraînement d'autres sous-secteurs (sous-systèmes) du second niveau définis ci-dessous :

- Le secteur (sous-système) SOCIAL
- Le secteur (sous-système) CULTUREL
- Le secteur (sous-système) INSTITUTIONNEL
- Le secteur (sous-système) ENVIRONNEMENTAL
- Le secteur (sous-système) ECONOMIQUE

Enfin, chaque secteur (sous-système) du second niveau développera et favorisera à son tour d'autres sous-secteurs (sous-systèmes) de 3ème niveau et ainsi de suite. Dans le cas d'espèce :

a) Le secteur (sous-système) de l'éducation (1er niveau) développera le sous-secteur (système) culturel (2° niveau) qui, à son tour, développera les sous-secteurs (système) de 3ème niveau comme : la science, la technologie et la recherche. Ces sous-secteurs (système) de 3ème niveau développeront chacun à leur tour d'autres sous-secteurs (système) de 4ème niveau (musées, bibliothèque, laboratoire, ...), ainsi de suite;

b) Le secteur (système) des infrastructures (1er niveau) favorisera le développement du sous-secteur (système) économique, institutionnel et environnemental (2ème niveau), le sous-secteur (système) économique favorisera le développement du secteur (système) de l'agriculture, du commerce (services) et de l'industrie (3ème niveau); etc.

c) Le secteur (système) de santé (1er niveau) développera le sous-secteur (système) social (2ème niveau) qui favorisera à son tour les sous-secteurs (système) de sécurité sociale, pension et retraite, ... (3ème niveau).

L'agriculture ou l'industrie, qui ont toujours été présentées comme la base du développement, ne sont en fait qu'une conséquence du développement des infrastructures, qui créent des conditions favorables au développement du secteur économique (production et circulation des biens et services). Selon notre vision, un développement véritable de l'agriculture ou de l'industrie ne peut être envisagé sans développer au préalable les infrastructures (routières, de communication, de transport, d'énergie, etc.). Le processus de développement repose sur cet ordre ascendant ou descendant des secteurs. En d'autres termes, la hiérarchie qui s'établit par effet d'entraînement obéit à une structure allant des structures complexes à des structures simples. Le développement apparaît alors comme un processus ou un ensemble cohérent, structuré et hiérarchisé où le développement d'un secteur doit obéir à une hiérarchie structurée (système). Le processus de développement sera d'autant plus rapide qu'il obéit à un ordre hiérarchisé des secteurs.

En d'autres termes, le processus de développement sera lent et retardé s'il s'accomplit dans le désordre ; ce qui se fait le plus souvent. Comme processus, le développement impose des aspects quantitatifs et qualitatifs à chaque stade de son évolution. Lorsqu'on veut aller trop vite, on privilégie le développement de certains secteurs pour le seul souci de répondre à un besoin immédiat sans tenir compte du fait que le développement est comparable à une charpente d'une construction. On ne peut poser la toiture avant d'avoir terminé la construction de la fondation. Pour assurer la croissance du développement (augmentation quantitative et amélioration qualitative) par la bonne exploitation et la bonne gestion des ressources (bonne gouvernance, volonté politique), une prise de conscience, par l'éducation, s'avère nécessaire. Le concept du développement conscient découle de la nécessité en question. Beaucoup de théoriciens du développement ont affirmé à ce jour que le démarrage du développement d'un pays ou d'une région passe par l'agriculture ou l'industrie. Suivant notre conviction, l'agriculture et l'industrie ne sont que la conséquence des secteurs de base sur lequel repose tout le processus de développement. Ces secteurs de base sont les infrastructures (routes, communications, transport, énergie, ponts, canalisations,...) de la santé et de l'éducation. Selon les enquêtés, les infrastructures actuelles dans la zone ne sont pas du tout suffisantes (20,3%) et il est urgent d'en créer d'autres (53,1%). Elles ne sont plus adaptées (18,2%). On a souvent pris comme référence l'histoire du développement de l'Europe qui s'est faite à partir de l'agriculture, mais on a oublié ce qui est fondamental : l'Europe disposait d'un minimum d'infrastructures qui lui ont permis d'assurer son développement agricole, notamment les routes, les marchés, les écoles et les institutions qui ont contribué à son décollage économique. Dans les pays en développement, les infrastructures mises en place avant la colonisation par nos ancêtres n'ont pas survécu, tandis que celles mises en place pendant la colonisation ne répondaient qu'à la satisfaction des besoins liés à l'exploitation et à l'exportation des matières premières utiles à l'économie de la métropole. Ainsi, suivant tel besoin de la colonie, on avait développé tel secteur plutôt que tel autre. C'est le cas de notre pays où toute la structure de transport et de communication ne répond qu'à cette exigence. L'exploitation minière ne répond qu'à la satisfaction des besoins des industries de la métropole. Une population consciente par l'action éducative, jouissant des conditions de vie sanitaires meilleures et bénéficiant des infrastructures adéquates, est plus apte à fournir la main-d'oeuvre nécessaire dans l'agriculture, le commerce et l'industrie.

Par ailleurs, une population n'ayant pas une éducation de base suffisante, vivant dans des conditions de vie sanitaires médiocres et sans infrastructures adéquates, répondra difficilement à l'action développementale. Il faudra développer d'abord le secteur des infrastructures collectives de base, ensuite les secteurs de la santé et de l'éducation pour prétendre au développement global (économique, social, économique, politique, juridique, organisationnel...) suivant la hiérarchie des secteurs, car ces derniers forment un tout, un système dont les éléments qui le composent sont structurés et hiérarchisés. Comme le souligne Tim Harford, «*A few roads in a poor country can open up whole new areas for trade; in a rich country, a few roads just relieve a little congestion ...A little more education in a poor country can make all the difference, in a rich country people with degrees often can't find jobs* ». Au départ de toute action de développement à entreprendre dans la zone ou dans la région, il y a des préalables à remplir. Il s'agit d'abord, de l'aménagement (mise en place) des « infrastructures collectives de base », qui sont indispensables à l'activité de production des biens et services, de la santé et de l'éducation. Ces secteurs indispensables détermineront les chances de développement et le décollage économique de la région et du pays. Même si la région est réputée potentiellement favorable, si ces secteurs font défaut, la région ou le pays tardera à se développer. Par contre, l'inverse peut se vérifier : un pays ou une région qui accuse un fort potentiel d'infrastructures des secteurs précités aura plus de chance d'amorcer son développement socio-économique. Mais le plus difficile est sans doute de savoir comment réussir le développement des secteurs de base. De la manière dont les pays ou les régions s'y prennent pour développer et mettre en place les infrastructures et les autres secteurs de base se situe la différence du niveau de développement du pays ou de la région car, en fait, la croissance ou la décroissance (régression) des secteurs de base détermine aussi le niveau de développement (croissance) ou de régression du pays ou de la région. Selon la théorie de « *Big push* » (*grande poussée*) avancée par l'économiste Paul Rosenstein « *The increasing returns model suggests that it should be possible for poor countries to grow richer as long as they can make a number of complementary investments all at once, such as factories, roads, electricity, ports... to allow goods to be manufactured and exported* » (*La théorie des investissements (profits) suggère qu'il est possible pour les pays pauvres de se développer (devenir de plus en plus riche) aussi longtemps qu'ils peuvent faire un complément d'investissements tout à la fois comme la création des industries, des routes, des ports, de l'énergie électrique... pour permettre la production et l'exportation des produits*).

A titre d'exemple, la destruction d'un pont (secteur de 1er niveau) dans la région aura pour conséquence une réaction en chaîne à partir de la dégradation du secteur (activité) économique (secteur de 2ème niveau) de la région, qui va se traduire par la perte ou le ralentissement des secteurs de 3ème niveau, à savoir la production, l'emploi, les soins sanitaires, la scolarité, l'industrie, l'agriculture, le commerce et les autres services, le fonctionnement des institutions, etc. Par contre, la construction du pont aura des conséquences inverses. L'aménagement des infrastructures obéit aux besoins exprimés par la population et suivant un plan global de développement national, régional et local dans la logique du modèle monade de développement.

2.3.2.2. QUELQUES PREALABLES

Les préalables sont les suivants : l'intervention de l'Etat ou de l'entité administrative ; la planification des actions de développement ; la primauté et la satisfaction des besoins de la population ; ainsi que l'autonomie et l'indépendance des actions.

1. L'INTERVENTION DE L'ETAT OU DE L'ENTITE ADMINISTRATIVE

Si nous préconisons l'intervention de l'Etat dans le cas de ce programme de développement envisagé pour la zone de Mbanza-Ngungu et pour le pays tout entier, c'est principalement pour des raisons d'ordre financier, raisons qui font que dans les conditions de rentabilité peu sûres, seul l'Etat peut assumer le coût de l'investissement ou les frais de préparation du terrain à la rentabilité des investissements privés comme le soutient M.Kankwenda. Par conséquent, il y a de ces besoins essentiels que l'Etat seul peut aider à satisfaire en assurant les services publics, qui constituent l'infrastructure sociale de base. Il s'agit des écoles, des hôpitaux, de la voirie assainissement et salubrité), de l'eau potable, de l'électricité, des routes et de l'habitat social.

2. LA PLANIFICATION DES ACTIONS DE DEVELOPPEMENT

Il est certain que l'Etat ne peut réussir à réaliser le minimum d'objectifs communautaires que s'il a une vue d'ensemble cohérente et programmée des problèmes et des solutions (approche-programme). Dans le cas de la zone, de la région et du pays, il n'y a pas de régionalisation du développement ni de développement polarisé sans une vue planifiée et coordonnée de la situation et de l'action comme le soutient J.R.Boudeville. La planification est donc un impératif à réaliser en premier lieu.

De même, les foyers de développement n'ont de chance d'être vraiment complémentaires et de devenir opérationnels que si leur articulation est prévue dès le départ, et leur coordination respectée en cours de travail. Aussi avons-nous suggéré la création d'une coordination des actions de développement au niveau régional et de la zone. Or, dans le cas de notre pays, en dehors des déclarations d'intention, il n'y a jamais eu concrètement, à part quelques tentatives, ni de programmes spécifiques d'industrialisation et de développement de chaque région, ni de plan national de développement, encore moins l'idée de l'emboîtement des premiers dans le second. Bien au contraire, on s'était opposé pendant longtemps à toute notion de planification et, surtout, au minimum de discipline qu'elle exige. C'est là l'explication supplémentaire de l'échec de la stratégie de développement par pôles de croissance au Congo. Chaque entreprise s'implantait où et quand elle voulait, conformément à son calcul de rentabilité, et développait le type d'activités qui l'intéressait ». L'action du développement à entreprendre (étatique ou d'initiatives privées) ne peut être ni éparpillée en un ensemble de projets atomisés, dispersés et sans coordination, ni décidée au jour le jour selon la bonne ou mauvaise humeur des responsables, sous forme d'interventions isolées appliquées aux branches, secteurs économiques ou régions. La réussite de toute action de développement exige dès le départ une certaine cohérence et une certaine discipline dans la réalisation. Cette action doit se situer dans la perspective d'un développement global à long terme. Il s'agit ici d'une véritable planification qui n'est pas simplement la production d'un simple document appelé plan, ni la prévision vague des activités dans différents secteurs de développement socio-économique. La planification dont il est question ici implique l'appréhension correcte des besoins de la population ainsi que la maîtrise, par la communauté, des moyens nécessaires à la satisfaction de ces besoins. C'est dans le cadre d'une planification déjà définie que le programme de développement de la zone peut effectivement être conçu et réalisé. On sera alors en mesure de dire quels programmes retenir, dans quel ordre les entreprendre et où les implanter. Dans ce contexte, la planification du développement par foyers de développement est ipso facto l'organisation du milieu de propagation des effets de développement. Comme l'affirme Kankwenda Mbaya, « *Nous ne sommes pas contre l'existence des centres industriels ou pôles, pas plus que nous ne sommes pour une industrialisation éparpillée, atomisée sous prétexte d'une politique d'industrialisation locale ou rurale. La constitution des centres industriels n'est pas incompatible avec la politique d'industrialisation locale, elles se complètent au contraire... Seulement, tout le problème est de construire dans le cadre d'une planification globale, une structure industrielle cohérente, auto-dynamique avec son hinterland rural* ».

Dans cette optique de planification régionale de développement, tout le problème est également de construire des sous-ensembles (noyaux ou cellules) de développement, judicieusement étudiés pour qu'ils se complètent et concourent à la réalisation de l'objectif de développement de l'ensemble de la région et du pays. Dans la perspective d'une coordination du développement de la zone et de la région, nous voudrions dire un mot sur le plan de l'aménagement du bassin d'Inga dont l'influence est jugée très grande sur les secteurs d'activités socio-économiques de la région et de la zone, notamment l'agriculture, l'agro-industrie et l'industrie. Comme le suggère

Kankwenda Mbaya, « ... *le plan d'aménagement du bassin d'Inga devra être revu car il privilégie plus une industrie extravertie et non la promotion d'une structure industrielle nationale et locale, complémentaire des activités en amont et en aval d'une industrie locale ou nationale parce que les débouchés de ces futures industries sont essentiellement les industries et les économies d'Europe, d'Amérique et du Japon* ». L'auteur précise : « *Il s'agit, une fois de plus, d'un plan d'industrialisation pour l'exportation. Cela est confirmé par le fait que l'approvisionnement de ces futures industries, à part le manganèse, le charbon de bois et l'énergie d'Inga, qui semblent être les seules matières premières directement et facilement disponibles au pays, les autres matières premières doivent être importées* ».

3. <u>PRIMAUTE ET SATISFACTION DES BESOINS DE LA POPULATION</u>

Il existe un droit au développement, mais plus de la majorité de la population de la zone et du pays n'en jouit pas. Il s'agit d'une situation non seulement inacceptable, mais aussi et surtout dangereuse, car elle peut conduire à des tensions, à des conflits sanglants, à des soulèvements, à des guerres et autres bouleversements. Il faut donc promouvoir et accélérer le développement, mais pas n'importe quel développement. Il s'agit :

- d'un développement qui obéisse à un certain nombre de critères afin de répondre aux vrais besoins de la population;
- d'un développement endogène tel qu'envisagé dans la présente étude, c'est-à-dire naissant de l'intérieur et non imposé de l'extérieur;

- d'un développement intégré fondé sur l'idée centrale que l'homme est au centre du développement en tant qu'agent et bénéficiaire de celui-ci;
- d'un développement qui tienne compte des aspirations des populations et qui soit réalisé grâce à leur participation volontaire, active et consciente;
- d'un développement fondé sur des bases durables et, enfin,
- d'un développement conscient qui accepte ce qui est nécessaire et utile et refuse ce qui est contraire aux aspirations des populations.

De telles conditions impliquent que la nouvelle stratégie du développement s'adapte aux besoins exprimés par la population et non l'inverse, ce qui obligerait la population de s'adapter à elle. Il appartient à l'organe planificateur de préciser l'ordre, le niveau et la nature des besoins à satisfaire car ils ne peuvent l'être tous à la fois. C'est le planificateur qui, après étude et enquête sur ces besoins, est en mesure de programmer, doser et articuler les actions présentes et futures, les investissements et les consommations tout en évitant les erreurs du passé comme le suggère M.Kankwenda (dépenses de souveraineté, somptuaires...). Pour Nzanda Bwana, « *Le manque du calcul économique, les improvisations, les gaspillages organisés en institutionnalisant l'économie de gaspillage et la recherche de prestige paraissent être quelques-uns des facteurs qui entretiennent et aggravent le fond de la crise économique et sociale congolaise* ». Pendant que la population a besoin des semences, des écoles, hôpitaux, routes, le pays importe plutôt des mercedes et autres voitures de luxe, qui roulent sur des routes abîmées...

4. <u>L'AUTONOMIE ET L'INDEPENDANCE DES ACTIONS</u>

Il ne s'agit pas d'entrevoir une quelconque autarcie mais plutôt de se démarquer de la mentalité qui voudrait qu'avant de faire quelque chose, on tende toujours la main à l'extérieur. Il est question de prendre conscience que nous sommes avant tout responsables de notre propre développement, c'est-à-dire de notre bonheur et de celui de nos populations, car, en fait, beaucoup de choses pourraient être réalisées par nous-mêmes si nous étions vraiment organisés.

Quelques exemples :

- un pont est resté longtemps cassé à Kwilu-Ngongo. Sa réparation exigeait un montant de 3.000 dollars. L'ancien gouverneur de la province du Bas-Congo, Fuka Unzola, lors de sa tournée, avait décidé de sa réparation. Il n'a pas fallu un financement de la Banque Mondiale mais la volonté politique de l'autorité. L'autorité politique peut décider la restauration des écoles, dispensaires et hôpitaux publics de la région ensemble avec la population, mais cela exige de la volonté politique de la part de l'autorité. Les chinois ont construits des barrages avec des paniers ensemble avec la population. Mobilisée, la population peut adhérer aux actions de son développement sous l'impulsion de ses leaders.
- il en est de même de la création de l'Université Kongo par la seule volonté des fils Kongo.

Personne ne peut préconiser l'autarcie dans le contexte actuel de la mondialisation, mais cela ne veut pas dire que dans le monde actuel interdépendant, on ne peut pas réaliser son indépendance économique. Nous savons qu'il existe « *un niveau d'interdépendance où il faut parler de dépendance car à un niveau donné de différence de degrés, il y a différence de nature* ». Une telle situation exclut qu'on puisse envisager une nouvelle stratégie de développement.

Jeter les bases pour l'autofinancement ne veut pas dire fermer la porte à tout emprunt ou à tout capital extérieur. La situation réelle du pays et de la zone est telle qu'on a encore besoin de cet emprunt dans certaines limites. Mais l'auto-subsistance est possible pour le développement de notre région ou de notre zone.

2.3.2.3. SOURCES DE FINANCEMENT DES INFRASTRUCTURES

Le problème de la mise en place des infrastructures collectives de base est celui des sources de financement public. La question se pose de savoir où l'Etat et la communauté trouveront l'argent nécessaire pour ces investissements. Quelques sources de financement possibles peuvent être évoquées : les sources de financement comprennent généralement les taxes, l'emprunt intérieur et extérieur, l'aide ou le don, le financement monétaire, le travail collectif bénévole... L'emprunt a des limites fixées par la capacité d'emprunt. L'emprunt extérieur accroît la dépendance extérieure et hypothèque l'avenir du pays. Le financement monétaire par l'émission de nouveaux billets a des répercussions sur l'inflation, mais avec une bonne politique monétaire, cela est maîtrisable. Il paraît alors judicieux d'opter pour la taxation, et une politique de hausse des revenus justifie bien une augmentation des contributions ou imposition fiscale. Le travail collectif bénévole (sous forme de participation communautaire de la population bénéficiaire dans la réalisation des travaux collectifs) peut être encouragé dans l'optique de la stratégie des communautés de base (construction des routes, écoles, hôpitaux...). Dans la zone, les enquêtés sont disposés à participer à un programme de construction des routes et des écoles dans le groupement parce que les routes et les écoles manquent (42,7%), ainsi que d'autres infrastructures

(52,4%). Les enquêtés affirment avoir déjà participé à un programme de développement dans la zone. Il s'agissait de la construction des routes entre les villages voisins (24,5%), de la réparation des bâtiments scolaires (25,9%), et de diverses autres actions (35%). L'épargne intérieure peut être encouragée et mobilisée, à condition que de nouveaux mécanismes juridiques et bancaires qui redonnent confiance aux populations soient établis. En principe, le problème de financement ne se poserait pas, car il est suffisamment démontré que les fortunes des dignitaires des pays en développement, fortunes constituées par de l'argent volé ou détourné du trésor public des pays respectifs et gardé dans des banques occidentales, suffiraient à financer un grand nombre d'investissements publics. Feu le président Mobutu a été souvent cité par les médias occidentaux parmi les fortunés du monde et il n'était pas le seul si l'on ajoutait sur la liste quelques-uns des dignitaires de son régime. Il manque donc aux leaders politiques locaux et aux gouvernements la volonté politique, c'est-à-dire la détermination à inscrire le changement social au programme de leurs actions en oeuvrant réellement pour l'intérêt collectif des populations et des communautés nationales respectives. L'intérêt privé des dirigeants politiques locaux et des gouvernements occidentaux tient des positions rétrogrades en marge du sentiment général de leurs populations respectives. La classe au pouvoir, non enracinée dans le milieu, surtout rural, défend plus ses intérêts. La population, à elle seule, n'est pas en mesure de faire triompher sa cause pour obtenir un vrai changement social. Très souvent, son manque d'éducation, sa peur, son manque d'organisation, ses valeurs traditionnelles pro-conformistes et une vision fataliste du monde, l'individualisme clanique, tribal et régional sont les causes principales de sa domination par la classe au pouvoir. Les dirigeants politiques, sont en général peu enthousiastes à l'idée de financer des infrastructures collectives de base, par-délà les discours démagogiques sur leur volonté d'améliorer les conditions de vie des populations. Ils font eux-mêmes partie intégrante du noyau des entrepreneurs, qui sur le plan économique, n'acceptent pas l'amélioration des revenus des populations au détriment de leurs profits capitalistes. Les gouvernements étrangers et les entreprises capitalistes étrangères s'allient pour supporter souvent les oligarchies anachroniques locales parce qu'économiquement, les entreprises étrangères et locales profitent des coûts de main-d'oeuvre plus bas et, en politique, les gouvernements des pays industrialisés optent pour l'argument de non ingérence dans la politique intérieure des Etats souverains. Le caractère fallacieux de ce prétexte éclate au grand jour si l'on considère les interventions répétées des gouvernements occidentaux dans le sort des régimes périphériques, qui menacent leurs intérêts.

Après les infrastructures, nous envisageons quatre phases à réaliser :

- la phase de production des biens et de circulation des biens et des personnes ;
- la seconde phase, qui est la conséquence de la première et dont on note une amélioration sensible du bien-être matériel de la communauté ;
- la troisième phase, celle qui consacre la promotion des initiatives d'investissements dans le secteur d'amont et d'aval de production, de circulation, de consommation des biens et services ;
- la quatrième phase, celle qui vise la transformation des valeurs socio-culturelles fondamentales.

PHASE I : PRODUCTION ET CIRCULATION DES BIENS ET DES PERSONNES

A cette phase, les personnes qui avaient quitté la campagne trouveront de l'intérêt d'y retourner, soit pour s'y installer, soit pour des navettes commerciales, ou encore d'autres motivations. La production agricole, quant à elle, doit connaître un essor étant donné la liaison incitative entre la production et la circulation des biens et services. Cette liaison incitative fait actuellement défaut. L'essor devra permettre le passage à l'agro-industrie, puisque le surplus agricole s'avère indispensable pour le développement de ce secteur. D'abord ce sont les petites unités de transformation (charcuterie, boucherie, concentré des fruits...) qui vont se développer timidement comme cela se fait déjà dans la zone de développement. Les unités agro-industrielles, plus importantes, devront dominer l'économie régionale, prélude à l'industrialisation. Entre-temps, l'objectif de développement qui consiste à donner d'abord à manger à la population, et à accroître ensuite les revenus des communautés, aura été atteint. L'exploitation des ressources minières de la zone est dépendante du développement de l'agriculture, ressource principale de la zone. Il serait superflu de passer à l'industrialisation (exploitation des ressources minières) sans au préalable asseoir l'agriculture. La satisfaction des besoins essentiels de la population nécessite un surplus de production agricole. Actuellement, la part de revenu consacrée à l'alimentation n'est pas suffisante pour assurer une meilleure satisfaction des besoins essentiels d'alimentation du fait de la faiblesse des revenus de la population. Ainsi, donner à manger à la population signifie produire plus en agriculture.

PHASE II : AMELIORATION DU BIEN-ETRE SOCIAL

A cette phase intervient la nécessité de la réhabilitation d'autres infrastructures collectives de base : les infrastructures de santé, d'éducation et de loisirs. Ces infrastructures se développeront avec le niveau de l'évolution de la production et de la population en tant que consommatrice directe de ces systèmes. La santé et l'éducation sont corollaires à la production, à la circulation des personnes, des biens et des services. Les individus qui vont quitter les centres urbains chercheront à s'installer dans diverses activités socio-économiques (artisanat, commerce, enseignement...). Aussi s'avère-t-il impérieux de satisfaire à leurs besoins de santé, d'éducation et de loisirs. Ces besoins les avaient en grande partie fait déserter les campagnes. Le phénomène d'exurbanisation devra même être encouragé. Il permet à la zone de récupérer des bras valides qui lui font défaut actuellement. Pour le développement de la zone, il faudra compter avec cette génération d'individus. Pendant l'exode et leur séjour en milieu urbain, certains d'entre eux ont appris divers métiers, ce qui constitue un acquis important pour le développement de l'artisanat dans la zone (mécanique auto, menuiserie, confection, réparateur radio, électricité, boulangerie, télécommunication, musique, ...). Le développement de l'artisanat dans la zone peut être un soutien important pour l'agriculture et l'industrie. Comme à quelque chose malheur est bon, la génération de l'exode rural constituerait le fer de lance de la promotion du monde rural. Le séjour en ville de cette génération a permis divers contacts et cela a favorisé l'accès à un niveau de culture un peu plus évolué par rapport aux gens qui sont restés au village. De ce fait, les exodés ruraux qui rentrent au village sont plus réceptifs aux idées nouvelles. Cette prédisposition est un avantage pour l'action d'animation rurale et de vulgarisation agricole à entreprendre dans la zone suivant la politique de développement évoquée ci-haut qui vise, pour rappel, l'éducation sociale et professionnelle des paysans, d'une part, et la formation d'une élite rurale, d'autre part.

PHASE III : ACTIONS EN AMONT ET EN AVAL

Les actions en amont et en aval sont des actions corollaires qui concourent au développement et à la réalisation des initiatives des communautés de base dans la production des biens et services. Il s'agit des actions indispensables dans la production de ces biens et services, comme:
-   la recherche agronomique,
-   la production des semences et du matériel amélioré,
-   la vulgarisation agricole,
-   la collecte de la production,
-   le stockage, l'entreposage et la conservation de la récolte,
-   la transformation des produits agricoles,
-   l'emballage,
-   la distribution et la commercialisation,
-   le transport,
-   le financement et le crédit,
-   la gestion,
-   la formation; etc.

Le diagnostic de l'ensemble des secteurs de l'économie de la zone suivant notre analyse des facteurs et contraintes de développement est d'autant remarquable qu'il révèle l'inexistence de secteur d'amont et que le secteur d'aval demeure tout à fait informel. La réalisation de ce programme exige une cohérence des actions et en amont et en aval. Les problèmes de développement de la zone sont connus, si bien connus qu'il n'est pas nécessaire d'en reparler. Notre souci est de savoir comment nous allons nous développer, quel chemin nous allons emprunter et quelle priorité nous allons adopter.

L'expérience du passé a montré que nous avons entrepris des actions non cohérentes. C'est le cas des projets qui ont été décidés et soutenus dans la zone sans lien, en amont et en aval, avec son secteur. Comment promouvoir l'agriculture sans soutien de celle-ci en amont (recherche, matériel végétal, semences...) et en aval (structure de distribution, conservation, stockage, entreposage, transformation, crédit...). Il serait imprudent d'envisager une action sans au préalable résoudre les problèmes qui se posent à l'amont et à l'aval de cette action. Le développement du pays a toujours été mené jusqu'ici sans cohérence des actions, comme nous l'avons montré ci-haut. Ce manque de cohérence a conduit le pays à une situation de dépendance. Pour éviter cette dépendance, qui a tant ruiné et freiné le développement de ce pays, il y a lieu de favoriser, autant que possible, l'approche écodéveloppementale, c'est-à-dire recourir aux ressources locales dans la recherche des solutions aux problèmes locaux posés. Pour le cas de développement de notre zone, il est nécessaire d'avoir une structure bien intégrée en amont et en aval du secteur agricole. Il est donc capital de faire un choix entre la mécanisation et l'intensification, comme méthode de production agricole. L'introduction éventuelle du tracteur (mécanisation agricole), telle qu'envisagée par le gouvernement, doit se faire progressivement et non d'une manière hâtive, c'est-à-dire sans la mise en place des structures en amont et en aval de cette mécanisation. Il importe de garder à l'esprit la réflexion selon laquelle « *les problèmes sont souvent mal résolus parce qu'au départ, ils sont mal compris* ». Il serait dangereux d'asseoir l'agriculture sur la mécanisation si le pays n'est pas capable de produire pour l'instant les tracteurs et autres engins nécessaires à cette mécanisation. Tout le développement de la zone et du secteur agricole (principale ressource de la zone) risque même d'être hypothéqué, car cette dépendance conduira le pays à affaiblir ses positions avec les partenaires extérieurs en cas de conflit. Il suffirait d'un cas d'embargo en importation des pièces de rechange ou un refus de livraison des pièces pour voir se paralyser tout un secteur clé de développement. Le cas de l'Irak, pour son industrie pétrolière, doit nous inspirer. L'intensification avec une mécanisation progressive (usage du compost, engrais vert, fumure organique, approche agroforestière...) serait plus appropriée dans la mesure de nos capacités et de nos moyens et présenterait moins de risque d'hypothéquer le secteur à une dépendance extérieure. Toutefois, l'objectif est de réduire l'espace cultivé, de sédentariser la population et d'obtenir un rendement supérieur de la production avec un espace cultivé réduit. Il est plus facile de produire des engrais organiques que le tracteur. Il est question de développer des techniques et des méthodes pour produire ces engrais organiques et intensifier l'agriculture. Le choix du gouvernement de mécaniser l'agriculture suivant les priorités du plan triennal serait une erreur de stratégie.

Une telle décision s'accompagne des préalables en amont et en aval (fabrication locale des tracteurs et pas un simple montage, structure de maintenance et de réparation...). Autrement, la dépendance extérieure, qui a toujours caractérisée l'économie congolaise, risque de perdurer encore longtemps. Pourtant, des techniques simples et moins coûteuses visant à intensifier l'agriculture existent et seraient applicables, en attendant que nous maîtrisions les préalables en amont et en aval. Une fois de plus, « le problème est mal résolu parce qu'au départ, il est mal compris ».

PHASE IV : <u>TRANSFORMATION DES VALEURS</u> <u>SOCIO-CULTURELLES</u>

La transformation des structures sociales et des mentalités constitue l'un des objectifs du développement à atteindre dans la zone. Les infrastructures collectives de base, en prenant en charge les individus en dehors des cloisonnements traditionnels, brisent le réseau des contraintes associées à la production et à l'échange, et reconstituent de nouveaux réseaux plus favorables à la production. Ce mouvement s'accompagne des transformations dans les valeurs socio-culturelles et dans les institutions qu'il nous faut désormais examiner dans la mesure où la réalisation des infrastructures collectives de base joue un rôle spécifique dans ces transformations. En brisant les communautés traditionnelles, les infrastructures collectives de base modifient aussi l'attitude vis-à-vis du travail. A.W. Lewis fait remarquer que « *dans les pays où il est facile de gagner sa vie, le travail est rarement considéré comme une vertu... Les populations « indigènes » satisfaites de leur niveau de vie courant, ne pouvaient être tentées par des offres de revenu supplémentaire... ».*

2.3.2.4. <u>LES INITIATIVES D'INVESTISSEMENTS</u>

La réalisation des infrastructures collectives de base dans les secteurs prioritaires (routes, transports, énergie, communications, santé et éducation ...) constitue des préalables importants et aura des effets d'entraînement sur les autres secteurs corollaires. Ces effets d'entraînement devront se traduire par le développement des initiatives des communautés de base dans les secteurs corollaires en amont et en aval de la production, en l'occurrence la commercialisation, la distribution, la conservation, la transformation, le transport, le stockage, l'entreposage, l'emballage, la collecte des produits, etc. Des initiatives existent dans ces activités, c'est le cas de l'ACOTREPAL, une ONG qui se spécialise dans la transformation et la commercialisation des produits alimentaires, notamment le piment. Il y a aussi l'ISTACHA (Institut Supérieur des Techniques Appliquées en Chimie Alimentaire) et son parrain le CIVA (Centre d'information et de vulgarisation agro-alimentaire) à Kimpese qui travaille sur le projet « Chikwangue améliorée ».

Ces deux institutions travaillent sur la valorisation des produits locaux et on compte déjà une vingtaine de produits locaux qui sont transformés et conservés avec des techniques modernes. Ce sont de telles expériences qu'il faut développer auprès de la population pour appuyer notre approche du développement de la zone.

2.4. <u>ACTIONS A MENER</u>

Les actions à mener se consacrent à quatre thèmes : la problématique ; les actions de base ; les actions corollaires ; et les actions sectorielles.

2.4.1. <u>PROBLEMATIQUE</u>

Selon notre connaissance de la zone de développement, deux problèmes doivent dominer l'action de développement. Ces problèmes sont communs à toutes les communautés qui cherchent à se développer. Le premier problème, sans doute le plus important, se présente sous deux aspects :

a) Eveiller et sensibiliser la population de la zone de développement aux divers problèmes de la vie paysanne; lui faire prendre conscience de sa situation actuelle, des difficultés et des déficiences qui la grèvent et des possibilités des solutions qui lui sont offertes par les moyens et les ressources de son milieu qui lui sont accessibles;

b) Amener cette population à prendre progressivement son destin en main, à assumer ses responsabilités en décidant elle-même, en pleine connaissance de cause, l'application des mesures rationnelles, efficaces et coordonnées qu'elle est résolue à adopter pour sortir du sous-développement. On saisira cette occasion pour faire comprendre à la communauté les différentes relations qui existent en tant que unités monadiques.

Le second problème consiste à augmenter le plus rapidement possible les productions et à les valoriser au mieux afin de majorer sensiblement les revenus ruraux, de relever le niveau de vie des paysans et d'augmenter la valeur du capital-sol. Les solutions à ces problèmes doivent intervenir simultanément. L'amélioration du niveau de vie des communautés, objectif principal, contribuera à donner aux populations l'espoir nécessaire à la réalisation du deuxième problème formulé ci-haut. Il serait par ailleurs vain de mettre en oeuvre un important programme d'infrastructures sociales tant que les populations n'ont pas vu leurs ressources accroître. Il est opportun de rappeler que l'action de développement projetée ne doit pas être isolée. Il devra s'intégrer dans d'autres actions existantes dans un esprit de collaboration. Les services agricoles de la zone doivent être restaurés et redynamisés en premier lieu, comme à l'époque coloniale (service de cantonnage, travaux collectifs).

Pour mieux s'aquitter de leurs tâches, les agronomes de l'équipe de développement (SOLADEM) associeront toujours, dans leurs tournées, des agronomes ou des moniteurs agricoles de la zone de développement, qui ont de l'expérience sur les habitudes et les us et coutumes de la population. Les centres d'animation et de démonstration, que nous avions proposés dans chaque région (secteur) de développement, maintiendront des contacts étroits avec les stations de Kundi, Mawunzi et de Mvuazi. Ces stations constitueront, pour l'action de développement, une source d'informations et de conseils et pourront également procurer du matériel végétal sélectionné à diffuser en milieu rural. Un contact étroit devra également assurer avec l'école d'agriculture de Gombe-Matadi, les centres INERA de Mawunzi et de Mvuazi. Ainsi pourrait se constituer un pool d'informations et d'expériences qui profiterait à chacune des actions particulières ou sectorielles et à la zone de développement. Sur le plan de l'éthique et de la déontologie professionnelle, les agronomes et même les acteurs du développement rural trouveront matière à réflexion et un rappel des leurs droits et devoirs dans l'ouvrage que Mafwila Mbona consacre aux neuf questions d'éthique agricole ci-après[1] :

- L'industrie et l'agriculture ;
- La mécanisation de l'agriculture ;
- La mécanisation face au travail de la femme paysanne ;
- La permaculture face à l'agriculture commerciale ;
- L'utilisation des produits phytosanitaires tels que les insecticides en agriculture ;
- Le recyclage des déchets agricoles et l'assainissement de l'environnement ;
- L'agronome et la protection des animaux ;
- L'utilisation des ressources forestières ;
- L'agronome face à son métier.

---

[1]   M. MAFWILA, Les neuf questions d'éthique agricole, Kinshasa, Editions Academic Express Press, 2006.

2.4.2. ACTIONS DE BASE

Les actions de base proposée dans cette étude découlent naturellement de la description qui a été faite de la zone de développement, c'est-à-dire l'analyse de ses facteurs et contraintes de développement (facteurs et contraintes environnementaux), de son économie (facteurs et contraintes économiques) et du diagnostic général qui a été posé. Les moyens à mettre en oeuvre pour résoudre les problèmes de base formulés dans le diagnostic sont avant tout d'ordre éducatif, suivant notre analyse et notre appréciation.

Aussi préconisons-nous les actions suivantes pour notre politique de zone de développement : l'éducation professionnelle et sociale des paysans; la formation d'une élite rurale ; la création de centres d'animation et démonstration ; et l'organisation des stages.

1. L'EDUCATION PROFESSIONNELLE ET SOCIALE DES PAYSANS

La vulgarisation agricole permettra de familiariser les paysans avec les techniques et méthodes culturales susceptibles d'augmenter leur productivité et de faciliter leur progrès dans tous les domaines. Cette action éducative aboutira à une agriculture stabilisée et moderne capable de répondre aux possibilités de la zone de développement et de mettre fin à la surexploitation des sols dont les conséquences pourraient être irréversibles, comme nous l'avons souligné dans la problématique. Cette action de vulgarisation agricole devra s'appuyer constamment sur toutes les données et les expériences accumulées dans la zone (province) et sur les enseignements qui peuvent être tirés des actions de développement analogues dans d'autres régions et provinces du pays ou d'ailleurs de par le monde. La vulgarisation agricole fera suite à l'animation. Elles seront toutes les deux adaptées à la mentalité de la population de la zone de développement caractérisée par un désir de progrès et un esprit d'initiative très marqués. Pour les adapter, on peut se référer aux initiatives de base qui ont été prises par la population et qui feront l'objet d'une analyse par la suite dans la présente étude. Une attention particulière sera consacrée à une certaine classe moyenne agricole qui apparaît dans la zone de développement. Il s'agit surtout de commerçants et d'anciens fonctionnaires qui ont investi dans l'agriculture et créé des petites exploitations agricoles et d'élevages. Bien encadrées, ces exploitations peuvent devenir les principaux foyers de démonstrations et de rayonnement de la région et constituer des points d'appui particulièrement intéressants pour les actions de vulgarisation agricole. Pour accomplir cette tâche de vulgarisation, on disposera d'une base d'actions et de démonstrations qui sera d'ail-leurs l'endroit où seront également formés les animateurs. Ce sont les centres de démonstration que nous avons préconisés dans chaque secteur ou zone d'action. Outre les interventions dans d'autres secteurs de développement, les différentes actions retenues comportent donc :

a) **LA FORMATION**

Créer des centres de démonstration et de multiplication de matériel végétal avec jardin potager, pépinière, verger et petit élevage.

b) **LE PAYSANNAT MECANISE**

Intensifier les cultures ; étudier une rotation pour les plateaux et vallées de la zone de développement ; diffuser du matériel végétal amélioré ; permettre des essais d'engrais ; donner des conseils en matière d'organisation et de rationalisation du travail, etc.

c) LES ELEVAGES

Instaurer le système de métayage et d'assistance aux métayers (soins sanitaires) ; aider les éleveurs à obtenir des médicaments et divers produits nécessaires pour la constitution d'un fonds de roulement ; et mener des actions en vue d'une utilisation intensive des pâturages. Il faudra tirer les leçons des expériences du passé. C'est le cas du métayage qui avait laissé un goût amer à certains paysans de la zone.

d) LES CULTURES FRUITIERES

Procurer aux paysans les plantes fruitières sélectionnées et vulgariser cette pratique en rendant plus accessibles à la population les services et les recherches de l'INERA et d'autres centres de recherches.

e) LES CULTURES VIVRIERES

Introduire progressivement des engrais ; diffuser du matériel végétal amélioré; vulgariser des méthodes et techniques culturales et de lutte antiérosive et latéritique qui soient bonnes et élémentaires. Le programme proposé pourra se réaliser :
- par l'action des animateurs appartenant, si possible, au milieu local et ayant reçu une formation technique spéciale.
- par le contact permanent dans le milieu, d'abord avec les paysans, les vulgarisateurs, les animateurs et les membres de l'équipe

d'encadrement; ensuite, avec les gens progressistes et influents de la zone et région de développement.

Les vulgarisateurs ou moniteurs agricoles appuyeront, comme spécialistes à la base, l'action des animateurs et animatrices pour toutes les questions relatives aux diverses activités, en faisant connaître les moyens, les méthodes et les techniques les plus élaborés, reconnus d'application possible dans le milieu paysan actuel.

2. FORMATION D'UNE ELITE RURALE

L'animation rurale repose essentiellement sur des personnes bien intégrées dans le milieu, ouvertes et progressistes par rapport à la masse. Elles travaillent dans leur exploitation familiale et se signalent par leur volonté de rationaliser et de faire progresser leurs activités. Elles se signalent aussi par leur désir d'entraîner leurs congénères par leur exemple et par la persuasion dans une action progressive et continue de développement, basée sur l'effort personnel. Dans le cadre de ce plan de développement, l'action globale intensive débutera prudemment : on commencera par les prises de contact, l'instauration des rapports confiants avec les familles paysannes, l'identification et la formation des premiers animateurs. Ces éta pes constituent autant de questions préjudicielles dont la bonne solution conditionnera l'intensification et l'extension de l'action future.

Ultérieurement, l'action intensive pourra s'étendre plus rapidement. Ainsi, les méthodes de travail du personnel de l'équipe de développement « SOLADEM » seront mieux adaptées aux circonstances et aux conditions particulières du milieu. La préparation des animateurs sera assurée de façon d'autant plus satisfaisante que la collaboration sur le terrain de l'équipe d'animation avec les agents d'exécution des services publics, et des organismes et autres institutions coopérant au développement sera plus efficacement établie. Enfin, ce qui est très important, le degré de réceptivité des populations. En même temps qu'une action globale intensive, il est nécessaire d'entreprendre, dans la limite des moyens financiers et techniques pour toute la zone de développement, des actions sectorielles à objectifs limités bien définis, s'intégrant dans le projet global et dont la rentabilité immédiate ou prochaine peut être assurée. De telles actions faciliteront grandement l'exécution du programme global de la zone de développement ultérieur, tandis que l'effet multiplicateur des actions partielles et sectorielles réussies jouera aussi de plus en plus favorablement. Chaque unité d'action globale doit faire l'objet d'une étude préliminaire. On étudiera les aspects particuliers sous lesquels se présentent les problèmes généraux de la zone de développement, les motivations des populations, leurs possibilités et les diverses potentialités régionales. Cette étude permettra de justifier une action de formation valable et bien adaptée d'animateurs, et une action efficace et profonde d'éducation mésologique de la population rurale.

3. <u>ROLE DES CENTRES D'ANIMATION ET DE DEMONSTRATION</u>

La formation polyvalente des animateurs ruraux, puis, dès que possible, des animatrices, sera réalisée dans un centre de formation, de démonstration et de vulgarisation agricole supervisé par un spécialiste local en animation rurale. Ce centre deviendra en fait un centre de rayonnement. L'expérience du CRAFOD à Kimpese est à recréer dans la zone. Au cours de la première année, des tâtonnements et des mises au point seront évidemment observés. Il serait souhaitable que le chef de centre soit originaire de la région et intéressé réellement à la vie paysanne et à même de s'y intégrer. Le choix du chef de centre doit être fait avec beaucoup de soin, car celui-ci devra toujours faire preuve de dynamisme, de contact humain facile, d'une capacité d'organisation et d'un attachement au milieu paysan. Avec l'équipe d'animation rurale, le chef de centre aura comme rôle : détecter les futurs animateurs et expliquer à la population le but de l'animation; s'occuper de l'organisation matérielle des stages de formation ; visiter régulièrement les animateurs formés sur terrain, assurer leur recyclage et les encourager. Il est indispensable que le chef de centre ait une formation théorique sur les tâches qu'il aura à accomplir et une formation pratique pour le mettre dans les meilleures conditions possibles et le confronter aux réalités du terrain.

Le recrutement des futurs animateurs devra s'effectuer en collaboration entre la population et le technicien de l'animation de l'équipe de développement « SOLADEM ». Grâce à la connaissance individuelle des gens, le chef du centre et le technicien d'animation pourront orienter le choix des éléments les plus indiqués. Les modalités de désignation des candidats animateurs devront être réglées d'avance, car le bon choix des candidats est essentiel. L'âge des candidats est à prendre en considération car si les candidats sont trop jeunes, leur influence pourrait être nulle ou faible ; et s'ils sont trop âgés, ils risquent d'être peu tournés vers les innovations. Le choix devra porter sur des paysans d'âge mûr et dynamiques.

4. <u>ORGANISATION DU STAGE</u>

Le nombre de candidats à admettre par session ne peut être déterminé à priori, car il faudra se soumettre à des raisons pratiques d'efficacité. La formation pourra s'effectuer au centre en deux étapes : le stage d'animation ou du premier degré; le stage technique ou du second degré. Mais les deux stages seront séparés par un retour des animateurs dans le milieu coutumier. Le stage du premier degré, dont la durée ne peut pas entraver les travaux saisonniers, a pour but d'éveiller les candidats à l'analyse de la situation existante du milieu et à une prise de conscience de la possibilité de progrès. Pendant cette phase, la méthodologie appliquée est celle de l'enseignement des adultes. Le dialogue et les discussions entre moniteurs et stagiaires mettront les candidats en condition d'exprimer leurs problèmes, leurs difficultés et de formuler leurs propositions. Revenus dans leurs villages, les animateurs formés doivent être capables d'exposer à leurs congénères ce qu'ils ont appris et de le traduire en pratique. L'important est l'esprit du stage dont le but est la prise de conscience, à susciter au sein de la population, pour une réelle une prise en charge des actions de développement. Du point de vue animation et vulgarisation, on veillera à ce que le maximum d'efforts des paysans progressistes se fassent dans leur propre exploitation plutôt qu'au centre. En plus des sessions qu'il abritera, le centre ne devra servir qu'à la démonstration des possibilités d'amélioration dans les domaines de l'agriculture, de l'élevage, etc., qui sont à la portée de la population rurale. Les animateurs auront à éviter les écueils dont les principaux sont :

a) Le danger de se couper de la communauté en heurtant de front les coutumes, sans préparation psychologique suffisante ;

b) L'enthousiasme excessif pouvant les amener à supplanter les autorités coutumières ou administratives;

c) Le danger de ne pouvoir se faire comprendre de la population, de ne pouvoir obtenir l'adhésion ou au moins la tolérance bien-veillante des éléments les plus âgés et les plus traditionalistes.

Aussi est-il indispensable que le chef de centre reste en contact avec les animateurs, de leur rendre visite sur le lieu de leur travail, de les guider, de les stimuler, de les conseiller et de les aider dans leur action, car ils sont à la base de la réussite de toute l'action envisagée. D'autre part, il revient au chef de centre d'informer régulièrement le chef de l'équipe de développement (SOLADEM) sur les actions de développement que les populations désirent entreprendre et qui exigent l'aide ou l'apport technique de l'équipe d'encadrement pour leur réussite. Le stage du second degré, d'une durée réduite à quelques jours, doit tendre vers un double but :

a) Poursuivre un dialogue avec les animateurs et les remotiver ;

b) Leur apprendre et mettre à la disposition de la population, par leur intermédiaire, des moyens, des méthodes et techniques culturales plus efficaces et élaborés.

Ce stage doit être essentiellement pratique et son importance doit être soulignée. Lorsque la population aura été dynamisée, il faut la rendre capable de vaincre ses difficultés par l'utilisation d'un meilleur matériel végétal et animal, des meilleures techniques. Autrement les obstacles auxquels elle se heurtera, la décourageront et la repousseront vers ses habitudes antérieures. La formation des animatrices est le complément indispensable à l'animation rurale. Aussi convient-il d'adjoindre, dès que possible, au chef de centre une spécialiste féminine d'animation rurale qui sera chargée de la formation des animatrices. On appliquera les mêmes critères et principes que pour les animateurs, mais en les adaptant aux préoccupations féminines et au rôle de la femme dans la société paysanne de la zone de développement. Outre l'action sur la masse rurale par des animateurs, il faudra accorder une attention particulière à la catégorie d'individus plus progressistes qui émergent nettement de la généralité. Cette catégorie devra faire l'objet d'un suivi et d'une aide directe.

2.4.3. ACTIONS COROLLAIRES

Parallèlement aux actions de base telles qu'envisagées et décrites ci-haut, il faudra entreprendre des actions secondaires. Celles-ci sont des actions dites de pré-animation. La mise en place du dispositif opérationnel nécessitera une certaine période d'installation et d'adaptation. Cette période, estimée à plus ou moins cinq ans, sera en même temps utilisée pour lancer des réalisations avec la participation effective de la population et des autorités locales.

Il s'agit par exemple des actions ci-après :

1. L'AMELIORATION DES INFRASTRUCTURES ROUTIERES, DE TRANSPORT ET DE COMMUNICATION

L'amélioration des infrastructures routières est nécessaire aussi bien pour la commercialisation des produits et l'approvisionnement des centres ruraux et urbains (Kinshasa...), que pour le développement de la zone (production, circulation des personnes et des biens). La population de la zone est en voie d'être sensibilisée dans ce domaine et on pourrait s'assurer de sa participation compte tenu de nombreux contacts et la présence de différents programmes ou institutions de développement dans la région. Actuellement, la population s'organise à sa manière pour entretenir les routes qui les relient aux routes principales.

2. L'APPROVISIONNEMENT EN EAU POTABLE

Dans le domaine de l'approvisionnement en eau potable, la population est bien sensibilisée. Elle ressent vivement le besoin de l'approvisionnement en eau potable et des résultats immédiats très visibles peuvent être obtenus rapidement. Quelques actions peuvent être citées dans la zone à titre d'exemples : l'ONG APRODEC[1] (Association pour le progrès des communautés de base endogènes) et la coopération japonaise. L'APRODEC avait fait construire des puits dans la cité de Mbanza-Ngungu et dans quelques villages de la zone de développement. La coopération japonaise, elle, ne travaillait pas directement avec la population mais elle s'appuyait sur un service public, en l'occurrence la REGIDESO.

2.4.4. ACTIONS SECTORIELLES

l'animation des secteurs et les contacts étroits entretenus avec les individualités plus progressistes émergeant déjà de la masse révèleront les actions sectorielles à entreprendre. L'équipe de développement, SOLADEM, doit être préparée à répondre favorablement et rapidement aux ouvertures valables qui se manifesteront dans ce domaine, étant entendu que toute action sera conditionnée par une participation importante des bénéficiaires. On peut prévoir que l'équipe « SOLADEM » aura à répondre très tôt à des domaines d'aide complémentaire dans les secteurs de l'habitat, des infrastructures socio-économiques, de l'artisanat, de la santé, de l'hygiène publique, de l'assainissement, etc. Néanmoins, l'équipe de développement, l'ONG SOLADEM, doit aider les communautés de base à élaborer

---

[1] Cette ONG n'existe plus mais ses activités avaient un impact positif dans la zone.

leur programme d'action selon la conception du modèle monade de développement.

En effet, le processus de développement doit être conçu, initié et exécuté à partir de la petite communauté de base (village, groupement,...) pour s'insérer au plan global de la zone de développement. Pour mettre en œuvre ce processus de développement, l'intervention de l'équipe de développement doit :

a) Aider les communautés de base à formuler des programmes d'action pour la remise en état et l'exploitation rationnelle de leurs ressources;

b) Définir avec cette communauté un mode d'engagement réciproque pour fournir les ressources humaines et financières nécessaires à la mise en oeuvre des programmes d'action;

c) Encourager, mettre au point et transmettre, au moyen des procédés de formation, les pratiques sociales et économiques destinées à améliorer les conditions de vie de la population en assurant la restauration et la préservation des ressources (sols, savane, forêt, eau, etc.);

d) Identifier des solutions pratiques permettant aux communautés de base de surmonter les difficultés qui entravent une bonne gestion de l'environnement et des ressources;

e) Elaborer, pour chaque village (communauté de base), une méthodologie de développement communautaire endogène avec la participation active des villageois;

f) Identifier les principales questions qui se posent aux communautés de base et les problèmes concernant leurs pratiques socio-économiques en relation avec leur environnement;

g) Accorder une attention particulière au développement intégré du village, y compris l'amélioration de la production vivrière, la conservation des sols, l'amélioration de la qualité de vie (eau potable, hygiène, santé, assainissement, éducation, ...), l'aménagement du village par l'amélioration de la conception de l'habitat et des matériaux de construction, l'organisation sociale (coopératives, associations, clubs, mutuelle, groupe de loisirs, etc.).

Dans ses attributions et programmes d'action, l'équipe de développement doit identifier les problèmes existants dans les villages et recommander des mesures susceptibles de faciliter le progrès socio-économique en préservant et en restaurant les ressources. Il s'agit de:

a) Analyser en détail le mode actuel d'utilisation des terres et son impact sur les ressources;

b) Répertorier les ressources en terres et en eau, principale source de conflits dans les villages;

c) Etudier l'impact des établissements en ce qui concerne l'érosion des sols et la latérisation;

d) Evaluer les ressources hydrologiques et hydrogéologiques pour l'utilisation durable des ressources en eau;

e) Faire des études socio-économiques sur les systèmes de santé, d'éducation et les établissements humains (habitat), afin d'améliorer les conditions de vie, en proposant des technologies socialement acceptables. Cela suppose l'étude des infrastructures collectives de base existantes (écoles, hôpitaux, routes, dispensaires, centres médicaux, laboratoires, etc.);

f) Formuler, avec la participation des populations locales, des plans, des programmes, des actions et des projets, pour un développement durable et conscient.

III. <u>CONCLUSION GENERALE</u>

La problématique de notre étude nous a permis de comprendre que les problèmes de développement de la zone rurale de Mbanza-Ngungu, tels qu'ils ont été identifiés, se situent à trois niveaux. Il s'agit respectivement de problèmes d'environnement, de population et de développement. Les problèmes d'environnement identifiés ont trait à la dégradation des sols. Nous avons vu que l'action conjuguée des feux de brousse et des méthodes culturales archaïques, dominées par la culture itinérante sur brûlis est à la base de la recrudescence des érosions et surtout de la latérisation accentuée des sols dans certaines parties de cette zone. Cette dégradation des sols entraîne une baisse sensible de la productivité des sols et du rendement de la production. Cette situation est aussi à la base des autres problèmes identifiés, à savoir la pression de la population sur les terres et la baisse de revenu de la population. En effet, la baisse de la productivité des sols et du rendement de la production a pour conséquence de contraindre la population d'exercer une forte pression sur les terres. Cette pression se matérialise par le raccourcissement de la durée de la jachère en obligeant la population à revenir sur les mêmes sols après une courte durée. Jadis de cinq ans, cette durée est de plus en plus réduite à deux ou trois ans. Il va de soi que la situation s'avère catastrophique à court et long terme du fait que le rendement de la production est continuellement en baisse ; elle entraîne aussi une baisse du revenu de la population. Il faudrait noter aussi le nombre croissant des conflits fonciers dans la zone, conflits qui découlent en partie de la rareté des bonnes terres. Explosive, cette situation des conflits fonciers mérite une attention particulière, car elle oppose des habitants, parfois du même village ou des villages voisins, des membres de même clan ou des clans opposés vivant dans un même village. Nous avons suggéré que le bornage des terres, sur base du plan cadastral, épargne aux générations futures des tracasseries inutiles. Il est opportun de quitter la civilisation de l'oralité, qui caractérise ces conflits fonciers, pour des bases écrites plus fiables. La virulence de ce problème dans la zone est un sérieux handicap pour les futures actions de développement. La pression qui s'exerce sur les terres est aussi la conséquence de plusieurs facteurs dont la densité de la population. Cette densité est en progression dans la zone, mais elle est inégalement répartie. En effet, on remarque des villages (régions) à forte densité de population et ceux à faible densité de population. Cela va de soi. Les problèmes de terres se posent donc différemment d'un village à l'autre. Ecologiquement, une majeure partie de la zone doit faire face à l'important phénomène de latérisation des sols.

Ce phénomène, qui entraîne la stérilisation des sols à son stade d'irréversibilité, peut conduire la zone, en particulier, et le Bas-Congo, en général, à une catastrophe écologique dans les siècles ou millénaires à venir si on n'y prend pas garde. Pourtant, ce phénomène peut être évité en renonçant à la pratique inconsciente des feux de brousse qui dénude la terre et l'expose aux radiations solaires. Cette question avait été longuement expliquée par Drachoussoff et A. Chevalier. Il est prouvé par diverses études que nous avons évoqués (Drachoussoff, Holmès, Sys, Chevalier...) que la vocation des terres de la zone est forestière, car en laissant la savane en jachère pendant une longue période, cette dernière évolue inexorablement vers la forêt, ce qui éviterait la latérisation et, par conséquent, la dégradation des sols. Ce constat a inspiré aux populations de la zone la pratique de « *Nkunku* », c'est-à-dire la mise en jachère d'une partie des terres de savane au profit du clan et de son évolution vers la forêt.

Par cette pratique, des forêts antropiques (*Zumbu*) ont vu le jour aux abords des villages. Les populations de la zone savent que les rendements agricoles en terre forestière sont supérieurs que ceux en terre de savane. Cette prédisposition de la population à la pratique des « *Nkunku* » nous a amené à envisager l'approche agroforestière dans la seconde phase de notre recherche. Ces aspects de la problématique ont inspiré le choix de notre politique de développement, à savoir l'éducation. Cette dernière s'appuie sur deux approches éducatives : l'éducation mésologique et l'éducation traditionnelle. L'analyse des facteurs et contraintes de la zone de développement nous a permis de poser un diagnostic sur les besoins de la population et d'évaluer les possibilités et les potentialités de la zone.

Cette analyse nous a révélé, entre autres:

a) L'insuffisance des ressources matérielles et financières nécessaires au développement de la zone;

b) L'insuffisance des infrastructures collectives de base diverses (écoles, hôpitaux, routes, bacs, ponts, énergie électrique, communications, institutions financières et bancaires, etc.);

c) La fragilité des sols de la zone, qui sont de faible valeur agricole;

d) La disponibilité des ressources humaines caractérisées par une population jeune et dynamique;

e) La prédominance des besoins essentiels révélés dans l'enquête de l'UNICEF (ENSEF-Zaïre 95);

f) La faiblesse de la production agricole;

g) Les facteurs favorables et défavorables comme la situation stratégique de la zone située à proximité d'un marché potentiel que constitue la ville de Kinshasa;

Sur base de ces indications, nous avons proposé les trois stratégies de développement suivantes :

a) La stratégie de développement par micro-foyers de développement,

b) La stratégie de développement par les initiatives des communautés de base,

c) La stratégie de développement par Approche-Programme.

D'une manière générale, l'action proposée dans nos politiques et programmes de développement est une oeuvre à trois dimensions. Elle devra agir sur le facteur humain (éducation), les facteurs naturels (mise en valeur des ressources) et les facteurs économiques (bien-être matériel et social) en mettant un accent sur la prise de conscience de la population de la zone suivant le concept du développement conscient et la hiérarchisation des secteurs de développement. Le développement de la zone est une action à la fois conceptuelle, c'est-à-dire émanant de l'intelligence, mais aussi et avant tout concrète et réaliste. Notre recherche se veut une recheche-développement liée à la pratique. C'est la raison pour laquelle notre conception du développement de la zone, c'est-à-dire la voie ou le schéma du processus de développement proposé, repose sur le modèle monade de développement. Ce modèle de développement est soutenu par une politique, des stratégies et des programmes bien définis et appuyés par la réalité suivante : *« un tiers de science, un tiers de bon sens et un tiers de pratique »*. Ensuite, il faudra adopter une approche pragmatique, orientée vers l'action.

Les différentes stratégies préconisées ont pour but de mieux orienter les actions de développement à entreprendre. Ainsi avons-nous envisagé, respectivement la stratégie de développement par micro-foyers de développement, la stratégie de développement par les initiatives des communautés de base et la stratégie de développement par approche-programme. Compte tenu des spécificités de la zone, certaines parties de la zone offrent des capacités à l'intensification de l'agriculture. Ces parties de la zone sont aussi favorables à l'aménagement des micro-foyers de développement, c'est-à-dire des parties de la zone qui nécessitent des fortes concentrations d'infrastructures, de capital et d'autres moyens matériels et humains. Par ailleurs, pour les autres parties de la zone dont l'aménagement des micro-foyers de développement n'est pas indiqué parce qu'elles sont moins favorables potentiellement aux investissements agricoles et autres, la stratégie de développement par initiatives des communautés de base est indiquée et encouragé pour la mise en valeur spécifique de leurs ressources disponibles. Les associations paysannes sont encouragées à promouvoir le développement endogène des communautés par l'esprit de solidarité et d'entraide qui caractérise la population grâce aux différents liens de parenté que nous avons appelés liaisons monadiques.

Néanmoins, la multitude d'actions de développement qui sont envisagées dans le plan global de développement exige une intégration dans leurs objectifs. En effet, la zone connait actuellement diverses interventions dans les domaines variés du développement par différents organismes et ONG. Malheureusement, ces actions se déroulent sans coordination ni intégration entre elles. A la longue, ces actions s'avèrent inefficaces, contradictoires et même nuisibles pour les communautés. Pour éviter ce gaspillage des ressources matérielles, financières et humaines, l'adoption de l'approche-programme s'impose. Les différents intervenants locaux, nationaux et internationaux peuvent se concerter dans un cadre bien défini du programme de développement de la zone d'une façon ordonnée, coordonnée et organisée. L'adoption de l'approche-programme préconise la mise en place et le développement préalable des infrastructures de base prioritaires ainsi que la hiérarchisation des secteurs de développement, en même temps que la bonne gouvernance dans la gestion des institutions et des ressources. La hiérarchisation des secteurs du développement démontre que l'agriculture, principale ressource de la zone, l'industrie et le commerce ne peuvent qu'être que la conséquence du développement des secteurs prioritaires de base, à savoir les infrastructures, la santé et l'éducation. Et sur cette base, l'agriculture ne sera jamais la priorité des priorités tant que le développement de ces secteurs prioritaires de base n'est pas assuré. Contrairement donc à la thèse largement répandue que l'agriculture est la base du développement, nous disons que l'agriculture n'est que la conséquence des secteurs prioritaires de base. Il en est de même de l'industrie. Pendant longtemps, le Congo a tenté de bâtir son développement sur une industrialisation extractive jugée alors « capable » de générer un surplus de capital pour développer les autres secteurs. Aujourd'hui, nous affirmons qu'il est nécessaire d'abandonner cette voie et de développer d'abord les secteurs prioritaires de base qui, par voie d'entraînement, favoriseront le développement des secteurs de second, troisième, quatrième niveaux, etc. Il a été proposé dans cette étude que la réalisation de ce programme de développement soit confiée à une organisation qui serait soit une institution de développement, en l'occurrence une organisation non gouvernementale comme « SOLADEM » (Solidarité et Action pour le Développement de la zone rurale de Mbanza-Ngungu), soit à un tout autre cadre institutionnel qui aura comme tâches :

a) Assurer le bon fonctionnement des centres d'animation et de démonstration ;

b) Organiser l'animation rurale ;

c) Développer, par la démonstration et la vulgarisation agricole, la formation professionnelle des agriculteurs, maraîchers, aviculteurs, éleveurs, artisans, tant aux centres de démonstration que sur le terrain ;

d) En collaboration avec l'administration et les populations concernées, améliorer d'abord les secteurs prioritaires de base : les infrastructures (réseau routier, de transport, de communication, énergie, approvisionnement en eau potable, habitat, hygiène publique, ponts, assainissement, etc.), le secteur d'éducation et de santé ;

e) Dans toute la mesure du possible, répondre efficacement à toute ouverture pour des réalisations concrètes émanant de la communauté, suite à son animation, et répondant aux objectifs globaux poursuivis par le programme de développement.

Une ONG comme « SOLADEM » n'est pas destinée à remplacer le gouvernement ou les pouvoirs publics et les autres ONGD qui se trouvent déjà sur le terrain. La finalité de « SOLADEM » devrait être comprise dans le sens de la complémentarité, de l'approche participative et de la mise en œuvre du développement conscient ainsi que du modèle monade de développement. Il n'est donc pas question de convaincre les animateurs des organisations existantes sur le terrain de modifier leurs programmes en fonction des directives qui proviendraient du leadership « SOLADEM ». Toutefois, il n'est pas exclu que ses actions puissent inspirer les pouvoirs publics et les autres ONGD.

L'action à entreprendre, que nous proposons, doit porter simultanément sur l'agriculture et l'élevage, pour élever le niveau de l'économie de la zone et développer les courants commerciaux qui permettront un développement économique progressif car l'agriculture est le principal moteur du développement économique de la zone. L'agriculture engendrera respectivement, l'agro-industrie et l'industrialisation. L'action proposée dans notre étude doit également tendre à améliorer les conditions de vie du milieu et de l'environnement, notamment par l'observation de meilleures règles d'hygiène, l'amélioration de l'habitat, l'installation des points d'eau, et la conservation et la protection de l'environnement. Sur base d'une animation rurale en profondeur, les moyens à mettre en oeuvre sont avant tout d'ordre éducatif suivant l'approche du développement conscient. Aussi notre politique de développement est-elle basée sur:

-   L'éducation mésologique de la population; - L'éducation traditionnelle de la population; - L'éducation professionnelle et sociale des paysans ; - La formation d'une élite rurale ;

Les actions envisagées ont pour but de faire connaître, par les démonstrations et la vulgarisation agricole, les moyens et les procédés susceptibles de consolider et d'augmenter la productivité des cultivateurs. Ces actions ont aussi pour but de vulgariser l'utilisation de ces moyens et procédés dans le milieu rural et d'aider celui-ci en mettant à sa portée une aide technique, des semences, du matériel et des produits qui lui manquent et qui sont à la base du développement de l'économie régionale. Les centres d'animation et de démonstration constitueront les bases opérationnelles_des actions projetées, mais l'animation et la formation s'effectueront également et d'une manière permanente sur le terrain par des contacts directs entre l'équipe de développement, l'administration et les paysans. Le développement des actions d'animation en faveur de l'agriculture, de l'élevage et de l'artisanat suppose que les ruraux disposent en temps voulu et à des conditions aussi favorables que possible de petit matériel, de l'outillage, de certains matériaux et des produits divers. Le programme d'action proposé dans le cadre de cette recherche vise donc la réalisation des résultats concrets de développement communautaire par l'animation rurale suivant l'approche du développement endogène, du développement rural intégré, du développement durable et du développement conscient. Comme pour toute action de développement, une grande souplesse doit pouvoir jouer dans son exécution éventuelle, car il est acquis que des adaptations, voire des réorientations seront imposées par des circonstances et les contingences locales, les plans et les décisions de l'autorité publique ainsi que les actions d'autres organismes ou institutions collaborant à l'oeuvre de développement de la zone. Il importe de rappeler que parmi les préalables au développement d'un pays figure la volonté politique des dirigeants, laquelle consiste à choisir les moyens et à les mettre en oeuvre avec détermination. Quelle que soit la pertinence, des politiques et des stratégies de développement des plans et programmes dans un pays ou une région, ou quelle que soit la perfection de leurs études et conceptions, la décision de mise en chantier, de contrôle et de suivi des programmes d'action n'est pas du ressort de l'administration ni des technocrates, mais plutôt de l'autorité dans le domaine du développement. Cette décision traduit la volonté politique des dirigeants[1]. Celle-ci se reconnaît dans la détermination de l'Etat à privilégier et à défendre, au profit de la nation, tous les secteurs touchant au développement, tels que les infrastructures, l'éducation, la santé, l'agriculture, l'industrie, la production, le commerce, les communications, l'énergie, le transport, l'assainissement, les finances et la sécurité.

Nous avons néanmoins souligné que les problèmes du développement sont avant tout locaux avant qu'ils ne soient transposés au niveau régional, national et transnational. Cela signifie que les solutions à envisager doivent être circonscrites à chaque niveau, localement d'abord, ensuite régionalement et enfin au niveau national suivant le modèle monade de développement. Dans cet ordre d'idées, ce qui est vrai pour la zone rurale de Mbanza-Ngungu peut ne pas l'être pour une autre partie de la république. C'est la raison pour

---

[1]   CEC, op.cit., p.43.

laquelle, comme nous l'avions affirmé dans l'introduction, le modèle du développement ne se transpose pas, il ne se décrète pas non plus. Même à l'intérieur de notre pays, il faudra tenir compte des spécificités locales. Aussi avons-nous préconisé le modèle monade de développement. La voie est donc ouverte à d'autres chercheurs, qui pourront nous proposer d'autres voies ou schéma de développement dans la perspective des spécificités culturelles des communautés. Enfin, le domaine du développement ouvre un champ d'étude caractérisé par une floraison impressionante de travaux. Ayant défini le schéma du processus de développement de la zone, nous voudrions suggérer quelques perspectives de recherche :

a) Une étude détaillée des unités monadiques dans l'ensemble de la province et plus tard dans l'espace Nekongo. Cette étude fournira une base de données pour l'établissement d'une carte d'identification et de localisation des unités monadiques dans la zone et dans l'espace Nekongo. Il existe dans la diaspora noire à travers le monde de plus en plus de personnes qui cherchent à retrouver leurs origines. Avec l'évolution de la technique d'identitification par l'ADN, cette étude ethno-sociologique interdisciplinaire ouvre des perspectives nouvelles.

Elle permettrait d'établir une base de collaboration socio-économique, politique dans l'espace « Ne kongo » en général.

b) L'étude détaillée des micro-foyers de développement dans la zone et de leur coordination au plan global de développement de la zone et de la province ;

d) L'étude des solutions concrètes au problème de dégradation des terres dans la zone, des nouvelles techniques culturales appropriées à la zone, etc.

BIBLIOGRAPHIE GENERALE

OUVRAGES

1. **ASSIDON E.** : Les théories économiques du développement, Ed. La découverte, Paris, 1992.

2. **ASHBY A.W.** : Pour une agriculture moderne, Ed.Internationales, Paris, 1966.

3. **BADIKA NSUMBU** : Promotion du développement endogène, Aprodec, Mbanza-Ngungu/Bas-Congo, 1992.

4. **BANGA L.** : The project approach to rural development, IPD/Douala, 1981.

5. **BERCE J.M.** : Contribution à l'étude des problèmes du reboisement et la conservation des sols. Région de Thysville (Mbanza-Ngungu), Ineac, Bruxelles, 1961.

6. **BERG R.J.** : Stratégies pour un nouveau développement en Afrique, Ed. Economica, Paris, 1990.

7. **BERNA M. and TORR J.D.** : Developping Nations, Greenhaven press, New York, 2003.

8. **BERTHOMET J. et MERCOIRET J.** : Méthode de planification locale pour les organizations paysannes d'Afrique sahélienne, Ed. L'Harmattan, Paris, 1993.

9. **BONAMI M. et al.** : Management des systèmes complexes, De Boeck Université, Bruxelles, 1993.

10. **BOUDEVILLE J.R.** : Aménagement du territoire et planification, Genin, Paris, 1972.

11. **BUAKASA T.K.M** : L'impensé du discours « Kindoki et Nkisi » au pays Kongo du Zaïre, CERA, Kinshasa, 1980.

12. **CALORIE R. et al.** : L'action stratégique : Le management transformateur, Ed.Organisation, Paris, 1989.

13. **CEC** : Le processus de démocratisation au Congo. Obstacles majeurs et voies de solutions,
Ed. Sécretariat Général de l'Episcopat, Kinshasa, 1996.

14 **CETRI** : Alternative Sud, Quel développement durable pour le Sud, Vol.IV, Centre Tricontinental, Louvain-la-Neuve, Belgique, L'Harmatan, Paris, 1995.

15. **CETRI** : L'avenir du développement, Centre tricontinental, Louvain-la-Neuve, Belgique, L'harmatan, Paris, 1997.

16. **COHEN D.S.** : The heart of change. Field grade. Tools and tactics for leading change in your organization, Harvard Business School press, Boston/ Massachusset, 2005,

17. **CONDE J.R.** : Pré-projet pour la relance des activités agricoles et zootechniques dans la vallée de la Luala, FAO, Kinshasa, 1967.

18. **CLASON G.S.** : The richestman in Babylon. The success secrets of the Ancients. Ed. Aplumebokk, New york, 2005.

19. **DE WOOT P. et al** : La conduite des groupes industriels : Gestion stratégique et performance économique, CPDE, Louvain, 1983.

20. **DIANZUNGU S.B.** : Endiguer la désertification, édition CVA, Kinshasa, 1991.

21. **DONELLA M., JORGENS R., MEADOWS D.** : Limits to growth, Chelsea Green Publishing, USA, 2004.

22.

23. **DRACHOUSSOFF V., FOCAM A.; HECQ J.** : Développement Rural en Afrique Centrale 1910-1960/1962, Synthèse et Réflexion, Fondation Roi-Baudouin; Tome I-II, Bruxelles/ Belgique, 1992.

24. **ECKHOLM E.P.** : La terre sans arbres, Ed. Robert Laffont, Paris, 1977.

25. **EDEN KODJO** : Et demain l'Afrique, Stock, Paris, 1985.

26. **EDWENE G.** : Four spiritual laws of prosperity, Ed. Rodale, USA, 2005.

27. **ERVIN L. et SEIDEL P.** : Global Survival, Selectbooks inc, New York, 2006.

28. **F. de LAVERGNE** : Economie politiques des Equipements collectifs, Economica, Paris, 1979.

29. **FARMER D.J.** : To kill the king. Post-traditional governance and bureaucracy, Ed. M.E. Sharpe, New york, 2005.

30. **FAHEM A. KADER** : Atlas du Bas-Congo, B.E.A.U., Dépt. TPAT, 1983.

31. **FAO** : L'approche du développement par les systèmes d'exploitation et les technologies adaptées, FAO, Rome, 1998.

32. **FAURE E.** : Apprendre à être, Unesco, Fayard, Paris, 1972.

33. **FOCAL COOP** : Recherche, Vulgarisation et Développement en Afrique Noire, Karthala, 1987.

34.	**GEOFFREY M.B.**	: Getting things done when you are not in charge, Ed. Berret-Koehler, San-Francisco, 1992.
35.	**GUTU KIA ZIMI**	: Le développement conscient. Un autre regard de développement, Ed.Authorhouse, USA, 2012.
36.	**GUTU KIA ZIMI**	: Le modèle monade de développement. Développement des communautés, Ed.Authorhouse, USA, 2013.
37.	**GUTU KIA ZIMI**	: Comment sortir de l'impasse du sous-développement en Afrique, Ed.Universitaires Européennes, Sarrebruck, Allemagne, 2012.
38.	**GWARTNEY J. and all**	: Common sense economics, Ed. St Martin's press, New York, 2005.
39.	**HARTFORD T.**	: The undercover economist, Ed. Random House Trade paperbooks, New York, 2007.
40.	**HERMAN E. D.**	: Beyond Growth, Beacon press, Boston, 1996.
41.	**HUNTER L.**	: Are the rich necessary? Great economics arguments and how they reflect our personal values, Axios press, New York, 2007.
42.	**ICKE D.**	: Tales from time loop, Ed. Bridge of Love, MI/USA, 2003.
43.	**JEAN PAUL II**	: Lettre encyclique Sollicitudo rei socialis sur la doctrine sociale de l'église, Ed.Saint Paul, Kinshasa, 1988.

44.	**JEAN PAUL II**	: Lettre encyclique "populorum progresso", Ed.Médiaspaul, Kinshasa, 1997.
45.	**KABALA MATUKA**	: Aspects de la conservation de la nature au Zaïre, Edition Lokole, Kinshasa, 1976.
46.	**KABALA MATUKA**	: Protection des Ecosystèmes et Développement des Sociétés, L'harmattan, Paris, 1994.
47.	**KABATU SUILA B.**	: Comment va l'Afrique ? Quelles conditions un pays doit-il remplir pour son développement, Ed. Les ateliers du pays, Jodoigne, Belgique, T.I, 1992.
48.	**KAMENETZ A.**	: General Debt. Why now is a terrible time to be young ; Ed. Riverhead books, New York, 2006.
49.	**KAYEMBE S.N.**	: Le défi de l'ethno-démocratie, ethnie, tribalisme et démocratisation au Congo, Ed. L'observatoire, Kinshasa, 2000.
50.	**KENNEDY D.**	: State of the planet 2006-2007, Ed. Slandpress, Washington, 2006.
51.	**KIMPIANGA M.**	: Repenser le commerce au Manianga, CVA, Kinshasa, 1990.
52.	**KI-ZERBO J.**	: Compagnons du soleil. Anthologie des grands textes de l'humanité sur les rapports entre l'homme et la nature, Ed. La découverte/Unesco/ FPH, Paris, 1992.
53.	**KOTSCHI J. et al**	: Agriculture écologique et développement agricole, CTA/GTZ, RFA, 1990.

54. **KYNGE J.** : China shakes the world. A titan's rise and troubled future and the challenge for America, Ed. Houghton Mifflin Co, New York, 2006.

55. **LARRY B. and RAM C.** : Execution. The discipline of getting things done, Crown business, New York, 2002.

56. **LECOMTE M.** : Plan détaillé d'étude régionale de développement agricole, BEI, AGRER et OCDE, Bruxelles, 1968.

57. **LEWIS W.A.** : La théorie de la croissance économique, Payot, Paris, 1971.

58. **LOKA NE K.** : Fondements politique, économique et culturel de l'intégration nationale, dans Fédéralisme, ethnicité et intégration nationale au Congo/Zaïre, IFEP, Kinshasa, 1997.

59. **LOTT J.R., jr** : Freedomnomics. Why the free market works and other half-baked theories don't ; Regnery publishing Inc. ; Washington DC, 2007.

60. **MCKIBBEN B.** : Deep Economy. The wealth of communities and the durable future. Ed. Times Book, New york, 2007.

61. **MABIALA MUNTABA N.** : Fédéralisme, Ethnicité et Intégration nationale au Congo/Zaïre, IFEP, Kinshasa, 1997:

62. **MAFWILA M.** : Les neuf questions d'éthique agricole, Editions Academic Express Press, Kinshasa, 2006.

63. **MALASSIS L.** : Agriculture et Processus de développement, Unesco, Paris, 1973.

64.	**MALDAGUE M.**	:	Etapes du développement technologique et évolution de la société, dans Problématique de la crise de l'environnement, 3°édition, Université Laval/Canada, 1980
65.	**MALDAGUE M.**	:	Gestion de l'Environnement Tropical, Vol.I, Université de Laval, Canada, 1988.
66.	**MANGUELE E.D.**	:	L'Afrique a-t-elle besoin d'un réajustement culturel, Ed. Nouvelles du sud, Paris, 1991.
67.	**MARYSSE S. et DE HERDT T.**	:	L'économie informelle au Zaïre, L'Harmattan, Paris, 1996.
68.	**MAZINGA M.**	:	Economie sociale du marché. Expérience allemande et perspectives zaïroises, Bibliothèque du scribe, Kinshasa, 1992.
69.	**MBOKOLO E., ANSELME J.L,**	:	Au Coeur de l'ethnie. Ethnie, tribalisme et etat en Afrique, Ed. La découverte, Paris, 2005.
70.	**MBAYA M.R.**	:	Le développement endogène au Congo : Conception de la majorité silencieuse, FCK, Kinshasa, 1997.
71.	**METTRICK H.**	:	Recherche agricole orientée vers le développement, ICRA, Pays-Bas, 1994.
72.	**MICHAEL J. M.**	:	Rational exuberance. Silencing the enemies of growth and why the future is better than you think; HarperBusiness, New York, 2004.
73.	**MICKLETHWAIT J. et WOOLDRIDGE A.**	:	A future perfect. The challenge and hidden promise of globalization, Ed. Crown business, New York, 2000.

74. **MILTON F.**   : Capitalism and freedom, Ed.The university of Chicago press, Chicago, 2002.

75. **MINISTERE DE l'AGRICULTURE**   : Enquête sur les sous-localités du Bas-Zaïre 1975, Tome II, Direction des études et politique agricole, Division de la Statistique agricole, Kinshasa, Janvier 1978.

76. **MINISTERE DE L'AGRICULTURE**   : Monographie de la province du Bas-Congo, Kinshasa, 1998.

77. **MOSTAFA K.T.**   : Développer sans détruire, Pour un environnement vécu, ENDA, Dakar, 1984.

78. **MOYAUX M.R**   : Lutte anti-savane et reboisement villageois, INEAC-FAO, Bruxelles,1965.

79. **MUCHNICK J.**   : Alternatives pour la transformation du maïs, ENSIA/GRET, Ministère de la coopération française, Paris, 1980.

80. **MUHAMMAD Y.**   : Banker to the poor. Micro-lending and the battle against world poverty, PublicAffairs, New York, 2003.

81. **NGOMA NGAMBU**   : Initiation dans les sociétés traditionnelles africaines (Le cas Kongo), PUZ, Kinshasa, 1981.

82. **NICOLAI H.**   : Luozi, Géographie régionale d'un pays Bas-Congo, ARSOM, Bruxelles, 1961.

83. **NOREENA H.**   : Global Capitalism and the death of democracy.
The silent takeover, Harperbusiness, New York, 2003

84. **NORRO M.**   : Le rôle du temps dans l'intégration économique, Ed. Nauwelaerts, Louvain, 1962.

85. **NORRO M.**   : Economie Africaine. Analyse économique de l'Afrique subsaharienne, Ed. Universitaires, De Boeck, Bruxelles, 1994.

86. **NYE Ph. et al**   : The soil under shifting cultivation, ENDA, Dakar, Cah.Techn., Bulletin n°51, 1965.

87. **NYEME TESE J.A.**   : Le chrétien et le développement de la nation : Autour de l'exhortation pastorale des évêques du Zaïre, Ed. Sécrctariat Général de l'épiscopat, Collection Afrique et Développement 2, FCK, Kinshasa, 1994.

88. **NZANDA BUANA K.**   : Economie zaïroise de demain : Pas de navigation à vue, éd.Prosdé, Kinshasa, 1995.

89. **ORMEROD P.**   : Why most things fail ? Evolution, Extinction and Economics ; Wiley&sons, New York, 2005.

90. **O'ROURKE P.J.**   : The wealth of nations, Grove press, New york, 2006.

91. **PAUWELS L.**   : Nzayilu N'ti, Guide des arbres et arbustes de la région de Kinshasa/ Brazzaville, Meise, Ministère de l'agriculture, jardin botanique national de Belgique, 1993.

92. **PNUD**   : Guide pour la mise en oeuvre de l'approche-programme, Pnud, New York, 1989.

93. **PNUD** : Enquête Nationale sur la situation des enfants et des femmes au Zaïre en 1995, ENSEF-ZAIRE 95, PNUD-UNICEF-OMS, Rapport final, Kinshasa, Février 1996.

94. **PRADES J. A.** : L'éthique de l'environnement et du développement, Collection Que sais-je?, PUF, Paris, 1995.

95. **PRADERVAND P.** : Une Afrique en marche, La révolution silencieuse des paysans africains, Plon, Paris, 1989.

96. **ROMANIUK A.** : La fécondité des populations congolaises, Mouton, Paris, 1966.

97. **RUYTINX J.** : La morale bantoue et le problème de l'éducation morale au Congo, ULB, Belgique, 1960.

98. **SACHS J.D.** : The end of poverty, Ed. The penguin press, New York, 2005.

99. **SCHULTZ T.W.** : Il n'est de richesse que d'hommes, Payot, Paris, 1983.

100. **SEGHERS J.** : Les conditions du progrès humain, CEPAS, Kinshasa, 1996.

101. **SHAPIRO T.M.** : The hidden cost of being african american. How wealth perpetuates inequality, Ed. Oxford Press university, New York, 2004.

102. **SHOMBA K.S.** : Méthodologie de la recherche scientifique, PUK, Kinshasa, 2002.

103. **STEPHEN C. S.** : Ending Global Poverty, Palgrave Macmillan, New York, 2005.

104. **STEPHEN E.** : L'Afrique maintenant, Karthala, Paris,1995.

105. :

106.	**STEVEN D. L. et STEPHEN J.D.**	: Freakonomics. A rogue economist express the hidden sick of everything, Harper Collins, New York, 2005.
107.	**STEVEN E. L.**	: More sex is safer sex. The unconventional wisdom of economics, Free press, Newy York, 2007.
108.	**SUDHIR A. VENKATESH A.**	: Off the books. The underground economy of the urban poor, Harvard University Press, Massachussetts, 2006.
109.	**TEVOEDORE A.**	: La pauvreté, richesse des peuples, L'harmattan, Paris, 1978.
110.	**TOLLENS E., GOOSSENS F., MINTEN B.**	: Nourrir Kinshasa, L'Harmattan, Paris, 1994.
111.	**UNESCO**	: Compte-rendu sur la conférence sur l'éducation relative à l'environnement, Tbilissi du 14-26 octobre 1977, UNESCO, Paris, 1978.
112.	**UNESCO**	: Participer au développement, Unesco, Paris, 1988.
113.	**VANSINA J.**	: Introduction à l'ethnographie du Congo, Ed.Universitaires du Congo, CRISP, Kinshasa/Bruxelles, 1966.
114	**VAN WING J.**	: Etudes Bakongo, Sociologie-religion et magie, 2°éd.Destlée De Brouwer, Bruxelles, 1959.
115.	**VILLENEUVE C.**	: Qui a peur de l'an 2000 ? Guide d'éducation relative à l'environnement pour le développement durable, Unesco/ Multimondes, Canada, 1998.

116. **WADE L.**   : The ten commandments, Ed. Gerald Wheeler, USA, 2006.

117. **WARSH D.**   : Knowledge and the wealth of nations. A story of economic discovery, Ed. W.W.Norton & Co, New York, 2006.

118. **WICKHAM S.**   : Economie des transports, Sirey, Paris, 1969.

119. **WOLFENSOHN J.D.**   : Les défis de la mondialisation. Le rôle de la banque Mondiale, Banque Mondiale, Washington DC, 2001.

REVUES ET COLLECTIONS

1.

2. **CHEVALIER A.**   : Points de vue nouveaux sur les sols d'Afrique tropicale, BACB, Vol.XL, n°3-4, Sept-Déc.1949, Bruxelles, pp.1989-1998.

3. **COTTEREAU A.**   : Les débuts de la planification urbaine à Paris, Sociologie du travail, n°4, 1970, Paris, pp.373-374.

4. **DELHAYE R.E.**   : Comment aménager et améliorer les pâturages au Bas-Congo (Région de Mvuazi), BACB, Vol.VIII, n°1, Février 1959, Bruxelles, pp.35-49.

5. **DI CASTRI F.**   : Après Rio le déluge ?, Ecodécision, n°19, 1996, Paris, pp.24-28.

6. **DI CASTRI F.**   : Maintenir le cap entre la mondialisation et diversité, Ecodécision, n°21, 1996, Paris, pp.17-22.

8. **DRACHOUSSOFF V.** : L'évolution de l'agriculture dans le territoire de Thysville (Mbanza-Ngungu), BACB, Vol.VI, n°5-6, 1954, Bruxelles, pp.421-688.

9. **DRACHOUSSOFF V.** : Economie rurale et Problèmes humains de développement, cahiers de l'ISEA, 1965, pp.432-602.

10. **DUBOIS J.** : Semis forestiers sur buttes incinérées. Leur importance dans les travaux de reboisement des savanes du Bas-Congo, BACB, Bull.Inf. INEAC, Vol. VI, n°I, Février 1957, Bruxelles, pp.21-30.

11. **GEORTAY G.** : Organisation de l'agriculture dans les paysannats, BACB, Bull.Inf., INEAC, Vol.X, n°I, 1957, Bruxelles, pp.219-236.

12. **GUTU KIA ZIMI** : Arboriculture urbaine au Zaïre, dans « Des Hommes et des Forêts », ENDA, Vol. IX, 1-2-3-4, n°33-34-35-36, Dakar, pp. 221-247.

13. **GUTU KIA ZIMI** : La paix et le développement au Congo et en Afrique Centrale, dans « Le défis de la nouvelle République Démocratique du Congo, Collection Afrique et Développement 14, FCK, Kinshasa, 2003, pp.123-133.

14 **HOMES V. M.** : L'utilisation des engrais au Congo Belge, Bull,Inf, vol.I, n°1-2, juin 1952, pp.17-20.

15. **JOHNSON P.M.** : Un engagement de Rio respecté, la convention sur la lutte contre la désertification", dans Ecodécision, n°24, 1997, pp.679-684.

16. **KEYFITZ N.** : Croissance démographique : Qui peut en évaluer les limites?", dans La Recherche, Vol.25, n° 264, 1994, pp.430-435.

17. **LERUTH A.** : Régime foncier coutumier indigène, BACB, Bruxelles, Vol.XLVII, n°3, juin 1955, pp.533-542.

18. **MAMADOU DIA** : Développement et valeurs culturelles en Afrique Subsaharienne, dans Finances et Développement, FMI, Washington DC, Décembre 1991, pp.22-31.

19. **MBUEBWA KALALA :** **J.P.** Les conflits armés en Afrique : Fil conducteur, mécanismes et influences des ethnies, dans « Résolution des conflits armés et développement en Afrique », Collection Afrique et développement 18, FCK, Kinshasa, 2003, pp.17-30.

20. **MBUEBWA KALALA :** **J.P.** Le découpage territorial et l'entrée en activité de nouvelles provinces, dans « Les défis politico-administratifs, sécuritaires, juridiques et institutionnels de gestion de la troisième république », Collection Afrique et développement 23, FCK, Kinshasa, 2006, pp.13-18.

21. **MINISTERE DES** : **COLONIES** L'évolution de l'agriculture indigène dans la zone de Léopoldville, BACB, Vol.XLV, n°5, Octobre 1954, Bruxelles, pp.327-339.

22. **MINISTERE DES** : **COLONIES** Etude économique du Bas-Congo, Extrait du bulletin mensuel des statistiques générales du Congo Belge et du Rwanda-Urundi, Vol.1, N°2, 1960, Bruxelles, pp.81-135.

23. **MVUMBI N.T.** : Morale, coopérative de développement, dans Philosophie sociale et développement coopératif. Actes du 2° séminaire scientifique régional de Mbanza-Ngungu, du 20-23 Juillet 1987, FCK, Kinshasa, 1989, pp.141-144.

24. **NDONGALA T.L.E.** : Mutations structurelles de l'économie traditionnelle dans le Bas-Congo sous l'impact de la colonisation et de la décolonisation, IRES, Vol.4, n°1, Kinshasa, 1966, pp.3-32..

25. **NDONGALA T.L.E.** : "Quelques traits d'organisation économique Kongo au seuil de la colonisation belge, IRES, Vol.18, n°3-4, Kinshasa, 1980, pp.375-393..

26. **NGIMBI N.** : Le messianisme Kongo comme mouvement de résistance aux méthodes d'évangélisation missionnaire, dans Sectes, Cultures et Sociétés, CERA, FCK, Kinshasa, 1994, pp.147-153.

27. **OLESEGUN A.** : Quelques questions et problèmes sur l'étude des jachères de savanes, ENDA, Vol.IV, n°13, Dakar, 1980, pp.51-58.

28. **RENARD P. J.** : Quelques considérations sur la régénération des sols de savane, B.A.C.B, XXX, n°3, Bruxelles,1947, pp.324-375.

29. **ROBYNS W.** : Plantes congolaises pour engrais verts et pour couverture, BACB, Vol. XIX, Bruxelles, Décembre 1928, n°4, pp.67-83.

| 30. | **SACHS IGNACY** | : | Transition strategies for the 21st century, in Nature and Resources, vol.28 n°3, Paris, 1992, pp.447-472. |

| 31. | **STEER A.** | : | Environnement et Développement, dans Finances et Développement, FMI, Washington DC, Juin 1992, pp.18-24. |

| 32. | **TABUTIN D.** | : | "Démographie, quel problème?", dans revue Ecodécision, n°16, Paris, 1995, pp.22-26 |

RAPPORTS ET DOCUMENTS INEDITS

| 1. | **ANONYME** | : | Rapport Annuel d'activités Territoire de Mbanza-Ngungu 2006. |

| 2. | **ANONYME** | : | Le fédéralisme : Forme d'Etat appropriée à la RDC. Déclaration des professeurs Kongo, document inédit remis au Chef de l'Etat le 7 avril 2005. |

| 3. | **A.I.D.R** | | Projet de développement rural en Territoire de Thysville (Mbanza-Ngungu), document inédit, 1968. |

| 4. | **AGRER** | : | Projet de relance agricole, République du Congo, FED, Bruxelles, document inédit, 1962. |

| 5. | **AGRER** | : | Une expérience de développement rural accéléré en région tropicale, Bruxelles, document inédit, 1963. |

| 6. | **AGRER** | : | La mission de relance agricole au Kongo central, 1963-1967, Bruxelles, Document inédit, 1967. |

7. **AGRER** : Développement de l'élevage en région des Cataractes, Bas-Congo, Kinshasa, 1967.

8. **BEAU** : Schéma régional d'aménagement du Bas-Congo, Département des Travaux Publics et Aménagements du Territoire (DTPAT), Kinshasa, Document inédit, 1987.

9. **CRAFOD** : Rapport d'activité sur l'année 1967 du centre de développement communautaire, Kimpese, document inédit, 1968.

10. **CODENCO-SOCINCO** Prospection systématique des sols à l'Ouest de la rivière Kwango, FED, Bruxelles, document inédit, 1964.

11. **GUTU KIA ZIMI** : Végétation arbustive dans les parcelles résidentielles du Quartier assossa, Zone urbaine de Kasa-Vubu. Mémoire Diplôme spécial en Gestion de l'environnement, Faculté des sciences, Université de Kinshasa, document inédit, 1990.

13. **GUTU KIA ZIMI** : Politiques et Programmes de développement dans la zone rurale de Mbanza-Ngungu, Province du bas-Congo. Mémoire Diplôme d'études supérieures en sciences et techniques de développement, Université Catholique du Congo, Kinshasa, document inédit, 1999.

14. **INS** : Aperçu démographique, INS, Kinshasa, 1991.

15. **INS** : Projections Démographiques, Zaïre et Régions, 1984-2000, INS, Kinshasa, 1993.

16. **INS** : Rapport National sur la population. Ministère du Plan, Kinshasa, Septembre 1993.

17. **KABONGO MUKINAYI** : Attitudes des paysans congolais face à l'introduction des techniques modernes en Pisciculture familiale (Cas de la vallée de la Funa à Kinshasa), Mémoire Diplôme Spécial Gestion de l'Environnement, Unikin, Faculté des Sciences, 1984.

18. **K A N K W E N D A MBAYA** : Industrialisation et régionalisation du Développement au Zaïre, Thèse de Doctorat en économie, Faculté des Sciences Economiques, UNIKIN, Kinshasa, 1983.

19. **LANDU J.** : Le pays Karstique dans la région de Mbanza-Ngungu et de Lovo, Mémoire de graduat en Géographie, ISP/GOMBE, 1976-1977.

20. **MAKUNTUALA N.D.** : La problématique de développement agricole dans la vallée de la Luala/Nkundi, Mémoire DS/STD, FCK, 1996.

21. **MALELE MBALA** : Contribution à la remise en valeur des terres dégradées de la zone périurbaine de Kinshasa par un système agro-forestier, Mémoire de maîtrise en foresterie, Université de Laval, Canada, Mars 1991.

22. **NELIS M.** : Réflexions sur l'assistance technique et le développement rural accéléré, document inédit, Kinshasa, 1967.

23. **NELIS M.** : Le milieu rural, la vulgarisation agricole et la technique, Kinshasa, document inédit, 1967.

24. **SOCINCO** : Etude des plateaux et vallées dans le territoire de Thysville (Mbanza-Ngungu), document inédit, Bruxelles, 1959.

INTERNET

1. **ISSAKA H.T.** : Les alternatives africaines aux théories de développement des bailleurs de fonds, mercredi 29 août 2007, www.etrangerencontre.org

2. **NE MUANDA N.** : Appel à la jeunesse africaine, www.bundudiakongo.org/appel.htm

3. **NE MUANDA N.** : Réhabiliter les langues africaines, www.bundudiakongo.org/réhabiliter kikongo.htm

4. **NE MUANDA N.** : www.ne-kongo.net/observateur/kongo-0309/mimvila.htm

5. **TSHIAMBI A.** : Mathias Nzanda Buana préconise l'adaptation des théories économiques aux réalités africaines, www.lepotentiel.com/afficher_article.php, édition 4185 du 23 novembre 2007.

TABLE DES MATIERES

L'AUTEUR

Gutu Kia Zimi, PhD.
Professeur
Etudes Universitaires :
Docteur (PhD) en sciences et techniques de développement
Diplôme d'Etudes Supérieures (DEA) en sciences et techniques de développement
Diplôme d'Etudes Supérieures (DEA) en Gestion de l'Environnement
Diplôme Spécial en sciences et techniques de développement
Licence en Gestion du Personnel et Organisation du Travail
Gradué en Administration des Entreprises
Diploma Drug and Alcohol Counseling
Diplôme en Sciences Policières et de Sécurité
Certificate Leadership
Ouvrages publiés

1. Le développement conscient. Un autre regard de développement, Ed. AuthorHouse, IL, USA, 2012.
2. Le modèle monade de développement. Le développement des communautés en Afrique, Ed. AuthorHouse, IL, USA, 2012.
3. Comment sortir de l'impasse du sous-développement en Afrique. Diversité des communautés et diversité des solutions, EUE, Sarrebruck, Allemagne, 2012.
4. Etude économique et développement de la région nekongo en RDC, Ed.Authorhouse, Il, USA, 2014.
5. Conscious development. Another approach to sustainable development, Ed.Authorhouse, IL, USA, 2014.